Gilles Guyon

Le dictionnaire de la vie où tout a un sens

Editions Quintessence

Du même auteur

Aux éditions Quintessence :

Des actions pour changer votre vie,
Gilles Guyon et Vanessa Mielczareck, 2004

Le coaching pour tous, 2005

Mesurez votre conscience,
avec la collaboration de Vanessa Mielczareck, 2008

Groupe éditorial PIKTOS - 355 rue de la Montagne Noire - 31750 Escalquens
Tél. (+33) 05 61 00 09 86 - contact@piktos.fr
www.editions-quintessence.eu

ISBN 978-2-35805-056-2

Et si tout avait un sens ?

Lequel d'entre nous n'a pas le désir d'avoir une vie plus heureuse, sans problème... ? Qui n'aimerait pas avoir les clés pour résoudre toutes les embûches de la vie ? Et donc qui ne rêve pas d'avoir le manuel qui donne les réponses à tout ?

À tous ceux-là, ce livre est dédié. Et aussi à tous les autres qui, aujourd'hui, éprouvent un besoin de mieux comprendre leur vie. Cet ouvrage est placé sous le signe d'un véritable changement d'état d'esprit. En son cœur, une affirmation fondamentale : chacun a l'opportunité de créer une vie qui lui correspond vraiment !

Ce livre est un outil pour savoir donner du sens à tout ce qui vous arrive. Il est un guide pour apprendre à vivre ce concept de plus en plus répandu :

« Il n'y a pas de hasard, tout a une raison d'être ! »

Chaque chapitre révèle des définitions utiles pour comprendre, gérer et changer notre quotidien. Ce livre, par cette manière globale de penser qu'il propose, permet au lecteur de se familiariser avec la dynamique qui donne du sens aux choses.

Cette nouvelle conscience démontre combien notre état d'esprit influence notre réalité et attire à nous des expériences en écho avec notre état intérieur.

Bien plus qu'un dictionnaire, chacun y trouvera les clés pour une vie pleine de sens... et de joie !

Considérons que tout a une raison d'être, tout ce qui vous arrive sur le plan personnel, professionnel, amical, social... a une signification. Il est possible de décoder tout cela : tout ce qui fait partie de votre vie, tout ce qui vous entoure et ce qui vous arrive correspond à un synchronisme.

Les couleurs de vêtements que vous portez, l'intérieur de votre maison, les types de livres que vous lisez, le choix des films que vous regardez, le sport que vous pratiquez, le métier que vous exercez, le choix de vos lieux de vacances, les problèmes corporels que vous avez… l'ensemble de ce qui se passe dans votre réalité est une réponse à vos demandes, vos problèmes, vos peurs, vos souhaits intérieurs, vos pensées conscientes et inconscientes, qu'elles soient positives ou négatives, sont un véritable miroir de ce que vous êtes !

Chacun de ces chapitres va ouvrir votre esprit à une compréhension plus créative des choses et des situations que vous vivez. Cette conception va vous amener à être de plus en plus conscient de toute l'étendue de la création qui œuvre dans notre univers. Vivre en conscience, c'est être à l'écoute de tous les signes, les synchronicités qui se produisent dans la vie. Ce livre vous offre un éventail très large de décodage du langage des signes.

Dans un premier temps, ce nouvel état d'esprit peut vous sembler surprenant, toutefois nier cette réalité peut aussi être une façon de la fuir. Il est naturel de se demander si ce que l'on vit n'est pas le fruit de coïncidences ! On peut reléguer ces informations au rang de circonstances aléatoires ou, à l'inverse, les reconnaître comme un réel potentiel pour pouvoir mieux vivre. Pour ma part, je ne crois pas aux coïncidences dépourvues de sens, chacune d'elles est un indice qui appelle notre attention. En accordant de l'intérêt à la « lecture consciente de la vie », chacun peut avancer, évoluer plus facilement.

Le contenu de ce livre est le fruit de recherches et d'observations personnelles effectuées depuis de nombreuses années. Des milliers de consultations individuelles, de cours, de formations, d'ateliers, de conférences, effectués avec mon épouse Vanessa Mielczareck, m'ont permis de l'écrire.

Sa lecture vous amènera à décoder ce qui vous conduit à vivre tel ou tel événement, à trouver le sens caché de chaque situation. Même si, selon ma conviction, aucun fait ne se manifeste par hasard, je n'ai pas une explication pour tout, loin de là, mais je livre des propositions d'interprétation que j'ai pu vérifier maintes et maintes fois. Ce concept universel est enseigné dans nos formations de coaching de vie, du développement de l'intelligence intuitive et nous constatons que les participants changent et améliorent concrètement leur vie.

Ce livre est un outil puissant de compréhension, d'investigation et de transformation des mentalités. Il s'inscrit dans la lignée des recherches métaphysiques, de la psychologie moderne, tout comme dans celle de la science quantique.

En prenant conscience de tout ce qui est, vous vivrez chaque jour la magie (où l'âme agit) et exprimerez pleinement toute votre puissance personnelle.

Vous trouverez dans ce livre plus d'un millier de révélations passionnantes. Elles sont toutes classées selon vingt et un thèmes de la vie quotidienne.

Pourquoi avez-vous tel animal domestique ?

Quel animal familier avez-vous ? Est-ce un chat, un chien, est-il fort ou faible, grand ou petit, en retrait ou dominant, gourmand ou non, posé ou excité ? Savez-vous que l'animal domestique que nous avons pris soin de choisir correspond souvent à notre personnalité, nous représente ? Par exemple, les personnes qui prennent un chien ont généralement un peu plus besoin d'affection, de reconnaissance, de bouger, de sortir. Ceux qui ont un chat vont avoir un caractère plus indépendant et être plus calmes. Découvrez la signification de votre animal au chapitre **ANIMAUX FAMILIERS**.

Pourquoi préférez-vous tel arbre ?

L'arbre est universellement considéré, depuis la plus haute antiquité jusqu'à nos jours, parmi les symboles qui traduisent le mieux l'humain. Chaque arbre a une forme, une texture, un volume, des traits, une allure, une nature, un tempérament, qui correspondent à des particularités spécifiques, des qualités et des fragilités, à des caractéristiques psychologiques. Êtes-vous solide comme un chêne ? Face à un gros problème, courbez-vous ou cassez-vous ? Chacun s'accorde suivant son analogie naturelle avec un arbre, lequel est-ce pour vous et pourquoi ? Quel arbre vous plaît le plus ? Celui que vous appréciez et aimez, pourquoi vous attire-t-il spontanément ? Je vous laisse découvrir la signification de votre choix au chapitre **ARBRES**.

Pourquoi buvez-vous tel type de boisson ?

Buvez-vous des jus de fruits parce que c'est sain et que cela revitalise ? Préférez-vous un peu de vin rouge pour que la vie coule davantage en vous ? Le whisky vous détend, vous désinhibe, peut-être que quelque chose vous brûle et n'est pas facile à vivre ? Si vous vous abreuvez toujours d'eau, vous êtes peut-être une personne tranquille, assez naturelle, qui écoute bien ses besoins, ses envies ? Ce que vous choisissez de boire chaque jour, selon le contexte, vous correspond, vous représente et vous décrit : c'est souvent le reflet de votre façon d'être et de votre état intérieur. Découvrez en conscience ce que signifie chaque breuvage au chapitre **BOISSONS**.

Quel type de caractère avez-vous ?

Afin de mieux vous comprendre, j'ai décrit les neuf personnalités de base : l'observateur, le chef, l'altruiste, le romantique, le perfectionniste, le battant, l'épicurien, le loyaliste et le médiateur. Chacun d'eux est différencié par ses comportements, ses aptitudes naturelles, ses points forts et ses points faibles. Pour chaque typologie, je donne des indications pour mieux développer vos aptitudes. Découvrez donc au chapitre **CARACTÈRES** celui qui vous correspond.

Quel type de comportement avez-vous habituellement ?

Quels comportements adoptez-vous le plus fréquemment ? Ils peuvent être variés et sont, pour chacun, bien spécifiques : réagir, blaguer, critiquer, être toujours fatigué, avoir une maîtresse ou un amant, être optimiste, vivre la solitude, la soumission, arriver souvent en retard, conseiller ou aider les autres, tout contrôler, être désorganisé… En lisant les textes qui accompagnent ces attitudes, vous pourrez comprendre les raisons de votre comportement et mettre en lumière le fonctionnement qui en découle au chapitre **COMPORTEMENTS**.

Pourquoi votre corps a-t-il adopté telle forme ?

Tout ce qui nous appartient, nous ressemble, cela est encore plus vrai avec la forme de notre corps. En effet, l'aspect de notre corps est souvent en correspondance avec notre caractère, notre façon d'être et avec ce que nous avons vécu tout au long de notre vie. Par exemple, une personne discrète qui a du mal à exister, a tendance à avoir un corps plutôt maigre ; une personne qui se veut forte va rechercher un corps musclé ; une personne qui est dans la justice, le contrôle va avoir un corps plutôt droit et rigide… Je vous laisse découvrir la signification de la forme de votre corps au chapitre **FORMES DU CORPS**.

Pourquoi aimez-vous telle couleur ?

Les couleurs, omniprésentes autour de nous, nous insufflent un état, un sentiment, une énergie, une vibration qui participent à notre vie. Elles reflètent notre psychisme, nos souffrances révélatrices comme nos joies. Chacun se tourne inconsciemment vers la couleur à laquelle il se sent relié dans le moment, on peut dire que cette dernière correspond à son ambiance intérieure, à ses besoins. Exemples : le blanc représente la pureté, la vie, l'ouverture, le calme, l'esprit ; le rouge la solidité, le courage, l'action ; le bleu la communication ; le noir l'élégance, le sérieux mais aussi la protection, etc. Je vous laisse découvrir la signification des couleurs que vous portez, qui tapissent les murs de votre habitat, comme celle de votre voiture au chapitre **COULEURS**.

Pourquoi regardez-vous tel type de film ?

Quel genre de films aimez-vous regarder ? Est-ce les films d'action, de science-fiction, dramatiques, policiers, d'horreur ou plutôt des films burlesques, des comédies musicales, des documentaires, etc. Vous découvrirez que le film que l'on choisit est en fait la mise en œuvre par l'image, le son et le mouvement de notre propre état personnel et de notre psychisme. Le septième art est le reflet, un écho à notre vraisemblance, la transfiguration de notre propre mental et de notre personnalité. Dans chaque rubrique que vous lirez au chapitre **FILMS ET PROGRAMMES TÉLÉVISÉS**, vous découvrirez la véritable raison de vos choix de divertissements.

Connaissez-vous la signification de tous nos gestes ?

Des études en techniques de communication ont démontré que 93 % de l'échange est non verbal et passe notamment par le paraverbal. Notre attitude, nos gestes, nos postures, nos mimiques traduisent notre véritable état intérieur : se toucher les cheveux, se ronger les ongles, une poignée de main, la position des jambes, des bras, de la tête, des yeux, notre manière d'embrasser, si nous nous touchons l'épaule, le front, etc. Tous nos gestes et nos positions corporelles trahissent en fait notre réel état, quasi incontrôlable et identique pour chaque humeur. Par exemple, si vous portez votre téléphone à votre oreille gauche, vous êtes plutôt introverti et si c'est à la droite, vous avez tendance à être dans l'action ; lors d'une conversation si votre interlocuteur reste les bras croisés, il n'est sans doute pas d'accord avec vous ; une personne qui ment aura tendance à se toucher le nez en parlant, etc. Je vous laisse découvrir au chapitre **GESTES ET POSITIONS CORPORELLES** la signification de votre langage corporel afin que vous puissiez clairement décoder les vôtres et ceux des personnes qui vous entourent.

Pourquoi habitez-vous dans tel type d'habitation ?

Comment est votre lieu de vie, qu'avez-vous choisi ? Un appartement, une maison, un chalet, un mobile home, etc. ? Est-ce en ville ou à la campagne ? Votre domicile est-il neuf, ancien, en construction, à rénover ? Êtes-vous locataire, propriétaire, en viager ? Vous l'avez étudié, analysé voire décortiqué, comparé. Vous avez déterminé des conditions qui vous correspondent, certaines prioritaires auxquelles vous n'avez pas dérogé et d'autres que vous avez adaptées… vous allez découvrir que votre lieu de vie n'a rien à voir avec le hasard ! Je vous laisse découvrir au chapitre **TYPES D'HABITATION** les raisons profondes de votre choix.

Que révèlent les pièces de votre habitation ?

L'intérieur de votre lieu de vie vous représente, c'est le miroir de votre propre construction et de votre personnalité. Est-il compartimenté ou ouvert, grand ou petit, rangé ou encombré, propre ou plutôt négligé, organisé ou pas, peut-être un peu comme vous, en fait ? Vous verrez aussi combien chaque pièce correspond à différentes parties de vous. Par exemple, le séjour montre votre niveau d'accueil et d'ouverture ; la cuisine, c'est votre sens du partage et votre don de féminité ; la chambre, votre capacité d'intimité ; la salle de bains, le rapport à votre corps, votre bien-être ; le grenier, le passé, l'héritage, etc. Je vous laisse découvrir au chapitre **PIÈCES DE VOTRE HABITATION** la signification des pièces et de leur aménagement.

Quels livres avez-vous l'habitude de lire ?

Préférez-vous des livres d'action, d'actualité, de bien-être, d'entreprise, de guerre, d'érotisme, scientifiques, d'ésotérisme, de religion, de sport, de voyage, des romans, etc. ? Ce que vous choisissez de lire est en fait le miroir d'une partie de vous que vous cherchez à soulager, à faire ressortir ou évoluer… Les héros et personnages du livre montrent généralement différentes facettes de vous que vous vivez ou que vous cherchez à développer. Je vous laisse découvrir au chapitre **LECTURES** la signification de vos choix.

À quels problèmes correspondent nos différentes maladies ?

La santé du corps est le reflet de ce qui se passe à l'intérieur de soi. Ce chapitre vous aide à identifier la cause profonde, la problématique émotionnelle et/ou mentale qui a généré le dérèglement corporel à l'origine de la maladie. Tout ce qui nous arrive, comme une contradiction, un changement de poste, une déception amoureuse, le refus de voir ou d'entendre, une démotivation, un doute, une attitude pessimiste, une culpabilité, une non-reconnaissance… peut influencer notre santé. Par la suite, peut se déclencher une maladie en lien et en correspondance avec le choc émotionnel emmagasiné. Par exemple, si quelqu'un vous irrite beaucoup, si vous êtes « allergique » à lui, vous pouvez déclarer une allergie ; si vous ruminez, retenez quelque chose à dire, vous pouvez avoir une rhinopharyngite, un problème à la gorge ou à la bouche ; si vous supportez beaucoup de choses, travaillez trop et en avez plein le dos, cela peut déboucher sur un lumbago ou une sciatique. Je vous laisse découvrir au chapitre **MALADIES** une nouvelle lecture de la « mal-a-dit » afin de mieux comprendre ce qui se passe en vous et ainsi avoir accès à des changements possibles.

Avertissement : toutefois ces informations ne remplacent pas une consultation médicale.

Pour quelles raisons exercez-vous tel métier ?

Le choix de votre métier n'est pas le seul fruit du hasard ! Je pense qu'il est, lui aussi, celui d'un besoin plus profond et inconscient qui permet de nous construire et de nous équilibrer. Il peut nous apporter ce que l'on n'a pas reçu de notre famille. Par exemple, les thérapeutes s'occupent des problèmes de leurs clients car ils ont besoin de résoudre les leurs ; les avocats défendent les autres car bien souvent ils n'ont pu le faire avec un de leur proche ; les kinésithérapeutes, les masseurs ont souvent manqué de câlins et d'affection, c'est notamment pour réparer cette blessure qu'ils « massent ». Je vous laisse découvrir au chapitre **MÉTIERS** la description de votre personnalité et différentes pistes de réflexion afin de comprendre, en conscience, ce qui vous pousse vers le métier que vous exercez.

Pourquoi écoutez-vous tel type de musique ?

La musique est comme l'humain, un phénomène universel remontant à la préhistoire, qui a donné lieu à des modes à travers le monde sur des millénaires. Lorsqu'on parle de la musique de tel groupe social, de telle région du globe et de telle époque, on définit aussi un type de personnalité. Il existe autant de musiques que de typologies d'humains : les classiques, les militaires, les religieuses, les populaires, les latinos, les discos, les technos, les punks, etc. En fait, les différents types de personnalités humaines sont en correspondance avec les genres de musique, ils s'accordent suivant le rythme, les instruments, la voix, l'époque, l'origine, la zone géographique d'origine, la complexité, le niveau sonore, la culture, la sensibilité, la profondeur, les traditions, le solennel, le cérémonial, la créativité, l'improvisation, la puissance, l'agressivité, la sensualité, etc. Selon votre choix musical au chapitre

MUSIQUES, découvrez la signification qui révèle des traits de votre personnalité.

Que signifient les problèmes matériels que vous rencontrez ?

Et s'il y avait un lien entre les problèmes matériels que vous rencontrez et qui vous êtes ? Par exemple, vous n'avez plus envie de communiquer avec l'extérieur et votre téléphone tombe soudainement en panne ; vous tournez en rond mentalement, négativement et d'un seul coup votre ordinateur bugue ; vous avez des problèmes électriques car vous êtes trop survolté ou que cela disjoncte chez vous... Le raisonnement que nous tenons habituellement sur tous nos tracas et pannes est qu'ils surviennent pour une cause mécanique ou par manque de chance. Je vous propose un autre regard et une autre approche qui vous montrent qu'il peut y avoir un lien entre vos pensées, votre déséquilibre, vos états émotionnels, votre disharmonie psychologique et certains problèmes que vous rencontrez dans votre vie quotidienne. Je vous laisse découvrir au chapitre **PROBLÈMES MATÉRIELS**, leurs explications et les liens possibles avec vous.

Pour quelle raison regardez-vous ou pratiquez-vous tel sport ?

J'ai étudié les caractéristiques de chaque sport et mis en évidence, pour chacun d'eux, les qualités que celui qui le pratique ou le regarde possède ou cherche à accroître. Chaque discipline fait appel à des traits de caractère très spécifiques qui, en fait, correspondent exactement à ce que recherche celui qui s'y adonne. Par exemple, souhaitez-vous développer symboliquement et/ou réellement l'individualité ou le collectif, la compétition ou le loisir, l'équilibre, la force, la vitesse, la concentration, la souplesse, la prise de risques, le dépassement, la combativité, la précision, l'endurance, l'aventure, etc. ? Comme vous pourrez le voir, les critères de choix d'un sport sont très nombreux et bien différents. Vous comprendrez combien ils sont, en fait, le miroir de votre personnalité, des qualités dont vous disposez et/ou que vous souhaitez acquérir. Je vous laisse découvrir au chapitre **SPORTS** leur signification profonde et des révélations sur vous-même.

Pourquoi utilisez-vous tel moyen de transport ?

Pour vous déplacer, aller au travail, faire vos courses, partir en vacances..., quel moyen de locomotion utilisez-vous ? La moto, la marche, le métro, les rollers, le taxi, le scooter, la voiture, le train, le bateau, l'avion, etc. ? Vous trouverez la liste de tous les moyens de transport afin que vous puissiez regarder celui que vous employez en général. En effet, la description de chacun vous révèle les raisons qui vous poussent à utiliser ce moyen pour vous déplacer. Par exemple, si vous avez l'habitude de marcher, vous êtes assez naturel, simple et savez faire des efforts ; si c'est en bateau, vous aimez l'espace, la tranquillité ; si c'est la moto, vous êtes assez indépendant, débrouillard, libre et rapide... Nous vous laissons découvrir dans le chapitre **TRANSPORTS** tout sur la signification de votre manière de vous « véhiculer ».

Que signifient les problèmes que vous avez avec votre voiture ?

La voiture que vous choisissez a des chances de vous représenter et d'être le reflet de ce que vous êtes. Non seulement votre voiture vous « personnifie », mais nous verrons que tout ce qui lui arrive peut avoir un lien avec vous ! Cela peut vous paraître bien surprenant. Moi-même en tant qu'auteur, quand il y a quinze ans, on m'a dit qu'il pouvait y avoir un rapport entre ma colonne de direction coincée et le fait que depuis deux mois j'hésitais entre deux directions, j'ai ri ! Et puis, j'y ai porté un peu d'attention et j'ai commencé à découvrir de réels liens et des synchronicités entre mon véhicule et moi. C'était à la fois étrange et bien réel ! Si par exemple, vos essuie-glaces ne fonctionnent plus, réparez-les et demandez-vous ce que vous avez du mal à voir en ce moment ; vous avez eu une amende pour un excès de vitesse, réglez-la et cherchez pourquoi vous allez aussi vite. Un véhicule vous a percuté, faites appel à un carrossier et regardez si, en ce moment dans votre vie, on ne vous « rentrerait » pas dedans, est-ce que vous vous faites bien respecter ? Je vous laisse découvrir au chapitre **VOITURES**, des propositions sur la signification des incidents, des pannes, problèmes que vous rencontrez afin que vous puissiez également réaliser votre propre « réparation ». Et votre vie va avancer et « rouler » peut-être encore mieux !

Pourquoi avez-vous choisi ce type de vacances, ce voyage ?

Chaque voyage et vacances que l'on prend, correspondent souvent à un déplacement physique, à un changement d'espace, d'axe par rapport à sa maison, donc sa base. C'est vous qui choisissez et combinez tous les éléments selon vos envies, vos possibilités. Un voyage représente un besoin de changement intérieur et, en fonction des éléments que vous avez déterminés pour le monter, vous pouvez connaître la signification qu'il a pour vous. Par exemple, plus vous partez loin et longtemps et plus vous avez besoin de changer de choses dans votre vie ; allez-vous dans le désert, en Inde ou à New York, voulez-vous vous retrouver en profondeur, développer votre esprit, votre spiritualité ou élargir votre richesse matérielle, votre mental rationnel ? Est-ce un voyage organisé ou plutôt l'aventure, l'imprévu ? Souhaitez-vous être cajolé, en sécurité ou être surpris et vous dépasser ? Amenez-vous beaucoup de bagages ou très peu, avez-vous beaucoup de peurs ou non ? Je vous laisse découvrir au chapitre **VOYAGES ET VACANCES** la signification des lieux, des cultures, des langues, des types d'hébergement, des modes de transport..., que vous choisissez.

Comment utiliser ce livre

- Vous pouvez choisir un thème qui vous concerne particulièrement ou consulter chaque rubrique les unes après les autres.
- Sélectionnez le (ou les) points(s) qui vous intéressent.
- Lisez la (ou les) définition(s).
- À la fin de votre lecture, repérez votre prise de conscience, mieux encore, notez-la dans un carnet.
- Faites l'action qui vous est suggérée.

ANIMAUX FAMILIERS

Les animaux familiers qui vivent avec nous ne sont pas le fruit du hasard, ils nous ressemblent et c'est ce que vous allez découvrir dans ce chapitre.

Comment est votre chat, chien... ? Est-il fort ou faible, grand ou petit, dominant ou en retrait, gourmand ou non, posé ou excité, indépendant ou non ? Les réponses à ces questions décrivent probablement votre façon d'être.

Par exemple, les personnes qui prennent des chiens ont généralement un grand désir d'affection, de reconnaissance et ont besoin de bouger, de sortir pour se sentir bien ; celles qui préfèrent le chat révèlent chez elles leur caractère indépendant, elles veulent du calme et vont donc choisir un animal qui correspond à leur personnalité. Si vous faites du cheval, vous recherchez à exprimer votre puissance, la liberté, le côté sauvage et noble de votre personnalité...

Je vous propose un descriptif pour chaque animal : découvrez des facettes de vous-même ou de ce que vous souhaitez développer grâce à votre animal domestique, que vous ne verrez plus de la même manière.

Pour chaque description, vous êtes en partie ou en totalité cela, soit vous cherchez à l'être.

Pour aller plus loin

Après avoir lu les définitions se rapportant à votre animal de compagnie et en l'observant au quotidien, repérez les caractéristiques qu'il révèle à votre sujet. Quels liens faites-vous avec votre propre comportement ? Voyez ce que vous appréciez chez lui et ce que vous n'aimez pas...

Vous pourrez alors utiliser au mieux toutes ces informations dans votre quotidien.

CHAT : Vous êtes de nature assez discrète, autosuffisante, indépendante. Vous n'attendez pas plus des autres que ce que vous recevez dans le moment présent. Vous êtes patient, observateur, concentré et savez bien vous protéger, vous défendre. Vous aimez le confort, la volupté, la sensualité, la propreté, être bien habillé. Vos journées sont rythmées de petites habitudes, vous avez à la fois besoin de liberté, d'autonomie et êtes en même temps un peu casanier, vous appréciez la tranquillité, la détente. Vous êtes souple, malin, câlin et savez exactement ce que vous voulez.

CHEVAL : Vous appréciez la beauté, l'élégance, la noblesse. On ressent d'emblée votre solidité, votre force, votre puissance qui peut parfois être un peu sauvage. C'est pour cela qu'on vous sait à la fois indépendant, libre, ayant besoin d'espace, de nature, et qu'en même temps vous aimez le dépassement, la compétition, le travail d'équipe, bref « porter » les gens. Vous avez beaucoup de ressources, de capacités, de compassion et savez soulager, soutenir. Vous recherchez votre pouvoir personnel et l'engagement, pour cela, vous aimez prendre des responsabilités.

CHIEN : Vous êtes de nature plus dépendante, servile, dévoué ; le bénévolat vous attire peut-être. Votre besoin d'affection, de reconnaissance vous fait cultiver des amitiés durables. Vous méritez la confiance qu'on vous accorde. Vous êtes plutôt séducteur, tendre, tolérant et aimez bouger. Vous aimez vous montrer, au risque d'être « bruyant », peut-être pour recevoir davantage de reconnaissance. Vous avez de l'énergie, de la force, du caractère que vous devez apprendre à canaliser. Votre présence sécurise, protège, vous savez prévenir des dangers et même attaquer au besoin. Vous aimez bien manger, un peu gourmand, vous savez faire la fête.

CROCODILE : Vous avez une grande force morale et d'action, ce qui vous rend très endurant. Vous êtes à la fois dissimulateur, très calme et pouvez soudainement exprimer une puissance importante pour arriver à vos fins. Vous avez la capacité de vous adapter à tout type de situation. Vous pouvez contrôler vos émotions, les maîtriser. Vous êtes un « être » à part, plutôt différent des autres personnes.

LAPIN : Vous avez plusieurs facettes, vous pouvez être joueur, taquin, drôle, et surprenant. Vous avez besoin d'amour, de tendresse, d'affection, d'attention. Selon votre humeur, la saison, vous savez prendre soin de vous, vous retirer si nécessaire. Vous rentrez à l'intérieur de vous, dans toute votre profondeur et parfois vous vous enfermez dans un coin et vous terrez. Au fond, vous pouvez être inquiet, sur le qui-vive, comme figé, soit pour observer la vie, la nature, soit pour voir s'il y a un danger et, dans certains cas, vous savez décamper à vive allure pour ne pas vous faire prendre. Même si vous restez parfois sans bouger dans un coin, vous aimez aussi courir et découvrir de nouveaux espaces.

OISEAU (canari, perruche, perroquet) : Vous êtes de nature légère, rapide, très vivace et aimez bouger. Vous vous êtes enfermé dans un espace qui vous protège, ou vous avez pris votre envol, votre liberté mais savez aussi voyager dans le monde et exprimer votre créativité. De nature plutôt féminine, douce, sensible, en paix intérieure, vous aimez exprimer votre joie, gaieté ; pour certains, cela vous amènera même à chanter.

POISSON : Vous êtes plutôt introverti ou de nature un peu enfermée, transparente, mais sincère vis-à-vis des autres quand vous les connaissez. Vous aimez contempler les choses, apprécier la beauté dans le calme et le silence. Vous aimez tout ce qui est petit, mignon, vous pouvez même être fétichiste. Vous appréciez vous faufiler et savez vous glisser au travers des dangers ou des plaisirs. Parfois un peu fragile, vous avez besoin d'être seul pour vous agiter ou vous reposer dans votre maison. Au fond de vous, vous souhaiteriez peut-être recréer ou vivre dans un autre monde.

POULE : Vous êtes débrouillard, un peu « passe-partout », facile à vivre et, en même temps, vous avez aussi besoin d'être protégé. Vous aimez bien aider les autres, les nourrir réellement et symboliquement. Vous êtes capable de faire, de créer de très belles choses avec peu de moyen. Vous pouvez vous adapter, même dans un contexte dur.

RONGEUR (souris, rat, hamster) : Même si d'apparence ou intérieurement vous semblez petit, vous êtes quelqu'un de malin, vif, rapide et efficace. On peut dire que vous avez deux personnalités, à la fois très intelligent, vivant, vivace, adaptable et en même temps faible, dès que vous vous sentez menacé par plus fort que vous. Même si vous pouvez apparaître comme une personne différente des autres, parfois même un peu décalée voire rebelle, vous pouvez être très apprécié et sympathique. Vous passez tout à la loupe, vous prêtez attention au moindre détail, vous êtes parfois tatillon et trop méthodique. Vous craignez un peu la vie, le stress vous oblige à avoir des habitudes.

Toutefois, certaines personnes peuvent ne pas apprécier votre côté obsessionnel, mais vous savez les éviter.

SERPENT : Vous êtes plutôt discret, malin, observateur, silencieux. Même si vous pouvez agir directement, vous le faites aussi de manière « sinueuse », vous savez vous faufiler un peu partout, vous êtes passé maître dans l'art de la dissimulation. Vous avez des ressources et savez vous en servir pour vous défendre ou attaquer face à quelqu'un. Vous pouvez être aimé, mais la plupart des gens vous craignent, de plus vous avez la capacité de changer de « peau » ou plutôt d'apparence. Vous avez un fort potentiel de feu, d'énergie, de passion, de désir, de sensualité, de vitalité physique, ce qui fait émerger en vous de l'ambition, de la créativité, un esprit de décision. En certaines occasions, vous pouvez faire preuve de pouvoir, de charisme, voire d'une certaine sagesse.

TORTUE : Vous possédez des connaissances, voire la sagesse des anciens, ce qui vous amène à voir loin et vivre longtemps. Vous êtes quelqu'un de patient, solide, résistant à beaucoup d'épreuves et bien ancré dans la matière. Vous aimez avancer lentement, vous emportez avec vous tout ce dont vous avez besoin. De nature égale, on ne vous bouscule pas et vous savez évoluer en respectant votre rythme. Vous êtes à la fois mobile et restez plutôt enfermé sur vous-même, vous savez vous protéger des autres, de l'imprévisible, de l'extérieur en général afin de vous respecter. Évitez les contextes qui pourraient vous déstabiliser, vous bousculer, voire vous renverser car, à ces moments-là, il vous faudra de l'aide extérieure pour vous remettre sur pied. Les plus audacieux peuvent aussi avoir les capacités de se mouvoir dans un monde plus obscur et plus émotionnel.

Arbres

Vous allez voir de quel bois je me chauffe ! Courbez-vous sous les problèmes, la tempête, résistez-vous sans briser, sans casser, ou auprès de votre arbre vivez-vous heureux ? Si l'arbre est notre reflet, c'est qu'il nous ressemble dans sa diversité la plus extrême.

Chaque arbre a une signification symbolique, des particularités spécifiques, des qualités et des fragilités. Il est, tout comme l'être humain, un organisme vivant, où chacun a son caractère, sa personnalité, une forme, une texture, un volume, des traits, une allure, une nature, un tempérament, une âme... ils correspondent à des caractères psychologiques, à une symbolique... bien précis.

Êtes-vous une personne solide comme un chêne face aux difficultés de la vie, ou pliez-vous facilement comme un peuplier ? Êtes-vous nourricier pour les autres tel un arbre fruitier ?

Chaque personne s'accorde et s'associe, consciemment et inconsciemment, avec ce qui lui correspond afin de trouver le meilleur équilibre possible. Sachez que vous n'êtes pas attiré par un arbre par hasard, soit il possède des caractéristiques qui sont vôtres, soit c'est l'inverse, il montre ce que vous cherchez à acquérir ou à devenir. Bientôt vous verrez combien cette alchimie est d'une exactitude déconcertante ! Vous vous accordez également dans une analogie naturelle avec un arbre. Lequel est-ce ? Réfléchissez un instant... Quel est l'arbre qui vous plaît le plus, que vous appréciez, aimez, qui vous attire spontanément, puis regardez sa description dans le listing ci-dessous. Si vous semblez ne pas avoir de préférence, vous pouvez également passer par l'approche inverse : en lisant ce qui suit, trouvez la description qui vous correspond le mieux et vous aurez votre arbre emblématique. Amusez-vous et continuez la découverte de vous-même.

Pour chaque description, vous êtes en partie ou en totalité cela, soit vous cherchez à l'être.

Pour aller plus loin

Apprenez à tirer parti de votre environnement, des arbres présents chez vous ou que vous aimez. Faites un résumé de ce dont vous avez pris conscience à votre sujet, à la lecture de cette rubrique.

Maintenant, vous pouvez utiliser au mieux toutes ces informations dans votre quotidien.

BOULEAU : Vous aimez vivre dans la nature et le calme, vous êtes sans prétention avec une ambition modeste. Vous êtes fin, délicat, simple, tendre, attirant, pur, gentil, plutôt féminin. De nature gaie, vous avez de la vitalité, de l'élégance, vous laissez passer les problèmes pour apporter du bonheur. Vous vous adaptez vite, vous débordez d'imagination, vous avancez rapidement, ce qui peut vous rendre vulnérable. Un peu seul, parfois mélancolique, vous savez créer une atmosphère tranquille, légère où chacun a sa place, vous savez également unir et pardonner. Enjoué, séduisant, compréhensif, honnête, vous montrez la voie du cœur. Vous inspirez, guidez vers un autre chemin, vous êtes une véritable lumière.

CERISIER : Même si vous êtes un peu tourmenté, vous savez vous débrouiller seul et être indépendant. Si vous vivez des épreuves, vous arrivez à vos fins quels que soient l'opinion ou le jugement de votre entourage. Vous avez de nombreuses qualités. Beau, charmant, gai, bon vivant, en fait vous êtes attirant. Vous êtes très créatif, surprenant, ce qui amène beaucoup de vie et de mouvement. Vous aimez accueillir, donner, nourrir les autres, ce qui vous fait rend très appréciable.

CHARME : De belle allure et équilibré, vous avez beaucoup de goût, vous faites attention à votre apparence et à votre condition physique. Très consciencieux, vous menez une vie raisonnable, disciplinée, et vous appréciez le confort. Par nature, vous êtes modeste, discret, assez indépendant, vous êtes à la fois, désintéressé et, en même temps, recherchez la gentillesse et la reconnaissance. Votre positivisme, votre expérience de la vie et votre puissance tranquille vous permettent de comprendre et d'agir avec rapidité et d'une manière très efficace. Vous allez droit au but avec justesse. On peut vous sous-estimer mais vous cachez une force d'acier qui vous permet de très bien vous défendre, voire de survivre en des circonstances difficiles et même d'aider dans les situations extrêmes. Si l'on sait gagner votre confiance, vous êtes un ami fidèle et solide.

CHÂTAIGNIER : Par nature vous êtes sociable, compréhensif, accueillant, chaleureux, protecteur et donc très apprécié. Vous rayonnez, vous avez du caractère. Vous savez tirer parti de vos expériences, vous êtes malin et efficace. Vous savez vous protéger, vous défendre, peut-être parce que, plus jeune, vous avez été « attaqué ». Votre côté solide donne parfois une impression de supériorité. Peu diplomate, vous vous irritez facilement. Discrètement, vous produisez beaucoup, au fond vous avez un côté mère nourricière et vous offrez ce que vous avez. Souvent même, si vous êtes d'apparence un peu rustre, vous préférez vivre dans un milieu protégé où les choses sont tempérées.

CHÊNE : Vous êtes fort, robuste, courageux, brave, protecteur, solide comme un pilier, une personne d'action, un vrai vainqueur. Également sage, juste, pondéré, en harmonie, patient et compréhensif. Vous êtes à la fois un bon ami, paternel et maternel, de contact facile et serviable, vous ressentez bien les gens et les encouragez. Vous apparaissez comme majestueux, grand, mature, reconnu, vénéré, sûr de vous. Vous voyez loin et construisez avec pérennité. Implacable, indépendant, fier, dissuasif, vous n'aimez pas le changement et gardez bien les pieds sur terre. D'apparence « rigide », votre être intérieur est souplesse, amour, fertilité, hospitalité, chaleur.

CYPRÈS : Vous avez un esprit méditatif et contemplatif. Vous voyez de loin et savez prendre le recul nécessaire, tout en étant bien présent. Vous avez beaucoup de patience. Vous restez toujours poli, discipliné, digne, vous avez la droiture des anciens, souvent doté d'un statut social, vous êtes plutôt conservateur. Votre silhouette est élancée, ce qui vous procure beaucoup de vitalité et une certaine longévité. Vous êtes à la fois d'apparence solitaire, inapprochable, rigide, inébranlable, constant, individualiste, libre et adaptable, tolérant, sociable, heureux, optimiste, appréciant les petits groupes et prenant ce que la vie vous offre. Vous avez soif d'argent, de pouvoir, de reconnaissance, vous aimez la grandeur, la prestance. Vous êtes centré sur vous et assez peu esclave de vos émotions. Vous laissez les autres se débrouiller et si quelqu'un vous ennuie, vous pouvez devenir critique, voire arrogant.

FRÊNE : Vous disposez d'un bon équilibre. Doté de qualités féminines et masculines, vous êtes souple, flexible, sécurisant, attentionné, le cœur ouvert et en même temps solide, puissant, impulsif, exigeant. De nature rusée, expérimentée, on ne peut vous duper car vous voyez les événements et les gens venir de loin. Il est dans leur intérêt de vous respecter, sous peine d'être remis en place vertement. Très fiable, digne de confiance, fidèle, prudent, vous êtes une épaule sur laquelle on peut s'appuyer, un bon guide, un conseiller, un soutien et un bon « guérisseur ». Mature, intelligent, talentueux même, vos ambitions vous amènent à vous informer de tout, de l'actualité tant présente que passée, vous avez une grande culture et êtes quasiment incollable. Une part de vous est plus individualiste, solitaire, aussi vous appréciez le calme, ce qui peut vous rendre distant.

HÊTRE : Vous êtes d'un caractère plutôt féminin, tendre à l'extérieur, sachant très bien se protéger et épauler les autres. Tout le monde vous aime, vous possédez une très bonne écoute, de la patience et avez beaucoup d'énergie. Tel un souverain, vous êtes droit, invariant, stable, très solide à l'intérieur, vous avez tout pour vivre longtemps. Tout cela vous amène à avoir la parole juste et vous savez être de bon conseil. Vous avez du goût, l'apparence est pour vous importante, vous savez également surprendre, créer. Sur le plan matériel, vous avez une tendance économe, organisé et comme vous savez voir loin, vous dirigez raisonnablement, en toute sécurité. Vous êtes à la fois calme, souple, puissant et efficient, ce qui fait de vous un très bon compagnon de vie qui garde la forme toute l'année.

NOYER : Vous êtes quelqu'un de très spécial, à la fois beau, dur et au cœur tendre. Très solide, un peu comme un chevalier cuirassé, avec beaucoup de caractère, qui sait se défendre et se protéger. Non flexible, ne faisant pas de compromis, nerveux, vous pouvez même montrer de l'agressivité, vous êtes un véritable protecteur des anciennes valeurs et traditions. Votre individualisme, votre endurance, votre ambition et votre capacité à vous préserver vous amènent à vivre très longtemps. On vous considère comme une personne généreuse et nourricière. Votre caractère est vraiment peu commun, vous êtes spontané, surprenant, plein de contrastes, à la fois colérique et équilibré.

OLIVIER : Vous êtes une personne investie par l'amour et la paix. Votre tolérance et votre sens de la justice vous permettent, de manière innée, d'éviter et/ou de résoudre tous les conflits et problèmes. Chez certains d'entre vous, cette prédisposition est encore insoupçonnée, mais la plupart du temps votre sagesse est reconnue et considérée. Mystérieux, vous êtes doué d'un grand savoir et d'une grande profondeur. À travers vous, la connaissance des anciens traverse le temps. Vous transmettez seulement quand cela est juste et non pour briller en société. Calme, sensible, chaleureux, équilibré, votre grande richesse intérieure et extérieure attire à vous des personnes sophistiquées. Votre empathie vous amène à être respecté et reconnu, vous êtes un peu comme le vieux sage du village.

PEUPLIER : Vous êtes une personne qui avance rapidement mais ce que vous construisez n'est pas éternel. Vous prenez soin de vous et protégez les autres car vous savez prévoir, vous adapter et contourner les obstacles. Vous pliez mais ne rompez pas, vous savez lâcher prise. Cultivé, équilibré, calme et tranquille, vous apaisez et attendrissez.

Joyeux, fantaisiste, volatil, blagueur, festif, vous aimez transformer la réalité, raconter des histoires. La vie de couple, de famille et le cercle amical sont importants et, en même temps, vous veillez à votre bien-être. Comme vous manquez de confiance en vous, vous êtes rapide, malin, savez vous adapter quitte à vous contredire pour vous en sortir, sans toutefois vous départir de votre fierté.

PIN : Vous êtes à la fois tendre, fragile et résistant, malin et rapide, vous savez vous adapter, et même presque vivre en autarcie. Vous aimez vous trouver au milieu d'un groupe ou de votre famille. Sincère et droit, sans ostentation, vous voyez à long terme. Même si, naturellement, vous êtes très actif et fier de cela, vous restez modeste. Il arrive que vous vous laissiez abuser, qu'on vous manque de respect. Vous êtes doté d'un esprit ouvert et appréciez la décoration.

POMMIER : Vous avez besoin d'amour, d'aimer et d'être aimé. Vous êtes enclin à attirer, séduire et charmer. Vous possédez de la force, vous êtes d'un naturel optimiste, aventurier et votre jeunesse est éternelle. La vie et l'esprit d'abondance sont en vous, vous avez le don de soutenir, de nourrir et de fortifier. Vous êtes un vrai remède contre la maladie ou le négatif. Vous avez une aura plaisante, joyeuse qui vous rend généreux, chaleureux et vous vivez souvent dans le moment présent, aujourd'hui et maintenant. Votre sensibilité et votre tendresse font de vous une personne fidèle. Votre vitalité et votre côté sauvage vous aident à faire face à tous les événements. Vous êtes surprenant, à la fois scientifique, philosophe et sage, vous savez réunir la nature et l'humain et tout cela vous amène à être apprécié de tous.

SAPIN : Vous êtes digne, sophistiqué, majestueux, vous sentez bon et avez du goût. De nature tendre, souple, calme, humble, féminine, on peut compter sur vous. Vous savez protéger, votre présence rassure et « abrite ». Majestueux, souple, attirant, vous êtes plein de ressources insoupçonnées. Vous possédez une puissance discrète, votre fougue de jeunesse vous amène à être joueur, rapide, astucieux et débrouillard. Vous savez vous adapter même dans des contextes très durs, car vous avez de la résistance. Vous êtes disponible, apte au bien-être, vous apportez du confort et du positif. Vous aimez la vie, la fête et être entouré.

SAULE PLEUREUR : Séduisant, gracieux, harmonieux, votre présence apporte douceur et mélancolie. De caractère plutôt féminin, votre apparence est importante. Vous êtes une vraie mère nourricière, toujours disponible, qui aime accueillir sous son aile et protéger. Vous êtes malin, très intelligent, souple, adaptable, sans artifice et apaisant. Vous êtes unique et plutôt inattendu, voyageur, rêveur, intuitif, créatif et pertinent en même temps. Vous êtes très empathique, compréhensif, ouvert, charmeur, rayonnant mais pas toujours facile à vivre car exigeant, agité et parfois capricieux. Attachant, vous n'aimez pas les relations froides et ambigües, vous préférez tout ce qui est harmonieux, honnête et de bon goût.

TILLEUL : Vous êtes en général double, ambigu, attirant et repoussant à la fois, grand et petit, en fait plutôt singulier. Vous avez plusieurs talents, toutefois il vous manque la ténacité nécessaire pour les mettre en action. Vous détestez la bagarre, le stress et le travail, ce qui vous amène à être doux et à fléchir facilement. Lunatique, vous pouvez être coquet, souple, léger, d'un contact aisé, puis on vous voit changer rapidement d'attitude pour devenir orgueilleux, difficile et coriace. Vous avez du mal à accepter les leçons que vous imposent la vie, vous restez souvent dans vos habitudes. Vous aimez la franchise, la justice, vous êtes attiré par ce qui est sain et sacré et vous faites facilement des sacrifices pour vos amis et ceux que vous aimez. Flegmatique, mélancolique, vous avez tendance à vous plaindre, gémir, être désagréable, mauvais perdant et jaloux. Vous êtes vraiment ambivalent, car même s'il vous arrive de douter, vous savez apporter le calme et la détente. Vos amis disent que votre intelligence leur permet de comprendre les événements difficiles de leur existence.

Boissons

Ce que vous buvez chaque jour n'est pas le fruit du hasard, cela vous correspond, représente un aspect de vous et vous décrit. Si vous êtes une personne stressée qui n'arrive pas à être ou à avoir tout ce qu'elle souhaite, il est possible que l'alcool vous apporte un peu de calme intérieur, de lâcher-prise. Si vous buvez toujours de l'eau, vous êtes probablement une personne assez naturelle, tranquille, qui écoute bien son ressenti, ses besoins, etc.

Je vous laisse découvrir ci-dessous un listing de boissons, lisez celle qui correspond à votre consommation afin de mieux vous connaître.

À la fin de chaque description vous trouverez ce qui peut permettre à chacun de s'améliorer, de s'équilibrer… d'être plus heureux, ce sont les **solutions**.

Pour chaque description, vous êtes en partie ou en totalité cela, soit vous cherchez à l'être.

Pour aller plus loin

En connaissant le sens et l'influence des boissons sur votre personnalité, vous pouvez mieux choisir ce que vous consommez. Qu'avez-vous découvert à votre sujet ?

Vous pouvez, dès à présent, utiliser au mieux toutes ces informations dans votre quotidien.

ALCOOL : Si vous buvez de l'alcool, c'est le signe que quelque chose en vous ne va pas et vous indispose : cela vient d'une personne ou d'une situation. Sur le plan familial, professionnel... un événement est en contradiction avec vos valeurs, vos habitudes. Au lieu d'en parler, d'agir, vous gardez votre malaise en vous. Peut-être vous sentez-vous seul, démuni, aussi souffrez-vous en silence. Plus l'alcool est fort et plus vous refoulez, vous enfermez quelque chose qui vous tourmente, vous stresse et vous brûle. Plus l'alcool est sucré, plus il montre un manque sur le plan affectif. Le niveau d'alcool en quantité et en degré est proportionnel à un niveau de souffrance intérieure muselée.

Trouvez un moyen, une personne, un lieu où vous puissiez exprimer ce que vous gardez intérieurement puis agissez, prenez des décisions, changez ce qui ne vous correspond pas, afin de vous libérer et d'aller vers un meilleur équilibre.

BIÈRE : Votre préférence se porte sur la bière, c'est que vous voulez faire « mousser » votre vie, vous amuser, vous éclater car il y a peut-être à l'intérieur de vous quelque chose qui ne va pas, qui ne tourne pas rond. Plus vous buvez de bière et plus vous voulez vous prouver que vous êtes fort. Votre vie professionnelle, familiale, votre attitude, vos sentiments... ne vous correspondent pas, vous êtes quelque part un peu perdu, mal dans votre peau et votre existence. Vous vivez petit, et vous sentez limité. Peut-être un peu déçu de la vie que vous menez, vous espérez changer votre réalité en buvant des bières. Vous avez choisi de laisser tomber la matérialité, l'émotionnel et vous dérobez momentanément. En fait, les bulles vont vous alléger de vos soucis, le liquide vous rendre plus lourd, plus dense, plus solide et l'alcool vous étourdir, vous avez l'impression que votre vie sera, durant un moment, moins dure ou moins enfermée.

Prenez un temps pour voir ce qui ne vous correspond pas ou plus dans votre vie. Choisissez d'être plus doux, plus juste, plus vrai avec vous-même, affrontez vos doutes, vos peurs, vous en êtes capable. Prenez les décisions nécessaires afin de vous respecter à 100 %, pour reprendre le pouvoir d'obtenir ce qui vous convient parfaitement.

CAFÉ : Si vous buvez du café, c'est que quelque chose à l'intérieur de vous (une peur, une situation, une personne) fait que vous vous êtes mis sous pression : la quantité que vous ingurgitez vous montre votre niveau de décalage avec votre état intérieur normal. En conséquence, cela vous agite, vous n'êtes pas bien à votre place, vous vous sollicitez trop. Vous ne suivez pas votre équilibre naturel (celui de votre corps), vous voulez plus, plus vite, du coup vous vous dénaturez. Vous vivez au-delà de vos limites, en ne respectant pas votre rythme naturel. Malgré la fatigue, la démotivation..., vous voulez rester en pleine possession de tous vos moyens, de tout votre potentiel.

Détendez-vous, relâchez-vous, allez vers plus de douceur, prenez conscience de ce qui vous suractive, puis prenez des décisions afin de retrouver votre propre équilibre.

CHAMPAGNE : Si vous buvez du champagne, c'est que vous aspirez à atteindre plus de beauté, de richesse, d'élégance. Vous souhaitez montrer une partie avantageuse de vous, afficher votre beauté, votre « Mozart ». Vous avez envie de vous démarquer de ce qui est commun, d'être vif et reconnu dans toute votre magnificence. Votre réalité n'est peut-être pas celle que vous souhaitez, dans tous les cas, vous désirez mieux. Votre ambition vous fait peut-être un peu oublier vos tourments habituels. Les bulles vous allègent, vous élèvent vers une vie encore plus pétillante.

Sachez que vous avez déjà tout cela en vous naturellement, prenez-en vraiment conscience, acceptez-vous dans toutes vos qualités et avancez chaque jour vers tout ce que vous désirez.

EAU : Vous êtes quelqu'un qui ne se fait pas trop de soucis, vous aimez ce qui est naturel, pur, transparent, limpide, vrai, authentique. La vie est pour vous très importante et vous la respectez. L'extérieur ne vous influence pas trop, vous savez rester zen, libre, à la fois ouvert aux autres et indépendant. Vous êtes une personne plutôt équilibrée, saine, franche. Je vous invite à lire également l'article **EAU GAZEUSE**.

EAU GAZEUSE : Si vous préférez l'eau gazeuse, c'est que vous avez besoin de davantage vous alléger, de vous relâcher, d'évacuer, de vous ouvrir, de vous élever, d'avoir plus de joie et de pétillement. Je vous invite à lire également l'article **EAU**.

JUS DE FRUITS : Vous buvez un jus de fruit frais et pressé car vous aimez être naturel, vrai. Si c'est un jus d'orange, c'est pour vivre la vie à pleins poumons, intensément, être tonique, naturel, chaleureux, libre et joyeux. Si c'est un jus de raisin, vous cherchez à vivre l'abondance, le plaisir, jouir de la richesse du monde. Si c'est un jus de fraises, vous souhaitez être vivace, dans l'action, l'amour, la vie, la joie et parfois même dans l'excentricité, osez foncer et vous montrer. Si c'est un jus de pomme, c'est pour croquer la vie à pleines dents, la mener avec efficacité, franchise, solidité et rondeur. Si c'est un jus de pêche, c'est pour avoir la pêche, la richesse, l'accueil, avancer comme un pionnier. Si c'est un jus de banane, vous avez envie de vivre, de vous exprimer, de vous montrer, de sortir tout votre potentiel, d'exotisme, de chaleur. Dans tous les cas, vous avez envie de retourner aux sources, au naturel, aux vraies valeurs, de laisser couler tout cela en vous. Si ce n'est pas un jus de fruits pressés, cela indique que vous êtes un peu moins vrai, naturel, pur.

SIROP : Voir les articles **EAU** et **JUS DE FRUITS**.

THÉ : Si vous buvez du thé, c'est que vous êtes une personne plutôt tranquille, qui aime accueillir en petit comité, attentionnée, à l'écoute de vous et de l'autre. Vous adhérez à un style de vie calme, pacifique, en harmonie avec votre nature et la nature. Vous recherchez une certaine paix intérieure, la détente, la quiétude, vous prenez votre temps, savez observer et savourer ce qui est.

TISANE : Si vous buvez de la tisane, c'est que vous êtes une personne qui fait attention à son bien-être. Vous recherchez une certaine hygiène de vie et un équilibre de santé en fonction de la plante que vous choisissez d'infuser. Je vous invite à lire également l'article **THÉ**.

VIN : Certes l'odeur, le goût de ce vin blanc, sa fabrication..., vous nourrissent mais sa teneur en alcool agit sur vous. Elle vous désinhibe un peu, vous détend, vous amuse, etc. Pourquoi avez-vous ce besoin-là ? Naturellement, êtes-vous tranquille et dans la joie ?

VIN BLANC : Vous buvez du vin blanc pour être beau, noble, transparent, pur intérieurement, authentique, droit, serein. Ce choix de boisson indique qu'en vous, existent de belles parties (blanches) mais aussi d'autres que vous souhaitez nettoyer et changer. Ce peuvent être des sentiments non exprimés, de l'émotionnel enfermé...

*À chaque fois que vous choisissez cette boisson, profitez-en pour ensuite faire le point avec vous-même, afin de découvrir consciemment ce que vous pouvez améliorer en vous, dans votre vie, puis parlez-en et agissez en conséquence. Vous pouvez lire dans le chapitre **COULEURS** ce que signifie le **BLANC** afin d'en comprendre toutes les subtilités.*

VIN ROSÉ : Le rosé n'est ni blanc, ni rouge, il est entre deux, un peu comme vous, ni bien, ni mal, ni chaud, ni froid, dans un état que l'on pourrait qualifier de moyen. La moitié du temps vous vous mentez peut-être à vous-même, vous vous écoutez un peu et en même temps les autres aussi. Il y a de votre part, sur un certain plan, un manque de positionnement.

Décidez vraiment de ce que vous voulez et prononcez-vous. Par exemple, soit vous vous reposez, soit vous agissez, etc. Vous pouvez lire au chapitre ***COULEURS*** *ce que signifie le* ***ROSE*** *afin d'en comprendre toutes les subtilités.*

VIN ROUGE : Pourquoi voyez-vous la vie en rouge ? Que se passe-t-il ? Que vous manque-t-il ? Peut-être n'avez-vous pas assez de « sang rouge » qui coule en vous, qui symboliquement représente la vie ? Le vin rouge montre que vous possédez en vous et/ou que vous avez besoin de stabilité, de concret, d'activité, d'énergie, de chaleur, d'amour mais également de puissance, de calme, de reconnaissance. Vous pouvez être très fort, très intelligent dans différents domaines mais sur certains plans, vous êtes faible, démuni, incapable de prendre une décision, de changer une situation.

Tranquillement, faites le point et voyez là où il y a à remettre de l'existence, de la vraie vie, un peu plus de douceur, d'amour, de respect de vos « en-vies » en profondeur. Vous pouvez lire au chapitre ***COULEURS*** *ce que signifie le* ***ROUGE*** *afin d'en comprendre toutes les subtilités.*

Caractères

Afin de mieux vous comprendre, vous allez découvrir les différentes personnalités établies selon le modèle de l'énnéagramme (venant du grec « *ennea* » qui veut dire « neuf » et « *gramma* » qui veut dire « figure »). Il s'agit d'un outil millénaire sur la découverte de la personnalité humaine qui est ressorti au XXe siècle, notamment grâce à G. I. Gurdjeff en 1980.

En fait, sont retenus neuf profils dominants : le Perfectionniste, l'Altruiste, le Battant, le Romantique, l'Observateur, le Loyaliste, l'Épicurien, le Chef et le Médiateur.

Repérez le profil qui vous correspond le plus et lisez-le. Chacun d'eux est différencié par ses comportements, ses talents, ses aptitudes naturelles, ses points forts et faibles, que j'ai nommés les **plus** et les **moins**. À la fin de chaque description, vous trouverez ce qui peut permettre à chacun de s'améliorer, de s'équilibrer, d'être plus heureux, ce sont les **solutions**.

Pour aller plus loin

Après avoir repéré votre typologie, vos points forts et vos tendances, les éléments dominants et ceux qu'il serait appréciable de développer, notez vos prises de conscience et ce que vous souhaitez changer, puis utilisez toutes ces informations pour agir encore mieux dans votre quotidien.

Le perfectionniste

PLUS : Vous avez des habitudes et des principes, vous êtes organisé, ordonné, méthodique, voire discipliné, ce que vous faites n'est jamais assez bien. Vous êtes consciencieux, productif, car vous vous sentez très responsable. Comme vous voulez changer le monde, vous travaillez durement. Bien que vous soyez réaliste, juste, cohérent, vous êtes facilement idéaliste. Vos idéaux sont élevés, vous êtes une personne digne de confiance, honnête, éthique, vous tendez vers la sagesse dès que vous êtes détendu.

MOINS : Votre désir de perfection masque une anxiété qui vous amène parfois à trop contrôler, à être trop sérieux, du coup vous devenez rigoriste, voire inflexible. Vous pouvez facilement devenir obsessionnel et attendre trop des autres, les critiquer, être jaloux et coléreux pour finir dans le dogmatisme.

Faites-vous masser, apprenez à vous détendre et à être zen. Privilégiez tout ce qui vous fait rire, votre vie sera alors très différente et vous apprécierez ce que vous avez déjà, ce qui vous rendra sûr de vous.

L'altruiste

PLUS : Souvent tourné vers les autres, vous vous faites du souci pour eux, ce qui vous rend attentionné, généreux, plein d'amour. Cela révèle votre besoin d'être aimé et même estimé. Les métiers de relation d'aide sont faits pour vous, car vous êtes souple, fin, enthousiaste, chaleureux, gai, protecteur et ressentez bien les personnes. Vous aimez également étudier votre « monde intérieur » et faire de nouvelles expériences.

MOINS : Lors de vos mauvais jours ou plutôt à force d'avoir une mauvaise opinion de vous, de refouler vos sentiments, de ne pas savoir dire non, donc d'en faire trop pour l'autre, il vous arrive d'être possessif et dans le contrôle. Vous pouvez exercer de la manipulation et à l'extrême devenir hystérique.

Prenez soin de vous, exprimez vos besoins, si vous avez envie d'être seul, offrez-vous ce cadeau. Aimez-vous sans rien faire pour les autres et si vous avez envie, demandez à votre entourage tout ce qu'habituellement vous leur donnez, là vous enclencherez un véritable changement !

Le battant

PLUS : Vous voulez toujours atteindre vos objectifs et une fois réalisés, vous vous en fixez d'autres. Vous avez beaucoup d'énergie, de dynamisme, de persévérance et une très grande capacité de travail. On dit de vous que vous êtes efficace, optimiste, bien informé, compétent et responsable de vos actes. Votre motivation augmente votre confiance en vous et votre autonomie vous rend souvent amical, gai et généreux. Vous réussissez en produisant beaucoup, vous cultivez une bonne image de vous et il est important qu'on vous aime.

MOINS : Toujours occupé, au travail, votre existence est une compétition. Vous en faites beaucoup afin que l'on vous apprécie, vous regarde, vous aime. Vous êtes prétentieux, superficiel et dans le contrôle. Tout est centré pratiquement sur vous, vous êtes assez égocentrique et vous n'acceptez pas l'incompétence.

Ralentissez un peu le rythme, faites chaque jour des pauses, détendez-vous, voire méditez un peu. Occupez-vous un peu de vous, faites ce qui vous fait plaisir. De temps en temps, exprimez vos faiblesses, vos doutes, soyez plus simple, sensible.

Le romantique

PLUS : Plutôt introverti et hypersensible, vous êtes chaleureux, doux, empathique et raffiné. Vous n'aimez pas ce qui est ordinaire, cela fait de vous une personne qui doit s'exprimer, créer avec originalité et humour. Comme vous êtes très réceptif et profond, voire spirituel, cela vous procure des dons, des intuitions, vous êtes sûrement un visionnaire. Vous pouvez facilement aider les autres, car vous ressentez leurs sentiments. Vous pouvez les soutenir avec passion et compassion.

MOINS : Vous avez un grand besoin d'être compris et complimenté. Sans soutien, vous pouvez facilement vous culpabiliser puis vous renfermer jusqu'à la dépression. Lorsque vous êtes touché, vous devenez têtu, égocentrique et moralisateur.

En premier lieu, veillez à être toujours « ici et maintenant », dans la conscience du moment présent puis devenez zen, tranquille et voyez-vous comme une magnifique personne pleine de ressources.

L'observateur

PLUS : Vous êtes une personne plutôt introvertie, de nature réservée, vous aimez être seul et lire, vous comptez sur vos propres ressources, vous êtes autonome. Vous avez soif de connaissances, ce qui vous rend plutôt analytique, vous avez besoin de tout savoir, comprendre, c'est dans cette quête que vous puisez votre sécurité. Votre curiosité et votre ouverture d'esprit vous rendent, au regard des autres, gentil, doux, apaisant, calme et digne de confiance. Votre finesse, votre sensibilité et votre persévérance vous amènent à être objectif et capable d'une bonne perception des choses, ce qui vous fait tendre vers la sagesse.

MOINS : Si vous ne vous maîtrisez pas, vous pouvez devenir critique, arrogant, entêté, mesquin. Votre côté négatif, vous rend méfiant, vous pouvez alors manquer d'assurance et vous renfermer.

Osez profiter de nouvelles expériences et relations, vous découvrirez alors un autre monde. Rappelez-vous que vous n'avez aucune obligation d'être le plus intelligent, aussi soyez plus tranquille, relax, cool.

Le loyaliste

PLUS : Plutôt responsable et loyal avec toutes les personnes qui vous entourent, vous êtes une personne en qui l'on peut avoir confiance. Vous avez un grand éventail de qualités. Vous savez être attentif, doux, aimable, chaleureux, compatissant, plein d'amour et en même temps pratique, franc et très actif. Votre honnêteté vous permet d'être ouvert, souvent heureux, donc chaleureux.

MOINS : Votre besoin de vous entendre avec le plus grand nombre vient de peurs, d'insécurités intérieures plus ou moins conscientes. Vous pouvez devenir méfiant, voire contrôlant, critique, rigide, hypervigilant et irritable. Si l'on s'oppose à vous, vous vous mettez sur la défensive et devenez imprévisible. Vous commencez par vous rebeller puis vous entrez dans la confrontation pour finir par être inflexible, phobique et vous battre. Dans ces moments de stress important, vous pouvez aussi opter pour la retraite et bouder dans votre coin.

Soyez plus cool et détendu, ayez confiance en la vie et en vous, considérez que toute chose a une raison d'être. Mettez la barre au milieu, dans l'équilibre de vous-même et acceptez de faire différemment, d'effectuer de prétendues erreurs afin de vous détacher de votre jugement et de découvrir d'autres facettes de l'existence. Vous accéderez à la beauté et à la compassion de tout ce qui est.

L'épicurien

PLUS : Vous aimez bien vivre, être heureux, vous êtes de nature plutôt optimiste et active, d'un naturel spontané, enthousiaste, gai. Vous pouvez même être charmeur. Vous consacrez toute votre énergie pour contribuer à l'évolution du monde avec des objectifs sympathiques et imaginatifs. Votre confiance en vous et votre curiosité vous permettent d'être rapide, productif et vous avez l'habitude d'aller jusqu'au bout de ce que vous entreprenez.

MOINS : Comme vous n'aimez pas ressentir des émotions désagréables, de la douleur, de la souffrance, pour vous sauvegarder, vous évitez les situations qui pourraient les provoquer. Toutefois, si cela arrive, les premiers symptômes vous agiteront rapidement, vous serez alors perturbé et deviendrez impulsif, indiscipliné puis révolté. Au fur et à mesure, vous exprimerez des reproches, des critiques et du cynisme. Vous entrerez dans un comportement narcissique, plutôt possessif et maniaque pouvant être autodestructeur.

Apprenez à devenir simple, promenez-vous dans la nature, suivez de petits projets dont vous n'êtes pas forcément à l'origine et vous aurez une autre perception de vous-même et de la vie.

Le chef

PLUS : De nature engagée, énergique, directe voire autoritaire, vous aimez vous montrer fort et sûr de vous. Vous êtes positif, de bonne humeur, amusant, très sincère, entier et loyal, vous comptez sur vous-même. Vous ressentez une grande confiance en vous. Vous savez soutenir les autres, être attentif et généreux, parfois même protecteur. Toutes vos qualités vous rendent assez réaliste et vous permettent d'éviter de vous sentir faible et dépendant.

MOINS : Lorsque vous ne contrôlez plus toute votre énergie, vous commencez par vérifier les choses puis vous devenez égocentrique et parfois insensible et dominateur. Ensuite, vous sentant fatigué et affaibli, vous pouvez vous sentir plus dépendant, ce qui provoquera chez vous la révolte et l'agressivité. Vous sortez alors de la réalité.

Autorisez-vous à exprimer vos émotions, votre sensibilité, votre douceur au fur et à mesure que vous ressentez les choses. C'est en développant votre vulnérabilité que vous deviendrez plus accessible, plus humain et vous serez étonné d'attirer un nouveau public. Où que vous alliez, vous saurez créer de bonnes relations.

Le médiateur

PLUS : Vous voulez la paix, ce qui vous rend plutôt diplomate, large d'esprit car vous savez fusionner avec ce qui vous entoure. Vous êtes doué pour réunir les gens et le monde. Pour éviter les conflits, vous êtes paisible, doux, patient, agréable, accommodant, gentil. Vous utilisez votre côté réceptif pour être sympathique, modéré, généreux voire empathique. Vous êtes loyal, vous soutenez chacun, vous rassurez et savez aussi être énergique, indépendant.

MOINS : Inconscient de votre colère renfermée, il vous arrive d'être sur la défensive en optant soit pour un comportement absent, effacé ou à l'inverse critique et entêté. Vous pouvez également devenir apathique, obsessionnel avec une pointe d'agressivité.

Habituez-vous à découvrir qui vous êtes puis exprimez au fur et à mesure vos envies, vos humeurs et osez même demander aux autres ce que vous souhaitez vraiment.

Comportements

Il n'y a pas de hasard dans les comportements que l'on adopte !

Selon les circonstances, nous sommes poussés habituellement à nous comporter d'une certaine manière, voyons ce que cela signifie véritablement, ce qui se cache derrière nos agissements... Dans ce chapitre, vous trouverez un large éventail de comportements déclinés ainsi : conseiller ou aider les autres, tout contrôler, être désorganisé, réagir, blaguer, critiquer, être toujours fatigué, avoir une maîtresse ou un amant, être optimiste, paraître, vivre la solitude, la soumission, arriver souvent en retard, etc.

Par exemple, si vous êtes une personne qui apporte souvent de l'aide aux autres, c'est que vous-même en avez besoin. Autre exemple, si vous rentrez souvent en conflit avec des gens, c'est qu'il existe en vous deux parties qui ne s'entendent pas.

Vous pourrez ainsi comprendre les véritables raisons de vos attitudes et devenir plus conscient de ce que vous provoquez sans le savoir ! Ensuite, si vous le souhaitez, vous aurez l'opportunité de corriger ce qui ne vous convient pas ou qui vous porte préjudice ! Peu à peu, vous constaterez que votre vie n'est pas le fruit du hasard !

À la fin de chaque description vous trouverez ce qui peut permettre à chacun de s'améliorer, de s'équilibrer, d'être plus heureux.

Pour aller plus loin

Apprenez à décoder les messages et analysez les conséquences de vos comportements sur ce qui vous arrive. Qu'êtes-vous prêt à changer ? Quelles améliorations voulez-vous voir apparaître dans votre vie, et enfin quelle nouvelle attitude serait bonne à adopter ?

Utilisez au mieux, dans votre quotidien, toutes ces informations.

AIDE : Bien souvent lorsque l'on aide autrui, on s'aide soi-même. En fait, on se nourrit et on se répare et c'est sûrement pour cela que nous le faisons. En aidant, nous pouvons recevoir par exemple de la reconnaissance, de l'amour, nous nous sentons utiles, nous donnons un sens à notre vie. Les services que nous rendons et les dons que nous faisons sont rarement « gratuits ». Nous y avons d'abord un intérêt personnel qui souvent nous permet de nous guérir, de nous construire, de nous équilibrer, de nous servir. Sincèrement, nous pensons le faire pour l'autre, mais en fait nous le faisons pour nous avant tout. Il est évident que notre acte, notre besoin personnel plus ou moins conscient ont aussi pour conséquence d'aider l'autre.

Listez ce que vous faites pour les autres et voyez vos attentes implicites, c'est-à-dire ce qui vous motive réellement. Soyez conscient de ce que vous recevez en retour pour pouvoir dire : « C'est parce que je reçois... que je viens vous aider ».

AMANT : Voir l'article **TROMPERIE**.

AUTORITARISME : Voir les articles **CRITIQUE**, **IRRESPECT**, **DURETÉ**, **EXCÈS**, **CONTRÔLE** et dans le chapitre **CARACTÈRES** les articles **CHEF** et **PERFECTIONNISTE**.

AVANCE (être en) : Vous avez l'habitude d'arriver toujours en avance à vos rendez-vous et/ou au travail car vous êtes imprégné d'une peur, surtout si vous n'envisagez pas d'être en retard. Cela révèle une rigidité et un désir inconscient d'être parfait ou la crainte d'avoir un reproche, d'essuyer une critique, une remarque désagréable ou encore le refus de transgresser, etc.

Conscientisez et diminuez ce qui vous pousse à agir de la sorte. Peu à peu, réduisez ce laps de temps afin d'être... juste à l'heure.

BATAILLE : Vous rencontrez souvent des gens que vous provoquez ou qui vous provoquent. Vous vous énervez, vous affrontez, et en venez même aux mains. Lorsque cette situation se présente, c'est qu'à l'intérieur de vous, il y a depuis un certain temps déjà une haine, une bataille. En fait, deux parties de vous sont en désaccord. Vous projetez à l'extérieur ce qui se passe en vous.

Conscientisez votre désaccord intérieur, traitez-le et vous ne rencontrerez plus ce problème avec les autres. Pour rééquilibrer une telle situation, le sport, s'occuper d'animaux, un accompagnement thérapeutique, la spiritualité... sont efficaces.

BLAGUE : Lorsque vous vous exprimez souvent en blaguant c'est que vous n'osez pas exprimer directement certaines vérités. Aussi parler sous forme de « blagues » est un moyen déguisé de dire le fond de votre pensée. Par exemple : « Si tu continues, je vais te quitter ! Mais non, j'ai dit cela en blaguant. » Des sentiments, des pensées, des désirs sont ainsi tournés en dérision, en plaisanterie parce que l'on ne s'autorise pas à les dire ouvertement et franchement. L'expression spontanée, sans que l'on puisse la contrôler, peut correspondre à ce que l'on ne parvient pas à écouter et à respecter en soi.

Soyez désormais attentif à votre humour, il vous renseignera sur ce que vous cachez au fond de vous, ce qui vous permettra d'agir ensuite en toute franchise.

CÉLIBAT : Vous vivez seul(e) et avez du mal à trouver un(e) partenaire. Votre état d'esprit participe pour une large part à votre célibat. Vous avez sûrement un caractère quelque peu renfermé, réservé ou trop exigeant, dominateur, ce qui peut vous empêcher de rencontrer l'âme sœur. Si ce que vous pensez de l'autre se porte davantage sur ses défauts que sur ses qualités, la pensée étant créatrice, il est possible que cette dynamique réduise d'autant votre capacité à attirer celui ou celle qui vous correspond.

Le jour où vous changerez vos pensées et vos considérations sur l'autre, vos rencontres se modifieront automatiquement.

CONFLIT : Lorsque vous déclenchez un conflit avec une personne qui vous énerve, il est probable que ses paroles ou ses remarques vous touchent, éclairant une zone de votre personnalité que vous refusez, à ce jour, de voir. C'est le reflet de ce que vous n'acceptez pas en vous. Aussi, vous reportez votre colère sur l'autre. L'inverse est tout aussi vrai. Quand quelqu'un vous agresse verbalement, il est possible qu'involontairement ou non, vos paroles l'aient touché et cela se retourne contre vous. Dans les deux cas, ce genre de situation se produit car la dynamique du conflit existe déjà en vous. Si vous ne prenez pas conscience de ce mécanisme, vous aurez tendance à le reproduire avec d'autres personnes. Les faits qui se produisent à l'extérieur sont la concrétisation de ce qui se passe à l'intérieur de vous.

Cette compréhension des choses va vous amener à dénouer et désamorcer d'abord certaines de vos difficultés intérieures puis à les régler sur le plan extérieur. Vous pouvez également lire l'article **BATAILLE**.

CONSEIL : Sans qu'on vous le demande, vous avez l'habitude de donner des conseils, à vos proches ou à autrui. Ce que vous conseillez à votre famille, vos amis, vos collaborateurs correspond, bien souvent, à ce dont vous avez besoin, mais que vous n'arrivez pas à faire. Vous croyez vous adresser à l'autre, mais c'est souvent de vous que vous parlez.

Écoutez, enregistrez, notez les conseils que vous dispensez aux autres et vous deviendrez plus conscient de vous-même et de vos propres besoins. C'est l'art de « s'écouter » parler.

CONTRÔLE : Votre habitation, bureau, voiture sont impeccablement tenus, il n'y a aucune poussière. Votre tenue vestimentaire est continuellement irréprochable, vous n'admettez pas que cela en soit autrement. Vous êtes peut-être un peu trop rigide, discipliné, voire autoritaire, dominateur. Ce que vous faites n'est jamais assez bien et/ou vous avez un côté assez idéaliste... Peut-être étiez-vous soumis à un modèle parental très dur ou à l'inverse regrettez-vous une éducation laxiste voire molle ? Vous reproduisez donc exactement ce que vous avez appris ou agissez à l'opposé. Vous avez en vous un ou plusieurs de ces éléments comme la maniaquerie, l'obsession, l'exubérance, le sens critique, l'impulsivité, la lourdeur, l'autoritarisme... Il vous manque la fluidité, un état d'esprit tranquille et détendu, des qualités dites féminines qui sont peut-être en lien avec votre mère.

*Autorisez-vous des massages, allez voir une pièce de théâtre ou un film comique, détendez-vous, lâchez prise. Les surcontrôleurs ont peut-être un conjoint similaire mais dans la plupart des cas, il leur est opposé afin de trouver un équilibre. À lire également l'article **DÉSORGANISATION** et dans le chapitre **CARACTÈRES** les articles **CHEF** et **PERFECTIONNISTE**.*

COUPLE : Votre couple réel, donc extérieur, est en fait le reflet et le fruit de votre « couple intérieur ». Si vous avez un comportement essentiellement masculin, c'est-à-dire dans l'analyse, la concentration, l'action, le sport, la puissance, la volonté, le savoir voire l'autoritarisme, la rigidité, le pouvoir, le contrôle, la domination, il est très possible que vous soyez en relation avec une personne très féminine. Chacun attire la personne exactement inverse à soi, pour tenter de créer un équilibre profond. Quelqu'un de masculin cherchera son complément, c'est-à-dire une personne pleine de douceur, d'amour, d'intuition, de créativité, d'ouverture, d'inspiration, hypersensible. L'autre peut même être soumis et dans le renoncement. En fait, le déséquilibre ou l'équilibre de votre couple intérieur (masculin et féminin) influe sur le couple que vous formez dans la réalité ou que vous souhaitez créer.

Si vous voulez que votre partenaire change, le seul et vrai moyen d'agir est de diminuer en vous la partie inverse à la sienne, d'harmoniser votre comportement. En travaillant sur votre couple intérieur, vous verrez l'extérieur changer automatiquement.

CRITIQUE : Chaque fois que vous critiquez une personne ou une situation, c'est ce que j'appelle un « touché/coulé » sur nous-même que nous refusons, réfutons et mettons sur le compte d'une autre personne. En fait, vous attribuez à autrui des aspects, des traits de caractère qui sont vôtres, mais que vous ignorez peut-être. Par exemple, si vous critiquez un supérieur c'est parce que vous-même ne parvenez pas à prendre toutes vos responsabilités ou votre plein pouvoir, etc. À chaque fois que vous critiquez le monde extérieur, vous fuyez une partie de vous. De la même manière, si vous avez tendance à être critiqué et que cela vous touche, c'est que le « critiqueur » a mis en évidence une « vérité » qui vous appartient ! En revanche, si cette dernière ne vous touche pas, c'est qu'elle n'est pas fondée et qu'elle appartient à l'autre.

Décidez d'être plus conscient sur le sens des critiques que vous recevrez ou émettrez. C'est un bon moyen de travailler sur vous et votre vie sera bien différente !

DÉSORGANISATION : Si votre habitation, voiture, bureau ou autre endroit sont sens dessus dessous ou peu pratiques, désordonnés, mal entretenus, cela dénote qu'un certain « encombrement » vous habite. Peut-être êtes-vous un peu trop créatif, rêveur, cool ou rebelle ? Peut-être étiez-vous soumis à un modèle parental très dur ou à l'inverse à une éducation laxiste voire molle, et vous reproduisez exactement ce que vous avez appris ou agissez à l'opposé ? Vous êtes en réaction et manquez de structure. Vous avez en vous, un ou plusieurs de ces éléments : laxisme, indécision, dispersion, négligence, instabilité, paresse, étourderie, attentisme... il vous manque certains « re-pères » et qualités en lien avec le masculin.

*En mettant de l'ordre dans vos affaires, cela vous apportera plus de clarté à l'intérieur de votre tête. Peut-être avez-vous un conjoint similaire mais dans la plupart des cas, il est votre opposé afin de vivre plus d'équilibre. Vous pouvez lire également l'article **CONTRÔLE** et dans **CARACTÈRES** les articles **ALTRUISTE** et **ROMANTIQUE**.*

DISCIPLINE : Voir les articles **CRITIQUE**, **IRRESPECT**, **DURETÉ**, **EXCÈS**, **CONTRÔLE** et dans le chapitre **CARACTÈRES** les articles **CHEF** et **PERFECTIONNISTE**.

DISPERSION : Voir les articles **LÉGÈRETÉ**, **DÉSORGANISATION** et dans le chapitre **CARACTÈRES** les articles **ALTRUISTE**, **ROMANTIQUE**, etc.

DOMINATION : Voir les articles **CRITIQUE**, **IRRESPECT**, **DURETÉ**, **EXCÈS**, **CONTRÔLE** et dans le chapitre **CARACTÈRES** les articles **CHEF** et **PERFECTIONNISTE**.

DURETÉ : Si vous croyez que la vie n'est pas facile, qu'elle est pénible dans un domaine précis ou de manière générale, vous aurez tendance à vivre ce genre de sentiment. Bien souvent, notre pensée crée ou influence notre réalité. Sur le plan professionnel, la dureté s'exprimera par un travail physique fatigant, de longues journées et peu de vacances. D'autres vont vivre une forme de dureté en s'imposant des contraintes, en attirant involontairement des situations pénibles, en créant des complications dans leur vie. Vous êtes involontairement poussé à agir de la sorte, car ce scénario de dureté est inscrit en vous.

Même si vous êtes capable de supporter une vie dure et fatigante, vous avez la possibilité de changer, de rompre avec cette programmation intérieure en décidant au préalable de cesser de vous malmener. Lors de vos choix, pensez à ce que vous faites de votre vie. Vous pourrez dorénavant choisir en conscience une vie plus souple, plus facile.

ÉTOURDERIE : Voir les articles **LÉGÈRETÉ**, **DÉSORGANISATION** et dans le chapitre **CARACTÈRES** les articles **ALTRUISTE**, **ROMANTIQUE**, etc.

EXCÈS : Vous avez l'habitude de faire de manière excessive du ménage, du sport, vous travaillez ou mangez beaucoup, buvez ou fumez trop. Cette démesure signifie qu'il y a en vous, plus ou moins consciemment, une agitation liée à un malaise, un déséquilibre, une peur non résolue. Vous avez besoin de calmer cet inconfort par un excès. Généralement, après avoir « succombé » à l'excès, vous n'êtes pas satisfait de vous-même.

Ce mécanisme ayant tendance à se reproduire malgré vous, identifiez à quel moment précis il se met en route. Cette étape réalisée, demandez-vous ce qui pourrait vous faire du bien, puis faites-le.

FATIGUE : Si vous êtes très fatigué, en dehors d'un réel problème médical, cet état révèle un désintérêt et/ou un désinvestissement pour votre vie. Ce manque d'allant cache une insatisfaction que, pour l'instant, même le sommeil ne compense pas. C'est en effet quelque chose dans votre vie personnelle ou professionnelle, qui vous fatigue et vous « pompe » votre énergie. Il vous faut avoir le courage d'affronter ce qui ne vous convient plus ou pas, et de créer les changements nécessaires.

Ayez le courage de voir clair, listez ce que vous n'aimez pas, ce que vous êtes obligé de subir actuellement et qui ne vous convient plus. Puis envisagez toutes les possibilités pour changer cela et passez à l'action. Vous constaterez alors que votre fatigue disparaîtra et vous vous sentirez revivifié.

HABITUDE : Vous êtes prisonnier de vos habitudes et vous refusez de les quitter? Une vie ponctuée d'accoutumances est souvent le fruit de peurs, de résistances qui vous manipulent. Vous restez dans votre zone de contrôle, dans ce que vous connaissez déjà. Même si ce choix vous rassure, sachez que la terre bouge, votre corps, votre sang..., tout est mouvement! En vous accrochant à la routine, vous risquez de vous décaler, de vivre essentiellement dans votre passé ou de vous enfermer.

Des incidents extérieurs de plus en plus forts et désagréables risquent de vous obliger à sortir de cette non-vie.

INDÉCISION : Voir les articles **LÉGÈRETÉ**, **DÉSORGANISATION** et dans le chapitre **CARACTÈRES** les articles **ALTRUISTE**, **ROMANTIQUE**.

INTOLÉRANCE : Il y a des personnes que vous n'aimez pas, des situations que vous avez du mal à supporter, et malgré vos efforts, vous n'arrivez pas à changer cela. Nous n'aimons pas (essentiellement) les personnes qui nous montrent sans le vouloir que ces mêmes « aspects » existent aussi en nous. Exemple : Une personne désordonnée vous énerve car vous êtes trop logique, carré et cette situation fait miroir à votre excès. Pour se détacher de nos attitudes négatives, nos ombres, nos propres déséquilibres qui nous sont renvoyés, il faut développer le lâcher-prise, l'écoute, l'observation, la créativité, la compassion, la partie féminine.

Listez ce que vous n'aimez pas chez les autres et voyez à quoi cela fait écho en vous afin de le conscientiser, de l'accepter et de changer vos propres aspects négatifs.

IRRÉPROCHABILITÉ : Voir les articles **CRITIQUE**, **IRRESPECT**, **DURETÉ**, **EXCÈS**, **CONTRÔLE** et dans le chapitre **CARACTÈRES** les articles **CHEF** et **PERFECTIONNISTE**.

IRRESPECT : Vous avez tendance à ne pas écouter les autres, ni à les respecter. Vous n'en faites qu'à votre tête, même si cela dérange les membres de votre famille, vos collègues, etc. Quand on fait « souffrir » les autres, c'est que l'on ne respecte pas une grande part de soi-même. Il est fort possible que de nombreux détails de votre vie ne vous conviennent pas, dans votre travail, votre lieu d'habitation ou dans la relation avec votre conjoint, etc. En maintenant malgré tout ces situations, vous ne vous respectez pas et cet état d'esprit influe sur votre comportement envers les autres.

Pour changer votre attitude envers autrui, commencez par changer tout ce qui ne vous correspond pas ou plus.

LÉGÈRETÉ : Qualifiez-vous votre vie de facile, légère ? Sachez que chacun peut décider d'obtenir un travail qui demande moins d'effort physique et ne soit pas trop fatigant. Certains emplois procurent du plaisir et correspondent à vos dons, à vos capacités innées et exploitent toutes vos compétences. Vous pouvez choisir de vous consacrer du temps, de prendre soin de votre corps, de vous promener dans la nature. C'est vous qui créez les conditions nécessaires pour mettre en place ou pas, ce que vous ressentez de bon pour vous. Il vous appartient de vous faire plaisir, d'aller vers des personnes qui vous correspondent, voire qui vous dynamisent afin qu'il puisse y avoir un échange et un véritable enrichissement personnel.

C'est en fait vous qui décidez de vous offrir une vie plus légère et facile sur tous les plans. Commencez par croire qu'il est possible d'avoir une bien meilleure existence.

MANIAQUERIE : Voir les articles **CRITIQUE**, **IRRESPECT**, **DURETÉ**, **EXCÈS**, **CONTRÔLE** et dans le chapitre **CARACTÈRES** les articles **CHEF** et **PERFECTIONNISTE**.

NÉGATIVITÉ : Voir les articles **PESSIMISME**, **CRITIQUE**, **INTOLÉRANCE**.

NÉGLIGENCE : Voir les articles **LÉGÈRETÉ**, **DÉSORGANISATION** et dans le chapitre **CARACTÈRES** les articles **ALTRUISTE**, **ROMANTIQUE**, etc.

NOUVEAUTÉ : Vous n'aimez que ce qui est nouveau et qui change de l'ordinaire. Vous recherchez la nouveauté, il faut que votre vie bouge. C'est le signe d'une grande curiosité et d'une soif d'apprendre ou d'évoluer. Cette dynamique vous permet de découvrir d'autres parts de votre être que vous ne connaissez pas encore. Toutefois, trop de besoin de changement peut révéler une instabilité en vous.

Si vous êtes toujours en quête de programmes variés, devenez conscient de ce que vous cherchez à fuir et conscientisez cette agitation intérieure, de manière à stabiliser votre vie et d'avancer étape par étape. C'est ainsi que vous pourrez construire dans un axe et prendre une direction durable.

OBSESSION : Voir les articles **CRITIQUE**, **IRRESPECT**, **DURETÉ**, **EXCÈS**, **CONTRÔLE** et dans le chapitre **CARACTÈRES** les articles **CHEF** et **PERFECTIONNISTE**.

OPTIMISME : Lorsque vous êtes de nature ou d'humeur optimiste, il est plus facile de rendre des services, de trouver des solutions aux problèmes, de bénéficier de réels échanges et de partages avec votre entourage... Dès que vous voyez la vie du bon côté, vous avez plus de calme, d'humour, de joie, ce qui vous amène à comprendre les choses avec davantage de justesse, grâce à cet état d'esprit plus ouvert.

Tout cela vous encourage à être constamment positif et également à mieux donner et pardonner.

PARAÎTRE : Vous êtes dans le paraître. Lorsqu'une situation, une personne vous rend inquiet, vous vous mettez automatiquement sous protection. Si, par exemple, vous êtes gentil sur le plan familial et qu'au travail vous êtes plus dur, c'est que vous avez peut-être peur de vous « faire bouffer », ou de ne pas réussir... Vos qualités naturelles doivent s'exprimer sur tous les plans : professionnel, familial, personnel, social... Leur absence dans un domaine, alors qu'elles figurent ailleurs, dénote une non-authenticité sur les plans où elles manquent.

Pour devenir plus cohérent, plus naturel, plus authentique, pour permettre à votre vraie personnalité d'exprimer toutes ses capacités et tout son potentiel dans chaque domaine de votre vie, portez votre attention sur les valeurs manquantes. En tenant compte de vos prises de conscience, trouvez les moyens de les cultiver.

PESSIMISME : Votre état d'esprit influe sur les situations que vous vivez. Si vous êtes défaitiste, pessimiste, vous avez tendance, par exemple, à rencontrer des personnes déprimées, négatives ou critiques. Au travail, vous avez à gérer des problèmes et des contrariétés. Tristesse, apathie, colère et dureté alternent en vous, votre vie ressemble à un combat.

Sachez que plus vous cultiverez cette énergie négative, plus elle s'intensifiera et plus elle donnera des résultats concrets qui ne vous satisferont pas.

RÉACTION : Vous réagissez à une personne ou une situation qui ne vous convient pas, car elle fait écho à une partie de vous. Lorsque l'on n'est pas touché par un fait, on peut en déduire qu'il ne nous concerne pas. Si vous vous agacez de la lenteur d'une personne, c'est qu'il vous manque de la patience, du calme, de la modération. Ceux qui vivent trop dans la rigueur ou le contrôle s'énervent dès qu'une situation leur échappe. Comme l'existence cherche l'équilibre, dès que vous subissez un déséquilibre, un excès ou un manque, vous allez inconsciemment attirer l'inverse. C'est ce qui caractérise la vie, l'expérience.

Dès lors, prenez en compte ce qui est touché en vous quand vous réagissez. Travaillez cela seul, avec votre conjoint ou avec un professionnel de l'accompagnement (coach, thérapeute...) et vous trouverez l'équilibre.

RETARD : Vous avez l'habitude d'arriver en retard à vos rendez-vous et/ou au travail. Il est fort possible que vous ayez un côté rebelle non avoué, ce qui, malgré votre bonne volonté, vous met systématiquement en retard. Vous pouvez aussi entretenir cette attitude dans le but de vous distinguer et/ou d'obtenir une forme de reconnaissance.

Conscientisez et diminuez ce qui vous pousse à agir de la sorte en repérant ce que vous « gagnez » à être en retard !

RIGIDITÉ : Voir les articles **CRITIQUE**, **IRRESPECT**, **DURETÉ**, **EXCÈS**, **CONTRÔLE** et dans le chapitre **CARACTÈRES** les articles **CHEF** et **PERFECTIONNISTE**.

SÉRIEUX : Certaines circonstances vécues dans l'enfance vous ont amené à devenir sage, raisonnable, irréprochable, sérieux. Il peut être difficile, voire impossible de vous amuser, d'avoir de l'humour, d'assister à des spectacles comiques, de changer vos habitudes, de jouer, de vous détendre. Trop de sérieux montre qu'il s'agit souvent d'un rôle, d'un paraître que vous vous sentez obligé d'endosser avec systématisme, comme un scénario qui se répète. La plupart d'entre vous ignorent que ce jeu vous éloigne de votre « je ». En prenant conscience de cela, vous pouvez décider d'adopter de nouveaux comportements. Ils vous amèneront vers plus de plaisir, de joie, de jouissance. La condition étant de trouver l'équilibre entre votre côté sérieux et votre côté bon vivant. L'inverse, beaucoup plus rare, est aussi possible, vous êtes alors dans le délire, la fête en continu, le voyage perpétuel... Un cadre plus strict devient alors nécessaire afin d'assumer pleinement vos responsabilités.

Conscientisez et diminuez ce qui vous pousse à agir de la sorte.

SOLITUDE : Vous êtes peut-être introverti, vous avez une mauvaise image de vous ou vous voulez être tranquille. Bien souvent, vous êtes déçu par le comportement humain car vous avez subi certains événements douloureux sans recevoir le soutien souhaité. Cela peut vous pousser à préférer communiquer avec la nature, les animaux ou vous tenir loin des autres. Vous n'acceptez pas la critique, ne supportez pas le regard extérieur, le jugement et vous avez choisi de vous protéger en vivant dans votre zone de confort, de sécurité, un peu en dehors de la réalité. Vous refusez d'affronter le changement, la vie, et restez accroché à votre déception, dans l'émotion générée par votre passé. Vous pouvez justement aller voir de ce côté-là pour changer votre relationnel...

Conscientisez et diminuez ce qui vous pousse à agir de la sorte.

SOUMISSION : Les personnes ayant une faible estime d'elles-mêmes, un sentiment d'infériorité ou de négation de leur personnalité, sont davantage susceptibles de subir les autres ou les événements. Est-ce la réalité ou la perception que vous en avez ? Notre psychisme et nos croyances peuvent nous illusionner. Vous pensez à la place de l'autre ou imaginez qu'il vous juge ? Mais lui avez-vous demandé quelles étaient ses intentions ? En fait, inconsciemment et involontairement, lorsqu'on se sent victime de quelque chose ou de quelqu'un, c'est qu'on délègue notre pouvoir à autrui ou aux événements. Dans ce cas, ce sont vos attitudes, vos pensées qui façonnent et créent votre réalité et provoquent ce qui vous arrive.

Mettez en évidence vos valeurs, cultivez un état d'esprit constructif, osez dire les choses, positionnez-vous et vous serez de moins en moins manipulé jusqu'à l'affirmation de votre libre arbitre.

SURACTIVITÉ : Il y a en vous une certaine instabilité, une nervosité, une agitation qui vous animent. Il vous manque quelque chose et c'est ce que vous recherchez à tout prix, en participant à beaucoup d'activités sportives, en nettoyant de fond en comble votre maison, en travaillant quatorze heures par jour, en sortant très souvent, en assumant de nombreuses responsabilités, en vous occupant de plusieurs associations, en fait en bougeant continuellement. Yannick Noah a écrit à quarante ans un livre dont la question centrale est : « Qu'est-ce qui m'a fait courir après une balle jaune durant toutes ces années ? » Vous aussi vous pouvez vous interroger sur le sens de votre course. Il s'avère que le surmenage est souvent la conséquence de souffrances, d'émotions souvent inconscientes qui vous font marcher, courir, construire, réagir.

Lorsque ces émotions n'existent plus, vous ne subissez plus votre vie, vous devenez libre de choisir votre comportement, vous êtes alors dans la maîtrise de soi.

TACHES : Si vous avez l'habitude de tacher vos vêtements ou bien vous avez tendance à vous salir rapidement, vous n'êtes sûrement pas assez attentif à ce que vous faites. Vous êtes souvent distrait. Chaque tache est le signe de votre manque de concentration, vous allez peut-être trop vite.

Les taches sont un rappel pour vous montrer, vous suggérer d'être plus présent à ce que vous faites. Il serait aussi utile de développer davantage votre côté féminin, l'écoute, la délicatesse, l'observation.

TROMPERIE : Vous êtes marié ou vivez maritalement et vous avez une maîtresse ou un amant car vous vous sentez frustré, insatisfait sexuellement ou affectivement. En allant voir « ailleurs », vous tentez d'éviter une confrontation avec une partie de vous-même que vous n'arrivez pas à dépasser et gérer. Vous en êtes arrivé là, car depuis un certain temps, des décalages, des non-dits, des malentendus ont pu s'immiscer dans votre relation habituelle, créant en vous une foule de petits manques. Cette absence de franchise avec vous-même, de non-ajustement avec votre conjoint, fini généralement par se reporter au niveau de la sexualité. Ce manque de fidélité envers soi peut se compenser provisoirement par une infidélité à l'extérieur.

Peut-être est-il temps d'arrêter de vous tromper, de tricher avec une partie de vous « m'aime » pour devenir maintenant sincère, entier et vous sentir complet.

Formes du corps

Ce chapitre met en évidence à quel point la forme de notre corps est en accord avec ce que nous sommes. En effet, notre morphologie est en résonnance avec notre caractère, notre façon d'être et ce que nous avons vécu, de positif comme de négatif.

Par exemple, une personne discrète, qui a du mal à exister tout en étant intelligente, aura un corps plutôt maigre et se tiendra bien droite. Une personne qui se veut forte, importante, va rechercher à se doter d'un corps plus musclé, au niveau du haut pour les hommes (épaules, pectoraux...) et des hanches pour les femmes.

En tenant compte de votre morphologie, découvrez maintenant ce qu'elle révèle, les qualités précises qui y sont associées, et les points à transformer.

Pour aller plus loin

Après avoir repéré vos caractéristiques corporelles, les points forts et les points faibles à travailler pour améliorer votre vie, quelles prises de conscience avez-vous ? Qu'aimeriez-vous changer qui aura une influence sur votre morphologie ?

Afin de profiter au mieux de ces informations, décidez de passer à l'action pour améliorer votre existence.

A – Corps maigre (se tenant en général bien droit)

Vous savez très bien vivre et travailler seul. Vous voulez prendre très peu de place et ne poser aucun problème. Vous avez un bon sens de l'observation et d'écoute, vous êtes d'un naturel sage, tranquille et parlez peu. Vous ne vous attachez pas trop au matériel, vous appréciez le monde de l'intellect et de l'esprit. Vous préférez suivre et ne pas faire de vagues. Vous êtes débrouillard, perfectionniste et résistant dans l'effort.

B – Corps mince, mou, dos un peu courbé et/ou épaules, tête, bras un peu tombants

Vous avez besoin de communiquer, de fusionner avec les autres. Vous aimez faire durer le plaisir, attirer l'attention, séduire, recevoir de l'affection. Vous appréciez le soutien des autres, être supporté, approuvé, conseillé voire guidé. Vous aimez vous sentir important et faites tout pour attirer l'attention. Comme vous vous sentez souvent responsable des autres, vous faites beaucoup trop pour eux. Du coup, la vie peut vous sembler dure, elle pèse sur vos épaules. Vous n'appréciez pas du tout les personnes autoritaires et dures.

C – Corps enrobé voire fort ou rond

Vous aimez prendre de la place, vous êtes sensuel et hypersensible, toutefois vous ne parlez pas beaucoup de vous. Vous faites tout pour vous rendre utile. Gentil, toujours arrangeant, vous faites plaisir aux autres au point même de vous oublier. Vous êtes dévoué et faites souvent l'intermédiaire. Vous appréciez faire rire. Vous avez beaucoup de contraintes et d'obligations car vous êtes capable d'en prendre beaucoup sur le dos ! Vous aimez la lenteur, tout en étant performant, et ne supportez pas le contrôle car la liberté est pour vous importante. Vous êtes souvent dans l'excès et accordez de l'importance aux apparences.

D – Pour les hommes : corps bien musclé en haut et peu en bas, pour les femmes : culotte de cheval, corps plus large en bas qu'en haut

Personne très physique, courageuse, exigeante envers elle-même. Très travailleur, forte personnalité, vous êtes souvent responsable et fidèle. Vous êtes rapide dans vos actions et pouvez changer rapidement d'humeur, passant de l'amour à l'impatience, voire à l'intolérance. Intelligent, séducteur, vous aimez tout prévoir et contrôler, dans l'excès vous pouvez devenir manipulateur. Vous êtes convaincant, assez catégorique et vous voulez avoir raison. La vérité est pour vous primordiale, vous n'aimez pas les confrontations, et êtes très sensible.

E – Corps droit, bien proportionné, de même largeur en haut qu'en bas

La justesse, la justice, l'élégance et l'honneur sont importants pour vous. Vous voulez que tout soit parfait, vite fait et pour cela vous contrôlez, imposez et rangez tout impeccablement. Vous êtes souvent dur avec votre corps, coupé de votre ressenti, ce n'est pas facile pour vous d'exprimer l'amour. Vous avez du mal à voir vos limites. Vous aimez avoir les bras croisés. Vous êtes très optimiste, vivant, dynamique, performant et débrouillard. Vous allez toujours très bien, toutefois vous avez du mal à recevoir, vous êtes plus porté sur les autres. Vous êtes travailleur, tenace, perspicace, vous aimez l'autorité et ne fléchissez pas. Vous aimez le sport, vous êtes un battant et éprouvez des difficultés à vous détendre.

Couleurs

Les couleurs sont omniprésentes dans notre environnement, elles nous insufflent des états d'esprit, des sentiments. Chaque couleur possède une énergie, une vibration qui participe à la vie d'une manière très subtile. Nous avons tous entendu parler des couleurs chaudes se rapprochant de l'orange et des couleurs froides s'apparentant aux bleus…

« Nous allons vous annoncer la couleur, vous allez en voir de toutes les couleurs ! »

Les couleurs reflètent nos états d'âme, nos souffrances mais aussi nos joies. Porter une couleur peut vous aider à avancer, une autre vous ouvrir aux autres… Il ne s'agit donc pas d'une simple apparence superficielle, d'un effet de mode que l'on suit.

Chacun se tourne inconsciemment vers la couleur à laquelle il appartient dans le moment présent, on peut dire qu'elle correspond à son ambiance intérieure, à ses besoins. À l'inverse, elle peut montrer aussi ce que l'on cherche à acquérir.

Il est important de tenir compte de l'ambiance que vous désirez créer, pour définir la couleur d'un site, un lieu, une pièce, un élément décoratif, un vêtement, un bijou, un maquillage, une fleur, etc. Porteuse d'un sens et d'une symbolique, la couleur ne peut donc être choisie à la légère.

Selon les pays, les cultures et les époques, les couleurs révèlent des significations différentes. Le blanc est associé en Occident à la pureté, alors qu'il est lié au deuil dans la plupart des pays asiatiques. Voir le tableau ci-dessous à ce sujet.

	Rouge	**Bleu**	**Vert**	**Jaune**	**Blanc**
États-Unis	Danger	Masculin	Sécurité	Lâcheté	Pureté
France	Anarchie	Liberté	Criminalité	Temporalité	Neutralité
Égypte	Mort	Vérité	Force	Prospérité	Joie
Inde	Créativité		Prospérité	Succès	Mort/Pureté
Japon	Danger	Méchanceté	Énergie	Force	Mort
Chine	Joie	Paradis	Légèreté	Force	Mort/Pureté

Dans la symbolique des couleurs, existant depuis des millénaires, voici en synthèse ce que nous trouvons :

Les couleurs symbolisent les éléments :

- le feu = le rouge, l'orange ;
- l'air = le jaune, le blanc ;
- la terre = le noir, le brun ;
- l'eau = le vert.

Dans l'espace, la dimension verticale est représentée en haut par le bleu clair et en bas par le bleu sombre. La dimension horizontale est représentée par le rouge foncé (Occident) et par le rouge clair (Orient).

Le noir est le symbole du temps, le blanc de l'intemporel.

Le noir et le blanc représentent la dualité, etc.

Découvrez ce que les couleurs ont à vous révéler, sur vous-même, vos proches, vos habits, votre habitation, votre lieu de travail, etc.

Pour chaque description, soit vous êtes en partie ou en totalité cela, soit vous cherchez à l'être.

Pour aller plus loin

À la lumière des couleurs que vous aimez, de celles que vous détestez, qu'en déduisez-vous au sujet de vous-même ?

Choisissez consciemment une couleur à porter et repérez votre état d'esprit durant la journée. Le soir, faites le point et notez les émotions qui ont pu dominer. Quel impact avez-vous eu sur votre entourage ? Amusez-vous à tester d'autres couleurs !

Utilisez au mieux, dans votre quotidien, toutes ces informations.

ARGENT : La couleur argent est le symbole de la féminité. Vous êtes ou vous recherchez ce qu'il y a de meilleur chez la femme. Vous avez un côté guide, enseignant, soignant, accompagnateur. Telle une fée, vous êtes et agissez d'une façon invisible mais bien réelle. Une lumière intérieure vous éclaire et vous montre ce que vous avez à réaliser. Vous avez une puissance féminine qui s'exprime par la réceptivité, l'écoute empathique, la pureté d'intention, la transparence, la franchise, la droiture, la fidélité, une grande lucidité. Vous êtes à la fois solide, brillant, digne mais aussi fin, secret, protecteur, calme, généreux. Cependant, la couleur argent mal portée ou utilisée devient de la cupidité, de l'aveuglement, de l'inconscience et du fourvoiement.

BLANC : Le blanc est le symbole du jour, de l'optimisme, de la renaissance, de la virginité, de la simplicité, de l'innocence et de la pureté mais aussi de la connaissance. Libre comme l'air, sans expérience, vous pouvez choisir d'aller à droite ou à gauche, on vous accueille facilement, vous ne jugez pas. Vous êtes spontané et découvrez la vie avec un regard d'enfant, de pacificateur et vous n'avez pas d'a priori. Vous pardonnez et donnez. Le blanc c'est aussi la force, la lumière, la vie, l'ouverture aux autres, le divin. Vous êtes calme, serein, fidèle, compatissant ; vous avez la foi et l'esprit ouvert. Symbole de la pureté révélant que rien n'a été accompli, tel est le sens initial de la blancheur virginale. Porter du blanc laisse également moins transparaître ses émotions.

BLEU : Concentré sur le moment présent, tous vos sens sont ouverts, vous êtes relié à vos pensées, vos sentiments, vos émotions. Capable d'accéder à d'autres plans de conscience et de connaissance, vous synthétisez toutes ces informations. Cette aptitude à être inspiré vous fait apporter à votre entourage et au monde un renouveau. Vous savez donc écouter votre intuition et calmement, intelligemment l'exprimer avec justesse et diplomatie. La parole, le chant, l'écriture sont pour vous faciles et familiers. Vos pensées, paroles et actions sont en cohérence. Créateur et orateur, vous ramenez concrètement dans votre activité et vos échanges, une nouvelle compréhension souvent plus juste. Équilibré, rassurant, vous ressentez les gens et prenez en compte tous les éléments pour intervenir avec altruisme et efficience. Vous aimez voyager, communiquer et échanger.

GRIS : C'est la couleur du demi-deuil, de la semi-conscience, elle représente le passage du noir à la lumière ou l'inverse. C'est comme si vous n'étiez pas tout à fait né. Vous avez les yeux mi-clos sur la réalité.

Vous vivez une période douloureuse mais la naissance s'annonce. Vous êtes tantôt calme, tantôt énervé, tout est possible et à la fois rien ne se passe ! Vous ressentez une certaine tristesse, de la mélancolie, de l'ennui. Le temps est gris, vous faites grise mine... Vous ne percevez pas la lumière dans tout son éclat, alors vous imaginez. Comme vous ne savez pas trop où aller, vous hésitez, réfléchissez et tournez en rond : c'est normal dans ce manque de luminosité. Votre vie est obscure, moyenne, embrouillée, rébarbative. Alors le manque d'intérêt, le doute, la déprime, les excuses, le mensonge ou un certain mal-être sont partie intégrante de votre fonctionnement. Vous réfléchissez beaucoup et votre mental rationnel manque de conscience et d'ouverture, alors demandez à être guidé afin d'éclairer votre vie.

JAUNE : Si c'est un jaune pâle, cette teinte montre une certaine faiblesse, de l'orgueil, peu de personnalité, une personne en retrait, qui se dévalorise et manque de confiance. Un jaune franc montre quelqu'un qui s'affirme, qui se sent unique et s'estime puissant. Aussi vous dominez et aimez prendre l'apparence des grands. Vous avez acquis des connaissances, de la structure, une logique implacable et savez en jouer. Vous avez le sens des affaires, de l'organisation, vous vous entourez pour réussir, vaincre et vous aimez attirer le public. Vous appréciez que l'on s'intéresse à vous, être vu et photographié. Vous soignez votre look pour paraître et briller comme le soleil.

MARRON : Vous êtes dans la simplicité, le traditionnel et le désir de renouvellement. Votre passé est parfois lourd et/ou vous vivez actuellement des événements, des situations difficiles. Votre vie n'est pas aussi claire que vous le souhaitez. Vous devez vous dépasser et/ou cesser de juger. Obligez-vous à travailler avec organisation, libérez-vous en revenant dans le présent. Si vos problèmes sont trop durs, faites-vous aider par un professionnel, un coach... Ne restez pas enfermé dans vos vieux schémas, dans le terne, remuez-vous, faites peau neuve.

NOIR : Le noir représente l'élégance, le sérieux, la beauté, la richesse mais aussi le froid, les ténèbres, la lourdeur, il n'y a plus d'espoir, pas d'avenir, le néant, c'est le héros frustré. Il est associé au mal, à l'inconscience, l'ignorance, la confusion, le désordre, le pessimisme. Les personnes qui portent du noir acceptent la souffrance, l'inconnu, l'incompréhension, c'est l'expression d'un mal-être intérieur. Vous vivez une période nécessaire de gestation, une mutation profonde, vous ne savez pas où cela va vous mener, mais après toute période d'obscurité, d'hiver, suivent la création, la régénération, la renaissance. Vous devez dépasser vos peurs pour arrêter de projeter vos problèmes sur les autres. Les personnes habillées de noir suggèrent la stabilité, semblent plus convaincantes et inspirent crainte et respect. Plus généralement, vous possédez un capital de vie latente. En passant par une phase de réflexion, vous pourrez amorcer un renouvellement. Vous absorbez la lumière pour renaître autrement. Le noir protège également des énergies négatives.

OR : Vous sortez votre richesse intérieure pour un projet, pour réaliser votre œuvre. Votre âme agit, des portes s'ouvrent, vous générez le précieux, vous portez la réussite, c'est royal. Explorateur, créateur centré, votre savoir et votre sagesse vous font réaliser avec perfection, votre mission de vie. Vous transformez le plomb en or, vous « alchimisez » la dimension humaine en conscientisant le sacré. La couleur or est la symbolique de l'homme, la fécondité, la richesse, la souveraineté, l'amour, le don, le renouveau, la connaissance, la solidité, la sécurité, l'immortalité de l'être éveillé. L'or symbolise l'accomplissement à la fois matériel et spirituel. Vous êtes un bienfaiteur, agissez sainement, édifiez l'avenir, apportez la bonne parole, transmettez un autre savoir. Attention : l'or procure le bonheur s'il est bien porté et utilisé, sinon il précipite la perte, écrase et il est aussi difficile de bien s'en servir que de s'en procurer.

ORANGE : Vous flirtez avec la liberté, la joie, le plaisir, la spontanéité, l'imprudence et le goût du risque. Vous vous mettez en avant, vous affichez, mangez la vie. Avec confiance, vous vivez intensément. Vous croyez en vous, vous avancez en exprimant à l'extérieur toute votre intensité intérieure. Vous avez plaisir à vivre, vous bougez, vous créez et innovez avec instinct. Vous vous exprimez avec exaltation et franchise, votre spontanéité vous amène naturellement à vivre le présent à fond. Vous aimez baigner dans le plaisir, la fête, le sexe, parfois aventurier de l'extrême vous réalisez vos rêves. Entier, vous pouvez vous mettre en colère, voire vous bagarrer. Votre corps est fait de vie, d'envie, vous cherchez constamment à le divertir, le contenter. Sur d'autres plans de conscience, notamment chez les hindouistes, l'orange est sacré, il purifie, il est le symbole de la fidélité, l'éternité, l'être libre.

ROSE : C'est la plus féminine des couleurs, elle incite à la tendresse, la douceur, la délicatesse et la volupté. Elle exprime l'amour, l'ouverture de cœur, la beauté, l'accueil de soi et des autres. Dès qu'un problème physique, une maladie ou une souffrance s'opère en vous, vous devez vous reposer, prendre soin de vous. Votre santé et votre bien-être sont primordiaux. Vous cherchez à voir la vie en rose mais tout n'est pas rose. Cette couleur est le symbole d'une renaissance mystique, d'une résurrection, elle marque le départ vers un nouveau fonctionnement. Le rose chasse les pensées négatives, cette couleur rassurante éveille le désir d'harmonie et de paix. En excès, le rose pousse au laisser-aller, et à la recherche du plaisir sans limites.

ROUGE : Cette couleur représente la base, la stabilité, la solidité, la sécurité, le courage, la force, le concret, l'activité, la chaleur, le feu, l'amour, la vie, la joie, la santé, le tonus, le triomphe. Vous avez beaucoup d'énergie ou au contraire vous en voulez davantage. Vous êtes très enraciné, ancré. Vous avez besoin de récupérer de la force et de la créativité, pour passer à nouveau à l'action. La couleur rouge représente donc la puissance acquise, le calme, la reconnaissance. C'est celui qui n'a pas peur de se montrer, un gagnant, un vainqueur, un meneur.

VERT : La couleur verte est connue pour apporter l'espoir, la chance et pour ses capacités à soigner et guérir. Calme, posé, sensible, votre ouverture de cœur vous amène à accueillir, à soigner les personnes blessées. Vous êtes bien en interrelation profonde, dans le présent, dans le respect des autres et de vous-même. Humble, simple, vous écoutez sans jugement, en silence, vous agissez pour donner sans rien attendre en retour. Discret, efficace, le cœur ouvert, vous êtes organisé pour aider, offrir à chaque instant, à toutes personnes : famille, amis, inconnus. Vous êtes authentique, responsable, dans l'acceptation et la compassion. Si c'est un vert très clair ou pâle, vos émotions peuvent vous submerger, vous empêcher d'agir, c'est alors que vous subissez les événements. Votre contrariété vous amène à vouloir sauver le monde.

VIOLET : C'est la couleur de la tempérance, la lucidité, l'action réfléchie, l'équilibre, le lâcher-prise, la sagesse. Vous êtes également méticuleux, droit, responsable, bon et fraternel. Vous recherchez un enseignement plus haut, plus grand pour passer du monde où les émotions et l'extérieur vous gouvernent, à la maîtrise de soi. Il s'opère en vous une transformation, un renouvellement constant, vous vous consacrez à une vie plus saine. Le violet symbolise la spiritualité, le mysticisme, l'introspection, la méditation, il aide à trouver l'apaisement ainsi que l'harmonie entre la pensée et l'action. C'est voir plus loin que le bout de son nez, c'est la conscience de la matière et de l'esprit, du masculin et du féminin, du « je » et du « nous », le passage vers l'omniscience, la maîtrise de soi. Vous êtes à la fois l'architecte, le créateur de votre vie et au service d'une cause plus universelle. Abandonnant le paraître pour l'être, vous devenez un guide, un chevalier des temps modernes. Certains « voient », d'autres « ressentent », d'autres « intuitionnent », d'autres encore « savent ».

Films et programmes télévisés

Le septième art révèle différents aspects de soi. Le cinéma est conçu comme la synthèse des arts de l'espace et du temps, le lien entre la pensée et l'être, c'est la transfiguration de notre monde, de chaque personnalité par l'image. On peut soutenir que le cinéma est une perception hallucinatoire du spectateur comme devant un miroir/écran qui reflète et fait écho à sa vraisemblance. Le film que l'on choisit, qui nous attire est en fait la mise en œuvre par l'image, le son, le mouvement de notre propre intériorité et de notre psychisme. On retrouve à l'écran la projection d'une facette de nous-même !

Quel genre de films aimez-vous et vous attire, est-ce le film d'action, de science-fiction, dramatique, policier, d'horreur ou préférez-vous des documentaires, du burlesque, les comédies musicales... ?

Par exemple, une personne qui regarde souvent des films d'action a besoin de fantaisie, d'extraordinaire, de surnaturel, peut-être pour changer sa vie un peu trop classique... Un autre va regarder un film burlesque pour se changer les idées, se détendre, s'alléger, se recharger ou pour échapper à une certaine réalité, s'éloigner de ses problèmes...

Cherchez ci-dessous, la ou les catégories de films que vous aimez regarder. Chaque rubrique vous fait découvrir les raisons réelles de vos choix et de vos goûts. Cette lecture vous confirmera différentes parties de votre personnalité ou vous en fera découvrir de nouvelles. Ainsi, vous deviendrez beaucoup plus conscient de ce qui motive vos choix de films et de qui vous êtes.

Pour chaque description, soit vous êtes en partie ou en totalité cela, soit vous cherchez à l'être.

Pour aller plus loin

Apprenez à évoluer sur tous les plans en tirant parti de vos goûts cinématographiques. Quel image de vous, vous renvoient-ils ?

Utilisez au mieux, dans votre quotidien, toutes ces informations.

ACTION : Pour changer un peu votre vie classique, vous avez besoin de fantaisie, d'extraordinaire, de surnaturel, probablement d'être surpris, de créer, d'innover, d'imaginer toujours plus. Vous recherchez l'aventure, l'ouverture, l'action, la force, la confrontation. Vous aimez vous laisser surprendre, être spontané, vous amuser, les loisirs et les nouvelles technologies. Vous recherchez un futur nouveau et à mieux comprendre vos paradoxes.

CINÉMA VÉRITÉ : La conscience, la vérité, l'authenticité, la révélation sont pour vous des valeurs primordiales. Vous voulez intervenir, parler, vous adresser peut-être à quelqu'un en particulier... L'information, la dénonciation, la franchise, la justice vous sont nécessaires. Vous n'aimez pas que l'on vous cache des choses. Aucun sujet n'est tabou. Peut-être avez-vous intégré ou vécu une souffrance trop peu abordée ? Vous avez tendance à vouloir surmonter vos limites et dépasser vos peurs. Vous possédez aussi un intérêt prononcé pour la déduction, vous aimez rechercher, analyser, comprendre, vous êtes probablement spécialisé dans certains domaines, que vous pouvez retrouver dans le chapitre **MÉTIERS**.

COMÉDIE MUSICALE : Vous aimez la danse, la chorégraphie, le lyrique, le rêve, voire le féerique. Vous recherchez la comédie, le populaire, le côté entraînant, joyeux et amusant. Vous appréciez la créativité, la surprise, le jeu, le loisir et ce qui est décoratif. Vous avez envie à la fois de légèreté, de mouvement, d'harmonie et de rythme.

DESSIN ANIMÉ : Vous êtes resté jeune d'esprit et peut-être de corps. Vous aimez ou cherchez à vous faire du bien, vous détendre, passer un bon moment, vous amuser, rire, voire rêver, laisser courir votre imagination. Vous aimez la créativité, les surprises, ce qui est léger, simple et mignon. Vous avez besoin de vous soulager, de retrouver davantage votre âme d'enfant, votre spontanéité, votre neutralité, votre positif, votre naturel.

DIRECT : Vous aimez la réalité, la liberté d'expression, la franchise, la vérité, le moment présent, le non-contrôle, la spontanéité, la surprise. Témoigner, dire, parler, raconter sont importants pour vous. Vous appréciez en même temps le calme et l'aventure, l'imprévu, la pression, la combativité, la rapidité, la réactivité, le vrai. Vous êtes intelligent et recherchez à vous instruire, vous découvrir, vous maîtriser.

DOCUMENTAIRE : Vous aimez vous informer, vous instruire, apprendre, comprendre, analyser, chercher, découvrir. Aborder de nouveaux sujets fait partie de votre nature, et tout ce qui est riche en enseignements vous attire. Si vous regardez toujours le même type de documentaire, vous êtes alors spécialisé (dans ce cas, votre choix n'est pas un hasard, allez voir au chapitre **MÉTIERS** et recherchez votre spécialisation pour mieux vous comprendre), et si vous êtes attiré par des domaines différents, vous recherchez plus d'ouverture. Plutôt cartésien, cultivé, érudit, curieux, instruit, vous aimez la vérité, le réel, les révélations et êtes également organisé et précis. Vous recherchez peut-être continuellement à vous ouvrir, vous dépasser pour aller, plus ou moins inconsciemment, vers une forme de sagesse.

ÉROTISME : Vous avez envie de vous faire plaisir, de vivre des pulsions, des sensations fortes, de stimuler vos sens, ou de vous désinhiber. Vous aimez le surprenant, la découverte, le fantasme, le jeu, les fantaisies, le plaisir charnel. Vous apprenez à dépasser les tabous, les interdits, le conventionnel, l'éducation, le correct, vous nourrissez peut-être même un intérêt pour le libertinage. Vous avez un côté plus primitif ou tout simplement avez besoin de toucher ou d'être touché. Vous manquez peut-être d'affection, de sensualité, d'amour, de relation sexuelle épanouissante.

FANTASTIQUE : Vous avez besoin de fantaisie, d'extraordinaire, de surnaturel pour changer votre vie trop classique. Être surpris, créer, innover, imaginer toujours plus sont importants. Vous recherchez l'aventure, l'ouverture, l'action, la force, la confrontation. Vous aimez vous laisser surprendre, être spontané, vous amuser, les loisirs et les nouvelles technologies. Vous recherchez un futur nouveau et à comprendre vos paradoxes.

GUERRE : Cela vous rappelle plus ou moins des situations vécues et cela vous soulage, vous fait relativiser, comprendre mieux les événements, la vie. Vous avez envie de découvrir, de voir les faits, d'apprendre l'histoire. Vous prenez cela comme un documentaire, une information, une vérité, bref une réalité. Si vous aimez voir le combat, la mort, la souffrance, la dureté, la violence, c'est que tout cela existe en vous et, grâce à ce genre de film, vous l'extériorisez. Vous avez besoin d'être compris, d'être en lien avec votre état intérieur ou plus simplement de développer plus de force, de résistance, d'apprendre à vous positionner et vous défendre. Vous avez besoin d'augmenter votre côté masculin, peut-être pour faire face à une situation ou pour vous dépasser.

HISTOIRE : Vous avez envie de découvrir, de voir les faits comme un documentaire, une information, une vérité, bref une réalité. Vous aimez vous informer, vous instruire, apprendre, comprendre, analyser, chercher, découvrir. Connaître des sujets nouveaux fait partie de votre nature, tout ce qui est riche en enseignements vous attire. Si vous êtes intéressé par des périodes historiques différentes, vous cherchez davantage d'ouverture. Vous êtes plutôt cartésien, cultivé, érudit, curieux, instruit, vous aimez la vérité, le réel, les révélations et êtes également organisé et précis. Vous recherchez continuellement à vous ouvrir, vous dépasser intellectuellement pour aller plus ou moins inconsciemment vers la connaissance, l'éveil. Si vous regardez plus souvent les films historiques relatant les guerres, lisez l'article **GUERRE** ci-dessus.

HORREUR : Vous avez besoin de vivre et/ou d'exorciser, projeter vos peurs, pour vous rassurer. Vous êtes attiré par l'horreur, la manipulation, l'effrayant, l'inacceptable, l'insoutenable, la violence, le machiavélisme, vous aimez vous faire peur, peut-être parce qu'il y a un peu de tout cela en vous. Plus ou moins consciemment cela a été refoulé, non compris, non surmonté, non dit, non dépassé. On vous a peut-être caché certaines choses et maintenant vous avez besoin de découvrir la vérité. Dans ces films, un malade, un désaxé ou un psychopathe sert à « alchimiser » cette partie de vous. Vous pouvez également lire l'article **SÉRIE NOIRE**.

HUMOUR : Vous avez besoin de vous changer les idées, vous détendre, vous alléger, vous recharger, passer un bon moment en riant un bon coup. Vous avez envie d'échapper à la réalité, de vous éloigner des problèmes que vous vivez, ce qui vous permettra de voir les choses autrement que négativement. Vous voulez aller mieux. Vous avez gardé une âme d'enfant. Vous aimez la spontanéité, le naturel, la joie, la simplicité, le jeu, le moment présent. Vous avez sûrement des aptitudes à voir autrement et croire que tout est possible. Le burlesque joue avec toutes les impossibilités, ou les refus d'adaptation, il dément toutes les logiques, remet en cause la morale, il est synonyme de défi. Alors autorisez-vous à nouveau à imaginer, à croire en la vie, en vous.

JEU TÉLÉVISÉ : Vous aimez vous instruire et vous divertir, vous occuper, vous changer les idées. Regardez-vous d'une manière passive ? Vous vous ennuyez peut-être dans votre vie. Si vous participez, vous êtes acteur et avez un désir de compétition, comme une envie de rêver et de gagner. Cela vous procure de l'espoir, vous fait imaginer et croire que tout est possible. Vous appréciez tout ce qui est populaire, accessible, simple et recherchez à vous dépasser et à vous améliorer.

LOISIRS : Vous avez envie de légèreté, d'harmonie, de mouvement, vous aimez ou recherchez à vous faire du bien, à vous détendre, passer un bon moment, vous amuser, vivre, vous surprendre, jouer, créer, vous aérer, vous changer les idées, vous évader, vous instruire, laisser courir votre imagination, rêver. Vous avez besoin de vous entretenir, vous soulager, vous relâcher, retrouver votre naturel, votre spontanéité, du positif, vous voulez sortir de votre monde habituel, classique et vous évader de vos problèmes.

MÉLODRAME : Vous êtes sensible, émotif, sentimental, authentique et vrai. Vous êtes sensible à la force, la critique, la dureté, le romantisme, le noir, le flamboyant, le bouleversant, l'amour déçu, la vie brisée, la souffrance. Ce genre fait écho à votre propre vécu. En assistant à ces histoires sur l'écran, vous extériorisez tout ce que vous redoutez le plus et cela vous rassure. Ces films touchent votre conscience et vous réparent. Ce soulagement vous permet d'assumer votre réalité et vos peurs.

POLICIER : Vous aimez la justice, la loi, l'autorité, la moralité, le bien, le bon mais aussi être surpris. Vous vous intéressez également aux mystères, à l'intrigue, à l'omission, aux faux, au mal, aux truands, à l'immoralité, à la violence qui peut être plus ou moins présente en vous. Vous êtes quelqu'un de perspicace, de malin, de débrouillard, d'intuitif, de réfléchi, d'intelligent. Vous aimez le suspens, analyser, chercher et faire des déductions. Vous avez peut-être besoin d'être rassuré en voyant les personnes mauvaises interpellées, enfermées et punies. Vous voulez peut-être sortir de votre vie ordinaire, classique, un peu trop étroite pour vous projeter dans la peau du héros.

PORNOGRAPHIE : Voir l'article **ÉROTISME**.

ROMANTIQUE : Vous êtes en lien avec votre énergie « féminine » c'est-à-dire le côté plutôt sentimental, mélancolique, sensible, émotif. Vous ressentez bien les choses et les gens. Vous aimez imaginer, être dans la rêverie. Soit vous vous sentez bien ainsi et vous souhaitez entretenir cet état, soit vous ressentez de l'insatisfaction dans votre vie en ce moment et vous avez besoin de vous alléger, de voir la vie autrement, de passer un bon moment, de vous évader, de vous changer les idées, bref de vous projeter dans une autre réalité que la vôtre. Certains adeptes de films d'amour pointent ainsi le manque de romantisme, d'affection, d'amour qui caractérise leur existence.

SCIENCE-FICTION : Vous aimez peut-être surprendre, le fantastique, l'imaginaire, l'irréel, le merveilleux, une forme de « réalité magique », vous êtes en quête de révélation. Une part de vous est méfiante, dans la transgression et vous aimez la difficulté, l'impossible, le dépassement. Vous appréciez ou recherchez les nouvelles technologies, tout ce qui est science moderne, la physique quantique, l'omniscience, le progrès, ce qui est en avance, innovant, pionnier et inventif. Vous souhaitez vivre l'aventure, la créativité, le grandiose, le stupéfiant, le futur. Vous avez en vous une certaine dualité, entre faire le bien ou le mal, penser négativement ou positivement… Vous avez sûrement envie d'une nouvelle vie, avec des règles du jeu différentes, de nouveaux « re-pères » et « re-mères ».

SERIAL KILLER : Voir l'article **HORREUR**.

SÉRIE B : Vous voulez peut-être vivre pleinement votre existence, voire combler un vide en ce moment, car vous ne vivez pas ou plus ce que vous avez envie de vivre. Ce type de films populaires vous occupe, vous change les idées, vous empêche en fait de penser. Il couvre tous les genres, donc parle à différentes parties de vous. Vous avez sûrement besoin de nouveauté, de curiosité, de suspens, de divertissement, d'exagération, tout cela vous rassure. Vous appréciez aussi tout ce qui est classique et populaire.

SÉRIE NOIRE : Vous n'êtes pas bien dans votre peau, votre moment présent et/ou votre vie est obscure, négative, problématique, voire dure, violente, tragique, trouble, grave et vous vous sentez mal. Vous broyez du noir, cette réalité projetée vous fait sûrement écho, plus ou moins consciemment, avec des choses de même intensité que vous avez vécues il n'y a pas si longtemps et/ou dans votre enfance. Grâce à l'écran, vous extériorisez vos peurs, et vous vous rassurez. Tout cela touche votre conscience et vous soulage momentanément. Ces films participent à votre évolution et vous font relativiser les faits.

SPORT : Vous avez besoin de vous défouler, vous dépasser, surmonter des obstacles. Regarder du sport à l'écran vous incite à recontacter votre force, votre puissance et votre énergie. Toutes les prouesses que vous voyez vous encouragent, vous positivent, vous remotivent et vous donnent de l'élan pour vous permettre d'être à nouveau performant. Il se peut que ce soit la technique qui vous plaise ou encore la préparation, la précision, la nouveauté, l'évolution. Tout vous enthousiasme, vous fait vous sentir vivant, peut-être cela vous permet-il d'oublier votre mal-être et vos problèmes physiques du moment. Selon le sport que vous regardez, qui ne doit rien au hasard, vous recueillez des indications supplémentaires sur vous-même. Aussi, est-il individuel ou collectif, amateur ou de compétition, rapide ou lent, populaire ou élitiste... ? Les différentes disciplines ont un effet miroir et vous révèlent d'autres facettes de votre personnalité. Rendez-vous au chapitre **SPORTS**, lisez l'introduction et vos disciplines préférées.

THRILLER : Voir les articles **POLICIER** et **SÉRIE NOIRE**.

VOYAGE : Vous aimez vous évader ou rêver, le changement, l'aventure. Vous souhaitez vous ouvrir, vous remettre en question, découvrir d'autres parties de vous. Vous voulez sortir de votre monde habituel, classique, des problèmes, vous voulez vous changer les idées. En même temps, vous désirez vous instruire, comprendre d'autres modes de vie, de fonctionnement, d'autres traditions, pour vous faire évoluer et vous ouvrir davantage.

WESTERN : Vous aimez l'action, la découverte, la conquête, l'aventure, la recherche de nouveauté, le rêve. Vous avez un côté assez simple, paillard, sauvage et en même temps famille, fermier, communautaire. La justice est importante pour vous. Vous êtes également un sentimental, un chevalier des temps modernes, un serviteur qui recherche davantage d'amour. Vous appréciez les scènes de combat, de bagarre, vous recherchez alors à développer la force, la franchise, le respect, le dépassement de soi, le positionnement et à vous affirmer.

Gestes et positions corporelles

Dès la naissance, notre éducation et notre culture nous transmettent des codes gestuels. Certains gestes que l'on fait sont inconscients. Ceux-ci traduisent notre état réel intérieur, ils sont incontrôlables mais nous pouvons les identifier. Chaque humeur a la même expression pour tout le monde. En avoir conscience est très important, car des études scientifiques ont démontré que seulement 7 % de la communication est verbale. Par voie de conséquence, 93 % de l'échange est non verbal, et réparti comme suit : 38 % de paraverbal (la voix, le ton, le rythme, le volume, le débit, le timbre, la respiration…) et 55 % pour les attitudes, les gestes, les postures…

Vous allez découvrir ici la signification et l'impact que produisent sur l'autre la plupart de vos gestes. Sachez déjà que le côté droit du corps correspond symboliquement au masculin (c'est l'inverse au niveau des hémisphères du cerveau), le côté gauche au féminin, l'arrière du corps au passé, l'avant au présent/futur.

Exemple, simple et très concret : Si vous écoutez votre téléphone avec l'oreille gauche, vous êtes plutôt de nature introvertie, féminine et si c'est avec l'oreille droite, vous êtes plutôt extraverti avec une tendance masculine.

Par ailleurs, sachez que deux personnes qui communiquent, échangent réellement entre elles, et prennent inconsciemment la même position. Vous pouvez effectuer le test suivant qui vous le démontrera. À l'occasion d'une conversation, mettez volontairement vos mains dans vos poches et il y a fort à parier que votre interlocuteur en fera de même. Si tel n'est pas le cas, celui-ci n'a d'autre intérêt, dans votre échange, que de vous faire plaisir ou c'est qu'il ne parvient pas à se soustraire à cet entretien. Il n'est pas en accord intérieurement avec cette discussion, il ne se respecte pas et il souhaite faire autre chose. Renouvelez l'expérience à plusieurs reprises et vous commencerez à comprendre l'importance de ce deuxième langage.

Les gestes permettent de voir plus profondément l'état d'esprit, l'énergie de votre interlocuteur. Vous saurez rapidement quel est son vrai discours et, selon vos besoins, vous vous respecterez, vous écouterez, et prendrez des décisions plus justes et/ou réaliserez une meilleure communication. Si vous vous situez dans un cadre d'accompagnement professionnel, thérapeutique, de coaching, de recrutement..., cette prise de conscience permet d'être plus efficace, d'aider l'autre à mieux se comprendre et, du coup, de mieux accompagner le client dans sa réelle demande.

Le terme exact employé aujourd'hui est la **synergologie** qui permet de décrypter le fonctionnement de l'esprit humain à partir de la structure de son langage corporel, l'expression non verbale de son comportement, sa gestuelle, etc. À ce jour, les scientifiques étudient le langage corporel pour une meilleure compréhension de l'être humain, cette voie leur permet de lire l'activité du cerveau sur le corps, ainsi les émotions sont lisibles. Les neurosciences, la neurobiologie et la neuropsychologie ont étudié les microdémangeaisons qui apparaissent lorsque des non-dits entrent en contradiction avec les informations délivrées.

Vous allez à présent découvrir le détail de vos gestes quotidiens, afin de pouvoir clairement les décoder, les conscientiser..., à vous de jouer.

Pour aller plus loin

Apprenez à décoder les messages de votre gestuelle et celle des autres. Soyez dans l'observation de l'impact de chaque geste sur la communication. Qu'avez-vous compris à votre sujet?

Pour approfondir cette connaissance, il peut être intéressant de bien repérer les paroles qui ont été dites et les gestes qui en ont découlé, amusez-vous à ce genre d'observation.

Utilisez au mieux, dans votre quotidien, toutes ces informations.

ACCOLADE : Une personne qui pose sa main droite sur votre épaule gauche, vous domine. Suivant le contexte, cela peut être interprété comme un acte de compassion.

ACCROCHER (s') : Vous tenez serré avec une main ou les deux, un objet ou une partie de votre corps. Si vous êtes seul, cela signifie que vous vous accrochez à des peurs liées à votre passé. Si vous êtes en présence d'une personne, celle-ci vous dérange sûrement et vous commencez à vous fermer, vous replier, vous protéger.

AGENOUILLER (s') : En vous agenouillant devant une personne ou en lui demandant de le faire, vous êtes dans un acte d'abaissement, de soumission ou demandez à l'autre de l'être.

AISSELLE : Une personne qui met sa main ou ses mains sous les aisselles montre un début de peur, de contradiction. Si c'est la main droite que vous mettez sous l'aisselle gauche, vous tentez de reprendre confiance en vous. Si c'est l'inverse, la main gauche sous l'épaule droite, cela signifie que vous êtes un peu plus gêné, voire bloqué.

APPLAUDIR : Vous exprimez une joie, un remerciement ou une reconnaissance.

APPUYER (s') : Si vous vous adossez contre un mur, une porte..., c'est que vous commencez sûrement à vous ennuyer. En revanche, si c'est un appui en avant de vos bras ou de vos pieds, vous êtes alors en train de vous positionner.

ASSIS : Lorsque vous êtes assis (face à quelqu'un ou seul), avec les mains, les pieds, la tête ou le buste en avant, cela signifie que vous êtes plutôt à l'aise, ou en position d'attaque. Si à l'inverse, vous vous positionnez en arrière (jambes, bras, etc.), vous êtes en retrait. Si vous êtes assis plus vers la droite, vous êtes dans le masculin (en force, pour avancer) et vers la gauche dans votre féminin (dans l'écoute, l'empathie). Si vous êtes assis, les jambes et/ou les bras fermés, vous avez une peur, un problème, un désaccord ; s'ils sont ouverts, vous êtes à l'aise, centré en vous et donc dans une maîtrise de ce qui se déroule.

BAGUE : Sur quel doigt est votre bague ? Si vous la portez à la main droite c'est plus votre côté masculin qui se montre, à la main gauche c'est davantage votre côté féminin. Plus l'objet est mis sur un doigt fort, plus vous recherchez la force, sur un petit doigt vous êtes davantage dans la sensibilité, la vulnérabilité...

BAISER : Lorsque vous embrassez une personne, c'est soit un acte de reconnaissance, soit parce que vous êtes intime. Ce peut être également pour séduire ou pour tendre vers plus de paix. Si votre baiser s'attarde, il a une autre signification. Il exprime alors l'affection, un désir sexuel, un sentiment amoureux.

BALANCER (se) : Vous balancez votre corps ou vos bras, une jambe d'avant en arrière ou sur le côté, cela traduit de l'impatience ou de l'ennui.

BOIRE : Si vous buvez vite, vous êtes plutôt extraverti, actif, masculin ; lentement, vous êtes davantage introverti, vous exprimez votre côté féminin.

BOUCHE : En dehors de tout problème lié à la dentition, se cacher la bouche avec la main, signifie cacher des choses, mais le plus souvent, c'est le signe que l'on a quelque chose de difficile à dire. Quand vous plissez les lèvres, vous vous sentez sûrement coupable ou vous êtes à court d'arguments.

BRAS : Le bras droit représente le masculin, la force, l'action, et le bras gauche symbolise le féminin, l'écoute, la réceptivité. Plus les bras bougent, plus on se sent libre, sur de soi, heureux. Figés, voire cachés, ils révèlent une peur. Quand ils sont croisés, vous êtes en protection ou en désaccord, et donc en rupture de communication avec ce qui est dit.

BUSTE : Le buste en avant montre que vous cherchez à convaincre ou à mieux écouter, en arrière vous prenez du recul.

CARESSE : Si vous passez la main doucement sur une partie de votre corps ou que vous voyez votre interlocuteur le faire, c'est que vous ou cette personne avez besoin d'affection, d'être touché, voire inconsciemment de faire l'amour.

CHEVEU : Les cheveux représentent le niveau de beauté que vous vous reconnaissez. Quand vous les touchez, ce peut être pour plaire ou parce que vous êtes sensible ou inquiet. Comment sont vos cheveux ? Regardez-les, ils décrivent exactement votre état : secs, plats, revigorés, emmêlés, attachés, libres... S'ils sont blancs, vous avez peut-être des entraves, des rigidités, ou encore des inquiétudes (sauf si, bien sûr, leur blancheur est la conséquence de l'âge).

CHEVILLE : Si vos chevilles sont écartées l'une de l'autre, vous êtes en ouverture, en réceptivité ; si elles sont croisées, vous n'êtes pas à l'aise ; et si, en position assise, elles sont sous la chaise, vous l'êtes encore moins.

DENT : Vous serrez les dents quand vous vous énervez, ou vous ne voulez pas changer votre position. Vous avez du mal à vous détendre et vous cachez des choses.

DOIGT : Votre majeur sous le nez montre que vous êtes énervé. Se tourner les pouces montre plutôt de l'ennui.

DOS : Si vous vous grattez le haut du dos avec une main, c'est souvent le signe d'une réflexion ou d'un manque affectif. Si vos deux mains soutiennent le bas du dos, cela signifie que vous êtes un peu fatigué et que vous souhaitez passer à autre chose.

ÉPAULE : Lorsque vous posez votre main sur votre épaule opposée, cela signifie que vous vous mettez en protection, vous faites une pause, vous avez une interrogation, une fatigue ou/et une déception.

FESSE : Quand vous mettez vos mains sur vos fesses, vous cherchez peut-être à provoquer. La main sur la fesse de l'autre montre un droit de propriété et un besoin sexuel. En position assise, les mains sous les fesses démontrent une recherche et une introversion ; si c'est le pied qui est placé sous les fesses, vous êtes très à l'aise, voire vous prenez une position supérieure.

FRONT : La main posée sur le front montre que vous cherchez mentalement quelque chose. Si vous vous frappez le front, ce geste signifie : « Mince, mais suis-je bête, j'aurais dû y penser ! »

GORGE : Une main sur la gorge montre que vous avez une hésitation, un problème, vous recherchez quelque chose, vous n'arrivez pas vous exprimer ou la situation vous empêche de bien respirer ou, à l'extrême, elle vous « étrangle ».

GRATTEMENT : Lorsque vous vous grattez une partie de votre corps, il y a sûrement en vous une gêne qui vous démange, un stress. En prenant conscience de la zone du corps que vous grattez, vous aurez d'autres précisions sur ce qui se passe, en lisant dans ce chapitre la partie du corps correspondante.

HANCHE : Lorsque vous posez une ou vos deux mains sur les hanches, cela signifie que vous en avez marre ou à l'inverse que vous souhaitez vous mettre en avant, tout dépend de votre attitude visuelle à ce moment-là.

INDEX : Il montre un signe d'autorité, de force, davantage si vous l'agitez. Sur la bouche vous êtes perplexe, en l'air vous demandez quelque chose, vers une personne vous êtes vindicatif, en l'air bras plié vous êtes en colère.

JAMBE : Si une personne droitière croise la jambe gauche sur la droite (le masculin, représenté par la jambe droite, est caché), elle est gênée ou moyennement d'accord. Si la jambe croisée est mise en équerre, sur l'autre, il y a davantage de retranchement. Si c'est l'inverse, la jambe gauche couverte par la droite (le féminin, représenté par la jambe gauche, est caché), vous êtes à l'aise, voire vous dominez la situation. Croiser les jambes en position debout est une attitude plutôt jeune ou immature.

LANGUE : Tirer la langue est une moquerie, une injure.

MAIN : Lorsque vous passez la main dans votre cou, vous demandez de la tendresse, sur le front vous ne savez plus trop où vous en êtes, entre les cuisses vous n'êtes pas à l'aise. La main sur le cœur est un signe d'affection. Se frotter les mains est un geste de réjouissance, de hâte, de calcul ou encore de blague, de mauvais coup. Quand vous mettez les mains sous la table, vous cachez des choses. Les mains ouvertes l'une contre l'autre, comme pour prier, montrent une profonde réflexion. Avec les mains l'une contre l'autre, doigts écartés, vous vous positionnez. Les mains ouvertes devant vous, vous cherchez à avoir un accord, à vous légitimer. Cacher son visage dans ses mains traduit bien souvent une angoisse, un état de fatigue, de stress. Les mains ouvertes écartées sur les côtés dénotent une ouverture et une neutralité. Une main ou des doigts sur le menton signifient une attente ou une réflexion. La main sur la nuque indique une réflexion, un choix à faire.

NEZ : Lorsque votre interlocuteur pose l'index droit contre son nez, cela signifie qu'il ne souhaite pas vous laisser le choix. Quand vous vous pincez le nez, c'est que vous réfléchissez et vous n'êtes pas vraiment d'accord. Si vous vous curez le nez, c'est que vous souhaitez enlever certaines de vos pensées. Ce peut être aussi le signe d'une certaine nervosité.

ŒIL : Les yeux sont à chaque seconde une mine et un miroir de renseignements. Quand une personne vous trompe, elle ne vous regarde pas dans les yeux ; un regard fixe et long est une intrusion, un besoin de convaincre l'autre par ses paroles ; tournés vers le bas la personne est soumise. La position des iris, a une signification précise.

Lorsqu'ils sont en haut à droite, vous cherchez des informations dans votre futur, en bas à gauche dans votre passé, etc. Un clin d'œil est un « geste » vers l'autre, c'est un acte de sympathie, une blague ou alors c'est un signe de complicité. Si vous faites un clin d'œil en fermant l'œil gauche vous êtes plus dans l'accord, l'assurance, si c'est l'œil droit, le féminin, la séduction. Les deux yeux fermés montrent soit une fatigue, soit une intense réflexion, une profonde recherche intérieure.

ONGLE : Si vos ongles ne sont pas entretenus, vous manquez d'organisation, de respect. Si vous vous les rongez, cela révèle un problème qui vous « ronge » ou une vie stressante.

OREILLE : Lorsque vous mettez les deux mains sur vos oreilles, vous voulez vous isoler, ne plus rien entendre. Une main sur une oreille, la tête penchée, signifie que vous souhaitez plaire. Si vous écoutez votre téléphone avec l'oreille gauche vous êtes plutôt de nature introvertie, féminine et si c'est la droite extravertie, masculine.

PIED : Lorsque vous vous levez, partez à un rendez-vous, sortez de votre voiture..., si le premier pied que vous posez par terre est le droit, vous êtes assez indépendant et dans l'action, si c'est le gauche, vous êtes plutôt introverti ou plus hésitant. Lorsque vous êtes debout et que vous mettez un pied sur la pointe, vous n'êtes pas bien sûr de vous ou vous vous ennuyez un peu.

POIGNÉE DE MAIN : Quand vous serrez la main d'une personne pour la saluer, si votre bras est tendu et que votre corps à tendance à reculer, vous prenez de la distance par peur ; s'il est plié, très près du corps vous cherchez plus profondément à connaître l'autre. Si la poignée est franche, vous êtes sûr ; si elle est rapide, vous êtes distant ; si c'est du bout des doigts, vous êtes plutôt timide. Si une personne vous tient le bras en même temps avec son autre main, il vous domine et/ou tente de vous convaincre, de vous manipuler.

POING : Si la personne en face de vous a les poings fermés, c'est qu'elle n'est pas heureuse ou qu'elle cherche des ressources, de la force en elle ou qu'elle est dérangée dans ses habitudes, ses bases. Le fait de tendre le poing serré vers le ciel montre que vous vivez un fort sentiment immédiat, cela correspondant à une victoire ou une colère.

REIN : Quand une personne pose une main ou ses mains sur ses reins, c'est qu'elle ne veut pas changer d'avis facilement. Elle campe sur ses positions.

REPLI : Lorsque vous vous repliez complètement sur vous-même, les genoux contre le buste et les bras entourant vos jambes, vous adoptez une position fœtale. Cela signifie un renfermement profond, une demande de solitude et d'intimité.

RIRE : Le rire tranquillise, déstresse, il survient quand vous êtes en forme, ou il est parfois nerveux ! Votre manière de rire vous représente, alors comment est-il ? Retenu, léger, à fond, la bouche ouverte ou fermée, ou encore vous mettez peut-être la main devant votre bouche ou votre visage. Dans ce dernier cas, vous n'osez pas parler ou vous vous cachez.

SOURCIL : Lorsqu'une personne se gratte le sourcil, elle n'est pas très claire avec elle-même, donc avec vous.

SOURIRE : Il montre votre contentement, votre tranquillité, votre accueil et selon votre mimique, il vous définit. S'il est juste esquissé, vous cachez quelque chose, s'il est pincé, vous vous retenez, etc.

SYMÉTRIE : La symétrie des gestes, que ce soit au niveau des pieds, des mains ou de la posture du corps entier, montre une bonne harmonie à l'intérieur de vous, une personne centrée, juste, sage, qui est très bien dans sa peau.

TÊTE : Si vous vous grattez la tête, vous n'êtes pas sûr ; si vous tournez la tête sur le côté, vous n'êtes pas d'accord ; si vous la penchez en avant, c'est pour mieux écouter et montrer votre intérêt à ce qui se dit. Lorsque vous mettez les mains sur la tête, c'est que vous avez une grande peur, vous êtes un peu perdu et n'avez plus de solution.

VISAGE : Il montre l'ambiance, l'énergie intérieure et la forme générale de la personne au moment présent. Aussi est-il stressé, ridé, renfrogné, las ou détendu, fatigué, ouvert, joyeux ? Le contenu de la discussion va, lui aussi, influer sur son expression. Si votre interlocuteur vous parle d'un problème, votre visage a tendance à se fermer, se figer, vous allez moins bien respirer. À l'inverse s'il vous raconte un moment amusant, positif de sa vie, votre visage va s'ouvrir, voire s'illuminer.

Types d'habitation

Cela peut surprendre mais l'habitation où l'on vit n'est pas le fruit du hasard, elle est le reflet d'une partie de nous-même. Même si certains héritent de biens immobiliers, d'autres doivent se battre pour en acquérir un et d'autres encore prennent des risques financiers pour se construire un patrimoine…

En d'autres termes, notre lieu de vie est une extension de nous et en correspondance avec notre degré de valeur personnelle et d'estime de soi. Notre maison est notre miroir. Qu'a-t-elle à nous dire ?

Découvrez ce que révèle votre habitation. Avez-vous choisi un appartement, une maison, un chalet, un mobile home… ? Est-ce en ville ou à la campagne ? Votre habitation est-elle neuve, ancienne, en construction, à rénover ? Êtes-vous locataire, propriétaire, en viager… ? Tout cela vous donnera de précieux renseignements sur votre fonctionnement.

Pour aller plus loin

Après avoir lu les définitions qui correspondent à votre lieu de vie, qu'en déduisez-vous ? Que pouvez-vous changer personnellement, en sachant que cela rejaillira sur votre réalité extérieure et donc sur vos « biens » ?

Apprendre à décoder les messages que révèle votre habitation peut vous encourager à en changer.

Utilisez au mieux, dans votre quotidien, toutes ces informations.

ANCIEN : Si vous vivez dans une habitation ancienne, vous êtes en lien avec votre passé, vous êtes peut-être resté accroché à une époque, un mode de vie, des habitudes et cela vous convient. Peut-être avez-vous peur du changement, du mouvement, de vous remettre en question ? Vous appréciez votre voisinage ou êtes enfermé dans votre monde, cette vie peut devenir un peu ordinaire, répétitive voire monotone.

APPARTEMENT : Si votre appartement est au rez-de-chaussée, c'est que vous êtes dans tout ce qui est basique, le côté pratique et matériel. Vous recherchez le contact avec l'extérieur et les autres ou/et un espace extérieur, un jardin pour avoir un plus grand rayonnement. Plus il est situé dans les étages, plus vous souhaitez vous élever, prendre de la hauteur, du recul, voir plus loin, cela permet d'être plus dans l'esprit (le féminin) tout en restant dans le matériel (le masculin). S'il est au dernier étage, vous avez des qualités supérieures. Vous êtes plus en lien avec vos valeurs, vos connaissances, votre puissance, vous êtes capable de diriger des personnes et de prendre davantage de responsabilités. Si vous avez un balcon vous êtes plus ouvert, et prenez un peu plus soin de vous. Habitez-vous un petit ou un grand appartement ? Est-il simple ou luxueux ? Cet élément indique l'importance du lien avec vos valeurs, vos capacités, vos connaissances, la conscience de vos talents et votre capacité à les mettre en œuvre concrètement. Vous préférez peut-être un appartement à une maison, car cela vous occasionne moins de travaux et d'entretien. Plus ou moins consciemment, ces appartements regroupés les uns contre les autres vous protègent, vous réchauffent, vous rassurent. Vous avez en mémoire la vie dans une grande famille, en communauté. Mais peut-être êtes-vous cloisonné, limité et n'arrivez-vous pas à prendre complètement votre indépendance ?

CABANON : Même si vous avez peu de moyens financiers, vous appréciez le naturel, l'espace, la simplicité et la franchise. Vous n'avez pas encore contacté votre richesse intérieure, votre plein pouvoir, vous êtes resté un peu enfermé dans vos émotions encore en lien avec certains événements. Toutefois vous êtes débrouillard, cool, un peu différent de la norme, voire un peu critique ou rebelle.

CAMPAGNE : Vous êtes plutôt naturel, simple, ouvert, tranquille, vous aimez tout ce qui est vrai, authentique, sincère et profond. Vous savez prendre soin de vous, vous respecter, être en lien avec vos valeurs. L'équilibre est quelque chose d'important pour vous et vous avez une certaine forme de sagesse. Êtes-vous solitaire ou au contraire communicatif ? Dans tous les cas, vous êtes une personne de terrain, pratique, efficace et assez solide. Bien en lien avec votre sensibilité et le concret, vous avez une certaine indépendance et votre bien-être passe avant tout.

CAMPING-CAR : Vous avez peut-être des moyens financiers limités (sauf si cette situation est passagère), ou ce mode d'habitation constitue un vrai choix de vie ; quoi qu'il en soit, vous appréciez le naturel, l'espace, la simplicité et la franchise. La liberté est quelque chose d'important pour vous et vous aimez l'aventure. Vous souhaitez être mobile, autonome, indépendant, sans attente. Peut-être avez-vous été trop enfermé ou n'avez-vous pas eu de famille, de « re-père » ? Vous possédez de fortes capacités d'adaptation et pouvez être très débrouillard et économe. Vous n'avez pas encore contacté votre richesse intérieure, votre valeur et votre plein pouvoir. Vous êtes resté un peu coincé dans vos émotions, encore en lien avec des faits de votre histoire. Vous avez un côté un peu bohème, en marge, avec une pointe de critique, de rébellion.

CARAVANE : Vous n'acceptez pas d'être enfermé, la liberté est pour vous une valeur profonde (sauf si votre situation actuelle ne vous permet pas d'envisager une autre habitation). Vous êtes différent des autres, très typé, avec d'autres références, vous avez beaucoup de masculin et en même temps votre créativité est très présente. Peut-être n'avez-vous pas beaucoup de moyens financiers, mais la nature et la simplicité vous nourrissent. La mobilité est primordiale pour vous, un peu aventurier vous savez vous remettre en question, vous ouvrir, dépasser vos frontières. Vous êtes en fait sur un chemin d'expérience et d'évolution plutôt rapide. Vous pouvez également vous référer à l'article **CABANON**.

CHALET : Pour vivre, vous avez besoin de la nature, d'espace, de tranquillité. Vous aimez ce qui est vrai, pur, les rapports sincères et familiers. Quand on vous rend visite, vous êtes plutôt accueillant, sympathique, ouvert et souriant. Vous avez également besoin d'intimité pour vous ressourcer, vous équilibrer, suivre vos passions et aussi vous instruire grâce à la lecture. Vous êtes quelqu'un de terrain, pratique, efficace et plutôt costaud, solide, bien en lien avec vos côtés masculin et féminin.

CHÂTEAU : Vous êtes intelligent, diplomate, érudit, cultivé dans de nombreux domaines. Vous savez à la fois prendre votre temps et décider rapidement et efficacement grâce à votre expérience, votre niveau intellectuel, vos relations et les conseils professionnels auxquels vous faites appel. La surface de votre château représente votre niveau de grandeur, son style c'est votre façon d'être : possède-t-il des fortifications, des protections, est-il solide, lourd, ou plutôt fin, esthétique, harmonieux?

COMMUNAUTÉ : Vous vivez en communauté, vos convictions quelles qu'elles soient sont très prononcées, vous savez vous respecter et aller au bout de ce qui est possible. Vous avez la foi, vous êtes engagé, gentil, serviable, reconnaissant, sincère, recherchez le naturel, l'amitié, l'échange, le partage. Vous êtes capable de vous adapter, de vous remettre en question, vous êtes en constante évolution, bien en lien avec vos côtés masculin et féminin. Vous travaillez la notion de territoire, de positionnement, de personnalité, de caractère. Vous pouvez également lire au chapitre **LECTURES** l'article **SPIRITUALITÉ**.

CONSTRUCTION (en) : Si vous vivez dans une habitation qui est en cours de construction, cela signifie que vous êtes vous-même en cours d'évolution, que vous avez effectué un changement important récemment, qu'il est en train de se produire ou qu'il surviendra prochainement. Dès que les travaux seront terminés, vous pourrez consulter l'article **NEUF**.

CRÉDIT (à) : Vous n'avez pas encore pris votre essor, vous dépendez d'une aide, symboliquement celle d'un supérieur, d'un « père extérieur ». Chaque mois, année qui passent, vous évoluez sur ce point, vous augmentez votre masculin, votre force, votre détermination, votre prise de décision. Vous tranchez, choisissez, réfléchissez, « maturez » davantage, etc. Lorsque votre crédit sera remboursé, vous serez en pleine possession de toutes vos propriétés intérieures.

HÔTEL : Si vous habitez à l'hôtel à l'année (sauf si vous êtes dans une situation précaire), c'est que vous aimez le confort, le luxe, vous reposer, avoir tout à disposition et être servi. Vous savez vous détendre, vous respecter, vous faciliter la vie, n'avoir rien à faire ou, à l'inverse, êtes très occupé. Vous avez besoin d'une certaine intimité, mais appréciez la convivialité. Vous êtes assez pratique, mobile, rapide d'esprit, doté d'un certain niveau intellectuel et déjà bien établi dans la société. Vous avez une certaine zone de confort et de sécurité, vos habitudes rythment votre vie et, en même temps, vous savez en sortir, vous adapter quand c'est nécessaire.

LOCATAIRE : Si vous habitez en location, c'est que vous n'avez pas encore atteint professionnellement votre maximum, et pouvez encore évoluer. En fait, vous n'êtes pas encore à votre place définitive, vous vous cherchez, vous êtes en construction. Vous êtes dans une situation provisoire, d'évolution sur un ou différents plans : familial, professionnel... Vous ne pouvez complètement déterminer vos choix, vous savez vous adapter et profiter du moment. Il vous manque une certaine assise financière. Si vous vivez dans un appartement, la proximité ne vous dérange pas trop, voire vous la recherchez. Selon votre habitat, vous pouvez également lire les articles **APPARTEMENT**, **MAISON**, etc.

LOCAUX DE TRAVAIL/HABITATION : Cela concerne les gendarmeries, casernes de pompiers, logements de fonction, etc. Vous vivez en communauté, vos convictions quelles qu'elles soient sont assez prononcées, vous savez vous respecter et aller jusqu'au bout des choses. Vous êtes volontairement engagé, serviable, sincère, franc. Vous êtes capable de vous adapter, de vous remettre en question, vous êtes en constante évolution et investi dans votre travail. Vous travaillez la notion de territoire, de positionnement, de personnalité, de caractère, etc.

MAISON : Vous avez une certaine stabilité, solidité, vous savez vous respecter, vous sécuriser. Le reste dépend des éléments suivants. Si c'est une maison de ville, vous êtes plutôt mental, rationnel et un peu plus dans vos peurs, dans le besoin de sécurité. Si elle est à la campagne, vous êtes plus naturel, plus en équilibre masculin/féminin. Si elle est isolée, vous êtes solitaire, un peu sauvage, plus indépendant ou dans une recherche intérieure. Si c'est un loft, vous êtes plus ouvert et moins cloisonné. Si c'est une maison mitoyenne, vous êtes partagé en deux, regardez alors vos voisins, ils représentent symboliquement et réellement la partie que vous avez à intégrer, et avant tout à comprendre, pour être entier. Plus la maison est haute et plus vous êtes élevé ; si elle est surélevée, il vous manque des bases, vous n'êtes pas assez concret ; si elle est un peu encastrée, cachée, cela vous représente aussi, si elle est ouverte également, etc.

La surface de votre maison correspond à la place que vous savez prendre, à la reconnaissance et à la valeur que vous vous offrez. La taille de votre intérieur correspond symboliquement à votre corps et la surface du terrain représente votre énergie et votre rayonnement. S'il est clôturé, vous avez des peurs qui vous limitent ; si c'est par un mur épais, vous avez besoin de vous protéger davantage afin de vous sentir en sécurité. Si vous n'avez pas de terrain, il vous manque de l'espace du « masculin intérieur ». Si votre terrain est entouré d'une clôture ajourée, d'un grillage, vous n'êtes pas complètement fermé à l'extérieur, vous acceptez de vous ouvrir à vous-même et donc aussi aux autres. Si votre terrain est ouvert, vous êtes plutôt centré, vous vous sentez en sécurité, en confiance, dans l'ouverture, l'adaptabilité, l'échange profond, sans frontières. En vivant dans un endroit qui n'est pas sûr, vous mettez votre force à l'épreuve.

MOBILE HOME : Peut-être n'avez-vous pas trop de moyens financiers, en tout cas vous appréciez le naturel, l'espace, la simplicité et la franchise. Vous n'avez pas encore contacté votre richesse intérieure et votre plein pouvoir, car vous êtes resté coincé dans des émotions négatives qui sont en lien avec certains événements. Vous êtes débrouillard, cool, un peu hors normes, voire un peu critique et rebelle.

NEUF : Si vous vivez dans une habitation neuve, c'est que vous aimez la nouveauté, et êtes à une étape nouvelle de votre vie qui vous correspond. Vous venez de changer de plan de conscience, de situation, vous avez augmenté vos capacités, votre pouvoir et vos connaissances. Vous avez donc dépassé certaines peurs. Regardez ce que vous avez acquis et vous verrez symboliquement ce qui vous a fait grandir. Vous êtes une personne qui apprécie que tout soit correct, en ordre. Vous n'avez pas envie de bricoler ou n'aimez pas cela, ou encore ne savez pas travailler de vos mains. Vous ne voulez pas perdre de temps. Vous êtes assez précis, raffiné, voire sélect ou sensible, émotif et délicat.

PLUSIEURS HABITATIONS : Vous avez différentes personnalités, façons d'agir et d'être. Par exemple, une partie est consacrée au travail, une autre à la famille, une autre encore aux vacances, et pour l'instant ces parties sont séparées. Peut-être avez-vous eu ce modèle parental ou vécu des souffrances qui vous ont amené à être trop féminin, gentil, et vous ne parvenez pas à vous positionner complètement, à dire tout ce que vous pensez et ressentez. Vous ne pouvez vous déterminer, réunir les différentes parties de vous. Si vos maisons sont dispersées dans différents pays, cela peut montrer le niveau de votre « écartèlement ». Allez au chapitre **VOYAGES ET VACANCES** et voyez à quelle partie de vous correspond symboliquement le pays en question, cela vous aidera à mieux vous comprendre. Ce sont peut-être des parties de vous que vous n'avez pas encore développées et que vous cherchez.

Observez le temps que vous passez dans chacun de vos domiciles (et du temps que vous y consacrez) et vous prendrez conscience de ce qui se joue en vous.

PROPRIÉTAIRE : Vous êtes propriétaire de votre habitation, stable sur le plan matériel, vous disposez d'une certaine aisance financière. Vous recherchez une sécurité stable et pérenne. Vous savez faire de réels choix et vous engager dans le temps. Déterminé, vous avez déjà établi une famille et/ou avez un poste professionnel d'un certain niveau qui vous convient, même si vous projetez une évolution. Vous avez acquis une certaine indépendance et une liberté. Posséder un bien exclusif vous est essentiel. Il est possible que vous sachiez bricoler. Retrouvez d'autres indications, suivant que vous viviez dans une **MAISON**, un **APPARTEMENT**, etc.

RÉNOVER (à) : Si vous vivez dans une habitation qui demande à être rénovée, attention vous commencez à vous « dégrader », à ne pas prendre soin de vous, vous ne vous respectez pas dans certains domaines. Vous avez à vous remuer, la vie vous le montre, vous n'avez plus le choix, sinon vous risquez de « descendre », de sombrer. L'état de dégradation du bâtiment correspond à votre niveau de remise en question. La nature des travaux à réaliser vous indique ce que vous avez à changer en vous : un trou dans le toit montre que quelque chose vous tombe dessus, quelque part vous ne vous respectez pas, le ravalement est à faire parce que vous ne prenez pas assez soin de vous... Si c'est une restauration extérieure que vous devez faire, offrez-vous donc des vêtements neufs, allez chez le coiffeur, maquillez-vous, etc.

SANS DOMICILE FIXE : Vous avez des idées très arrêtées sur certaines choses, vous êtes un peu hors normes, atypique, rebelle, anticonformiste. Vous savez vous contenter de peu, de l'essentiel et pouvez profiter des autres. Vous avez eu des coups durs dans votre vie et il vous a fallu vous débrouiller souvent seul. Vous êtes assez dur avec vous-même et hypersensible, mais refoulez souvent vos émotions. Vous n'avez pas connu l'amour auprès de vos parents, vous avez eu de gros manques, des souffrances importantes, c'est notamment pour cela que votre identité a du mal à se « fixer ». Vous n'avez pas accès à vos valeurs et vous ne les reconnaissez pas. Une certaine haine et de la violence vous habitent, ce sont peut-être elles qui vous font rencontrer des problèmes de même nature.

SQUAT : Voir l'article **SANS DOMICILE FIXE**.

TENTE : Vous êtes dans une situation précaire, vous pensez n'avoir pas eu de chance, vous portez beaucoup de souffrances et de problèmes, vous vivez un conflit intérieur. Il se peut que ce soit pour cette raison que vous êtes dans cette situation, car vous expérimentez chaque jour le fruit de votre énergie intérieure. C'est sans doute la conséquence d'un manque d'amour dans votre enfance et d'une absence de bases solides. Cela vous amène maintenant à vous construire durement et souvent seul.

VIAGER : Vous avez un lien (plus ou moins fort) avec vos parents, ou avec la personne avec qui vous avez signé le viager, car elle représente quelque chose d'important pour vous. Cette dépendance vous limite dans vos prises de responsabilités. Lorsque vous deviendrez propriétaire, vous aurez alors accepté et intégré toutes vos valeurs, vos capacités, votre « propriété intérieure ».

VILLE : Si vous habitez en ville, c'est que vous aimez réfléchir, analyser, raisonner, calculer. Vous faites ce qu'il faut pour vivre et exister. Vous avez tendance à suivre les conseils qu'on vous a donnés, c'est plus sécurisant et facile. Vous aimez ce qui est pratique, efficace, rapide, à portée de main. Vous avez peut-être besoin d'une certaine sécurité, d'être rassuré et le fait de vous retrouver regroupé vous procure, plus ou moins consciemment, une aide et une protection. Évoluer professionnellement, mener votre carrière et gagner de l'argent sont pour vous des priorités.

PIÈCES DE LA MAISON

Il n'y a pas de hasard ! L'intérieur de votre maison vous ressemble, il est le miroir de votre propre construction. Est-il à votre image ? Très compartimenté ou plutôt ouvert, est-il ancien, à rénover, neuf, vaste ou étriqué, vous correspond-il ou plutôt à votre conjoint, est-il encombré ou libre, propre ou négligé, ordonné et organisé ? Quel est votre niveau de rangement, et donc de respect et d'arrangement avec vous-même ?

Chaque pièce correspond à différentes parties de vous et c'est ce qui est décodé en détail dans ce chapitre. Nous approfondirons cette interprétation en prenant aussi en compte votre mobilier. Comment est celui-ci ? Quel style de meubles avez-vous choisi ? Sont-ils imposants ou discrets, anciens, modernes, solides, fragiles… tout cela vous décrit tel que vous êtes. Même si vous avez reçu en legs des meubles anciens, eh bien, ce n'est pas un hasard ! On vous les a proposés à vous, pourquoi ? Vous n'étiez pas obligé de les accepter ; vous êtes sûrement en lien avec votre passé, avec la personnalité d'un aïeul…

Schéma symbolique maison/corps

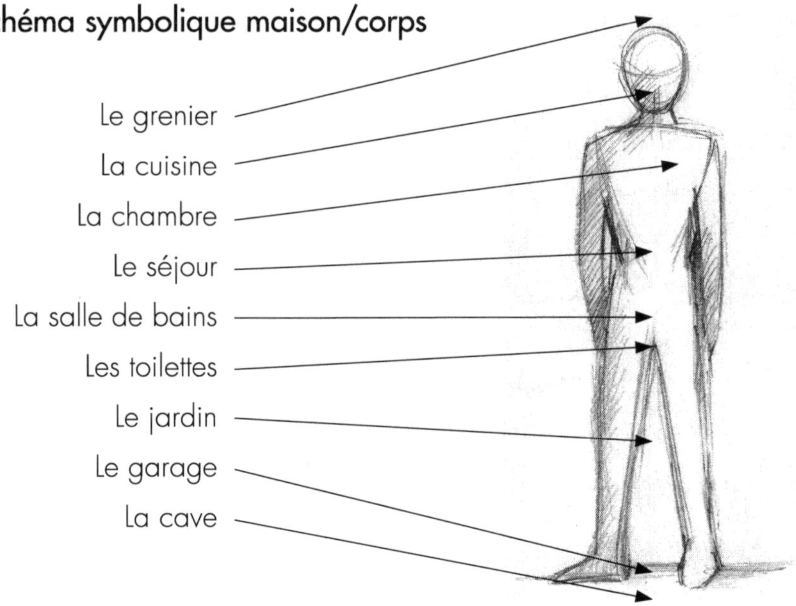

Les couleurs de votre intérieur ont aussi leur importance, allez lire leurs significations au chapitre **COULEURS**. Vous pouvez également mieux vous comprendre en vous reportant au chapitre **TYPES D'HABITATION** ainsi qu'aux chapitres **FILMS ET PROGRAMMES TÉLÉVISÉS** et **LECTURES** que l'on peut trouver chez vous.

Pour aller plus loin

Apprenez à décoder les messages que recèle votre lieu d'habitation, cela vous permettra de mieux vous comprendre en repérant ce que vous pouvez améliorer. Faites des liens entre votre habitation et vous.

Pourquoi aimez-vous davantage telle pièce ? Qu'avez-vous à changer et dans quel espace ? Quelles répercussions cela aura-t-il sur vous ?

Utilisez au mieux, dans votre quotidien, toutes ces informations.

CAVE : La cave représente votre passé plus ou moins inconscient, généralement « enterré ». Vous y stocker des choses dont vous ne vous servez pas souvent, mais dont vous n'osez pas vous débarrasser. Aussi voyez tout ce que vous ne voulez pas lâcher. Même s'ils sont très peu utiles, les objets que vous gardez peuvent vous alourdir, vous peser, faites-en la liste. Ces parties de vous que vous « sortez » de temps en temps, ces anciens fonctionnements sont-ils encore utiles? La cave est aussi un endroit où vous pouvez entreposer des bouteilles. La boisson vous soulage-t-elle, vous aide-t-elle à oublier vos tracas, vous met-elle de meilleure humeur, vous permet-elle de voir la vie autrement, de revivre… ? Pour plus de détails, vous pouvez vous reporter au chapitre **BOISSONS**.

CHAMBRE : Cette pièce représente votre niveau d'intimité, votre couple, votre sensualité, votre sexualité, c'est l'espace le plus profond en vous, pour vous détendre, vous reposer, vous ressourcer. C'est aussi le lieu pour vous replier sur vous-même, pour pleurer, c'est la douceur de soi, l'intérieur de soi, c'est soi avec soi. Vous y passez la moitié de votre vie, sur d'autres plans de conscience. Quelle surface fait-elle, quelle forme a-t-elle, quel mobilier contient-elle, quelle est sa couleur, quels sont les objets rangés ou dérangés, combien de temps y passez-vous… ? Autant de questions qui vont en fait décrire des traits de votre personnalité. Tout cela constitue des signes pour mieux vous comprendre.

CUISINE : Cette pièce représente un espace de partage, où l'on offre, où l'on donne de soi. C'est l'amour que vous partagez avec vous-même, votre famille, les invités…, alors qu'en est-il? C'est un lieu de plaisir, d'ouverture, de développement de l'odorat, du goût, du toucher…, constatez où vous en êtes à ce niveau. Elle indique votre degré de convivialité, de réception, de service, là où vous « alchimisez » votre vie, celle des autres, où vous augmentez votre niveau de féminitude nourricière, tout en agissant avec votre masculin. Quelle surface fait-elle, quelle forme a-t-elle, quel équipement y trouve-t-on, quelle est sa couleur, comment est la vaisselle, quels sont les matériaux avec lesquels elle a été construite, quels aliments sont présents en général… ? Faites le point, car tout cela donne autant de renseignements pour mieux vous comprendre.

GARAGE : Il représente tout ce que vous « garez », gardez, mettez de côté, comme votre faculté à bouger. Il est aussi un passage et un lien avec le monde extérieur (via votre voiture, votre vélo, votre moto…). Tous les jours, vous pouvez vous en servir pour aller chercher de nouvelles informations et vivre d'autres expériences. Comment est-il rangé, aménagé ? Est-il encombré, organisé, pratique, esthétique ? Est-il équipé d'un atelier de bricolage, avec peu ou beaucoup d'outils ? Êtes-vous quelqu'un de débrouillard, « multifonction », un amateur, un professionnel dans ce domaine ou au contraire, désirez-vous ne pas vous salir et restez dépendant d'autres personnes ? Avez-vous une voiture ou plusieurs, un vélo, une moto, une planche à voile, une trottinette... ? Quelle est votre faculté à sortir, à vous mettre en mouvement, à vous adapter ? Faites donc le point sur votre niveau d'adaptabilité, d'ouverture d'esprit avec vous-même et le monde extérieur.

GRENIER : Dans votre grenier, il y a symboliquement et réellement tous les secrets de votre famille, tout le passé, l'héritage plus ou moins conscientisé, cachés au-dessus de votre tête. Il s'y cache également des traces de mémoire de votre enfance, tous ces souvenirs sont là ! Le passé côtoie le présent, juste là. Alors, faites le point sur ce qu'il y a dans votre grenier pour savoir où vous en êtes. Le grenier symbolise aussi l'espoir, le côté magique, le monde de l'imaginaire ou plutôt de la création de votre futur. C'est également une conscience élargie, le haut, la spiritualité, l'esprit, un autre monde...

JARDIN : Il représente votre rayonnement, votre énergie, votre potentiel naturel, votre espace vital, il est le miroir de votre propre équilibre. Le terrain est l'espace que vous occupez, il indique votre grandeur. Pour faire le parallèle avec votre personnalité, voyez s'il est entretenu, organisé ou à défricher, si des arbres y poussent (si c'est le cas, reportez-vous au chapitre **ARBRES** pour découvrir la signification des différentes variétés)... Est-il composé de terre ou d'herbe verte bien grasse ? Le terrain est-il plat, équilibré ou avec des trous et des bosses ? Est-il desservi par une ou plusieurs voies ? Est-il éclairé ou sombre ? Est-il harmonieux, c'est-à-dire que les cinq éléments (terre, air, feu (éclairage, électricité), eau (piscine, mare, fontaine) et le dernier, le plus important : l'amour), y sont présents.

PISCINE : C'est en fait comme une pièce extérieure qui vous relie encore à une partie de vous-même. Elle est considérée comme une ouverture, un moyen pour passer à autre chose et sortir d'une vie classique, de devoir, de logique. Si vous avez une piscine, c'est que vous avez atteint un niveau d'évolution intérieure qui fait que vous avez augmenté votre bien-être, votre niveau de détente, de relaxation, de repos, de lâcher-prise. Cela montre votre capacité à être fluide, à savoir vous adapter, à contacter votre côté féminin, c'est aussi votre niveau de calme émotionnel. La piscine représente votre capacité à vous amuser, à jouer, à être spontané, vivant et libre.

SALLE DE BAINS : Cette pièce correspond au niveau de soin que vous vous offrez. Y passez-vous du temps, y consacrez-vous de l'argent, combien valent votre corps, votre hygiène et votre bien-être ? Regardez tout cela. C'est un endroit de transition qui vous permet de changer d'état de conscience, de passer à autre chose, de vous écouter. Aussi, comment abordez-vous les changements ? Faites le point. La salle de bains révèle également votre relation à votre intimité, votre corps, la peau, le toucher… Comment prenez-vous soin de vous en général ?

SÉJOUR : Votre séjour représente la pièce centrale de votre habitation, c'est donc votre « moi », l'expression de votre niveau de convivialité, d'accueil, d'ouverture aux autres, au monde, de votre capacité à recevoir et à donner. C'est aussi votre degré de partage, de relation avec vous, votre famille et les autres. Ce lieu vous permet de décompresser après votre travail et le soir, vous pouvez vous y détendre, vous changer les idées, vous instruire et jouer. Est-il vaste, haut sous plafond, ouvert sur l'extérieur, avec de grandes baies ? Dans ce cas, vous avez une réelle ouverture avec le monde extérieur sauf si vos rideaux ou volets sont très souvent fermés. Quelle forme a-t-il ? Comment est le mobilier, encombrant, solide ou fragile, ancien, contemporain ou moderne ? En quoi vous reflète-t-il ? Le sol est-il plat et d'un seul niveau ou y a-t-il des marches ? De quelle couleur est votre pièce (allez voir le chapitre **COULEURS**) ? Y a-t-il une bibliothèque, êtes-vous un intellectuel, quels livres sont présents (allez voir le chapitre **LECTURES**) ? Y a-t-il des vidéos et des films (allez voir le chapitre **FILMS ET PROGRAMMES TÉLÉVISÉS**) ? Est-il propre ou négligé ? Cela traduit votre degré de respect envers vous et envers les autres… Vous amusez-vous dans cette pièce (allez voir à quels **COMPORTEMENTS** vous vous rattachez) ?

TERRAIN : Voir l'article **JARDIN**.

TOILETTES : Elles représentent symboliquement et réellement le lieu où vous vous déchargez, où vous déposez quelque chose, où vous vous videz, allégez, équilibrez, où vous évacuez ce qui a servi et où vous lâchez l'inutile. Alors comment cela se passe-t-il, avez-vous tendance à garder, à retenir quelque chose ? Êtes-vous obstrué et « cela » part-il d'un seul coup ou est-ce que cela est bien organisé, toujours à la même heure ? Prenez-vous votre temps pour vous décharger ou y allez-vous toujours rapidement ? Le lieu est-il entretenu, propre, désordonné, grand, petit... Faites le parallèle avec vous.

Lectures

Ce que vous choisissez de lire est le miroir, dans le moment présent, d'une partie de vous que vous cherchez à mettre en valeur ou à faire évoluer. Là non plus il n'y a pas de hasard, ni un choix purement rationnel. Regardez à quels héros vous vous attachez en sachant qu'ils vous montrent une facette de vous que vous n'avez pas encore développée ou que vous souhaitez faire grandir. Vous vous projetez dans un personnage pour vivre à travers lui, pour développer ses qualités afin de sortir de votre vie ordinaire.

Vous trouverez classées, toutes les catégories de livres qui existent : documentaire, littérature, religion, roman, santé, droit, science-fiction… Recherchez celle(s) que vous lisez en ce moment, et/ou habituellement, et découvrez davantage d'éléments sur vous !

Pour chaque description, soit vous êtes en partie ou en totalité cela, soit vous cherchez à l'être.

Pour aller plus loin

Apprenez à décoder les messages de vos lectures. Que vous apprennent-elles sur vous ? À quoi aspirez-vous réellement ? Quels aspects et qualités désirez-vous développer ? Quel écho font-elles en vous ?

Utilisez au mieux, dans votre quotidien, toutes ces informations.

ACTION : Si vous lisez un livre d'action, vous avez sûrement besoin de fantaisie, d'extraordinaire, de surnaturel, d'être surpris, de créer, d'innover, d'imaginer toujours plus, peut-être pour changer un peu de votre vie quotidienne ordinaire. Vous recherchez l'aventure, l'ouverture, l'action, la force, la confrontation. Les nouvelles technologies vous attirent. Vous aimez vous laisser surprendre, être spontané, vous amuser et les loisirs sont importants pour vous. Vous recherchez votre futur, la nouveauté, à mieux comprendre vos paradoxes : votre beauté et vos peurs, votre ombre et votre lumière.

ACTUALITÉ : Si vous lisez un livre sur l'actualité, cela montre que la vérité, l'authenticité, la conscience, la révélation sont pour vous quelque chose de primordial. Vous voulez intervenir, parler, dire quelque chose à quelqu'un peut-être… L'information, la dénonciation, la franchise, la justice vous sont nécessaires. Vous n'aimez pas tout ce qui vous est caché, non-dit et tabou. Peut-être avez-vous intégré et vécu une souffrance similaire? Vous souhaitez en ce moment, ou souvent, surmonter vos limites et dépasser des peurs. Vous possédez sans doute un esprit de déduction, vous aimez rechercher, analyser, comprendre, vous êtes sûrement spécialisé dans un ou plusieurs domaines. Voyez dans ce chapitre l'article **GUERRE** pour en savoir plus.

ALIMENTATION : Voir les articles **BIEN-ÊTRE** et **SANTÉ**.

ANTHROPOLOGIE : Voir l'article **SCIENCES HUMAINES**.

ARCHITECTURE : Voir l'article **DOCUMENTAIRE**.

ASTROLOGIE : Voir l'article **ÉSOTÉRISME**.

ASTRONOMIE : Voir les articles **SCIENCES TECHNIQUES** et **SANTÉ**.

ATLAS : Voir les articles **DICTIONNAIRE** et **VOYAGE**.

AUDIO (livre) : Vous avez choisi d'écouter le contenu d'un livre dans votre voiture, en vous déplaçant avec votre baladeur, chez vous, ou ailleurs. Vous êtes quelqu'un de pratique, d'efficace, de perspicace, d'adaptable, qui ne souhaite pas perdre son temps et cherche à bien l'utiliser. Vous savez vous respecter, prendre soin de vous, vous faire plaisir, avancer, évoluer. Vous managez bien votre emploi du temps. Peut-être faites-vous cela parce qu'il vous manque du temps, ou parce que vous ne faites pas ce qui vous convient? Voyez dans ce chapitre la (ou les) catégorie(s) de livres que vous écoutez, afin de savoir à quoi vos choix correspondent.

BANDE DESSINÉE : Vous êtes resté jeune d'esprit. Vous aimez ou recherchez à vous faire du bien, vous détendre, passer un bon moment, vous amuser, rire, voire rêver et laisser courir votre imagination. Vous aimez la créativité, le surprenant, ce qui est léger, simple et mignon. Vous avez besoin de vous soulager, de retrouver votre âme d'enfant, votre spontanéité, votre neutralité, votre positif, votre naturel.

BIEN-ÊTRE : Vous vous intéressez au bien-être pour aller encore mieux, pour augmenter votre équilibre, votre joie, votre paix intérieure ou/et pour moins souffrir, être moins stressé, moins agité, moins réfléchir. Vous voulez trouver des solutions, être moins négatif, moins timide, avoir plus confiance en vous, mieux supporter un choc psychologique, un décès, une séparation, un déménagement, un accident, une phobie… Si vous vous êtes spécialisé dans un domaine, analysez-le car ce n'est pas un hasard. Vous avez peut-être besoin de changer de direction, de partenaire, de travail, d'habitation. Vos choix révèlent votre besoin d'évoluer, de dépasser une « crise ». Tout cela pour vivre l'expérience de plus en plus consciemment et pour réaliser votre mission.

BRICOLAGE : Vous aimez à la fois la réflexion et le concret, vous appréciez le côté technique et pratique. Vous cherchez à apprendre, à découvrir, vous aimez comprendre, décortiquer et analyser. Chaque fois que vous réalisez un nouvel objet, vous vous structurez un peu plus, vous vous construisez. Lorsque vous rénovez une pièce, c'est en fait une réparation symbolique d'une partie de vous-même que vous accomplissez.

BUREAUTIQUE : Voir les articles **INFORMATIQUE**, **INTERNET** et **ENTREPRISE**.

COMMUNICATION : Vous travaillez ou vous vous intéressez à la communication car vous êtes à l'aise dans ce domaine et souhaitez aller encore plus loin. Ou à l'inverse vous êtes introverti, timide, plutôt en retrait, dans l'écoute et pour vous, dépasser cette barrière, même si ce n'est pas facile, est primordial, réparateur, constructif, équilibrant. Vous recherchez votre « voie », votre mode de réalisation. Il est fort possible que, dans votre enfance, vous ayez souffert d'un manque de communication avec un parent, ou que vous n'ayez pas eu le droit de parler, ou peut-être existe-t-il une partie de vous avec laquelle vous n'arrivez pas à communiquer.

CUISINE : Vous aimez partager, offrir, donner de vous, recevoir, servir, être dans la convivialité. Vous avez un côté féminin prononcé, de la sensualité, du goût, de l'odorat, du toucher, vous aimez développer vos sens, les faire évoluer. Vous savez agir, vous organiser afin de bien préparer ce que vous faites avec rigueur et créativité.

DICTIONNAIRE : Vous aimez vous informer, vous instruire, apprendre, comprendre, analyser, chercher, découvrir, connaître de nouvelles choses, tout cela fait partie de votre nature. Vous êtes érudit, curieux, aimez la vérité, ce qui est juste, précis et appréciez l'organisation. Vous recherchez peut-être continuellement à vous ouvrir, pour mieux maîtriser les choses. Vous souhaitez vous dépasser, sortir de vos limites, élargir vos frontières, vous êtes capable de vous remettre en question, d'évoluer. Petit à petit, vous prenez le chemin pour aller vers plus de connaissance.

DIÉTÉTIQUE : Voir les articles **BIEN-ÊTRE** et **SANTÉ**.

DOCUMENTAIRE : Vous aimez vous informer, vous instruire, apprendre, comprendre, analyser, découvrir, connaître de nouvelles choses et recherchez ce qui est riche en enseignements. Si vous lisez toujours la même catégorie d'ouvrages, vous êtes alors spécialisé. (Dans ce cas, votre choix n'est pas un hasard, allez voir le chapitre **MÉTIERS** et recherchez votre spécialisation afin de mieux vous comprendre.) Si vous êtes attiré par des domaines différents, vous recherchez davantage d'ouverture. Plutôt cartésien, vous êtes cultivé, érudit, curieux, instruit, aimez la vérité, le réel, les révélations et vous agissez avec organisation et précision. Vous recherchez peut-être continuellement à vous ouvrir, vous dépasser, pour aller plus ou moins consciemment vers la connaissance.

DROIT : Vous recherchez la droiture, l'égalité, la vérité, la justice, la précision, l'honnêteté, mais aussi la vérité, l'authenticité, la franchise, la conscience. Vous avez besoin de vous défendre, de vous faire respecter, vous recherchez intérieurement une réparation. Vous avez sûrement une blessure d'injustice au fond de vous, vous n'avez pas été considéré, écouté, défendu ou vous avez été jugé et maltraité dans votre enfance. Dans le moment présent, vous avez besoin, plus ou moins consciemment, de vous soulager, de trouver des solutions, des portes de sortie en mettant la loi de votre côté. Cela vous fait relativiser les faits, et donc vous évoluez. C'est peut-être pour cela que vous aimez rechercher, analyser et comprendre.

ENCYCLOPÉDIE : Voir l'article **DICTIONNAIRE**.

ENTREPRISE : Vous souhaitez avancer, changer, évoluer, conquérir, entreprendre, manager, contrôler, calculer, devenir plus responsable et maîtriser les choses. Vous aimez vous informer, vous instruire, apprendre, comprendre, analyser, chercher, découvrir. Connaître de nouvelles choses est dans votre nature et vous recherchez ce qui est riche en enseignements. Si vous lisez les mêmes genres d'ouvrages, vous êtes alors spécialisé. (Dans ce cas votre choix n'est pas un hasard, allez voir dans le chapitre **MÉTIERS** et recherchez votre spécialisation pour mieux vous comprendre.) Si vous êtes attiré par des domaines différents, vous recherchez davantage d'ouverture. Plutôt cartésien, vous êtes cultivé, érudit, curieux, instruit, vous aimez la vérité, le réel, les révélations et êtes également organisé et précis. Vous recherchez peut-être continuellement à vous ouvrir, vous dépasser, pour aller plus ou moins consciemment vers la connaissance.

ÉROTISME : Vous avez envie de vous faire plaisir, de vivre des pulsions, des sensations fortes, de stimuler vos sens, ou de vous désinhiber. Vous aimez le surprenant, la découverte, le fantasme, le jeu, les fantaisies, le plaisir charnel. Vous apprenez à dépasser les tabous, les interdits, le conventionnel, l'éducation, le correct, vous êtes même un peu libertin. Vous avez besoin de toucher ou d'être touché, de sensualité, d'amour, de sexualité. Vous manquez peut-être d'affection, de relation sexuelle épanouissante.

ÉSOTÉRISME : Vous êtes en grand changement en ce moment, vous avez probablement vécu au cours de ces sept dernières années un choc psychologique, plus ou moins important, qui vous a affecté en profondeur et qui peut même remettre en question certains de vos fondements : une maladie, un accident, une perte d'emploi, un divorce, la mort d'un proche, etc. Il est également possible qu'une grande souffrance d'enfance vous ait obligé à développer des qualités non ordinaires et pas encore reconnues, à ce jour, scientifiquement. Curieux, ouvert, vous êtes dans le non-jugement et avez besoin de percer les mystères de la vie et de vos propres énigmes. Tout cela pour développer votre esprit, comprendre, apaiser les craintes de l'inexplicable, trouver des solutions à vos problèmes non encore résolus. Vous avez une ou plusieurs perceptions particulières et des sensibilités différentes des autres personnes. Vous avez des capacités extrasensorielles que vous reconnaissez ou cherchez à comprendre, voire à maîtriser.

ETHNOLOGIE : Voir l'article **SCIENCES HUMAINES**.

ÉTUDE : Vous aimez vous informer, vous instruire, apprendre, comprendre, analyser, chercher, découvrir, connaître de nouvelles choses. C'est dans votre nature, tout ce qui est riche en enseignements vous intéresse. Si vous étudiez toujours dans le même axe, vous êtes alors spécialisé. (Dans ce cas votre choix n'est pas un hasard, allez voir dans le chapitre **MÉTIERS** et recherchez votre spécialisation afin de mieux vous comprendre.) Si vous êtes attiré par des domaines différents, vous recherchez alors plus l'ouverture. Vous êtes plutôt cartésien, cultivé, érudit, curieux, instruit, organisé et précis, vous aimez la vérité, le réel, les révélations. Vous recherchez continuellement à vous ouvrir, vous dépasser pour aller, plus ou moins consciemment, vers la connaissance ou l'éveil.

FANTASTIQUE : Vous avez besoin de fantaisie, d'extraordinaire, de surnaturel pour changer de votre vie classique. Il vous faut être surpris, créer, innover, imaginer toujours plus. Vous recherchez l'aventure, l'ouverture, l'action, la force, la confrontation, êtes attiré par les nouvelles technologies. Vous aimez vous laisser surprendre et être spontané, vous amuser, les loisirs. Votre futur et la nouveauté vous intéressent. Vous cherchez à mieux vous comprendre à travers vos paradoxes : votre beauté et vos peurs, votre ombre et votre lumière.

FINANCES : Voir l'article **ENTREPRISE**.

GESTION : Voir l'article **ENTREPRISE**.

GUERRE : Vous avez envie de découvrir et de comprendre les faits, comme un documentaire, une information, une vérité, une réalité. Le passé vous passionne, vous aimez vous informer, vous instruire, apprendre, comprendre, analyser, chercher et découvrir des choses. Cela vous renvoie, plus ou moins, à des situations vécues et cela vous soulage, vous fait relativiser et mieux comprendre les événements, la vie. Si vous aimez les récits de combat, où il y a des morts, de la souffrance, de la dureté, c'est sûrement qu'il y a de la violence en vous. Plus ou moins consciemment, vous avez besoin de vous soulager, d'extérioriser cela. Vous cherchez à être en lien avec votre état intérieur ou, plus simplement, à développer plus de force et de résistance, pour apprendre à vous positionner, vous défendre, à augmenter votre côté masculin, peut-être pour faire face à une situation, voire vous dépasser.

HISTOIRE : Voir l'article **GUERRE**.

INFORMATIQUE : Vous êtes quelqu'un de rationnel, de cartésien, de logique, de binaire (c'est oui ou non), qui analyse, décortique, avance pas à pas. Vous aimez déduire, comprendre, évoluer, chercher, vous êtes assez mental. Jeune, vous étiez peut-être trop dans l'imaginaire, la créativité et, dans ce cas, l'informatique vous équilibre. Vous cachez souvent votre profondeur et vos émotions. Votre enfance a peut-être été compliquée, mais surtout vous avez été quelque part incompris et c'est ce que vous cherchez à soulager, à réparer, à dépasser, à solutionner, à rationaliser. Vous avez soif de toutes les connaissances, plutôt scientifiques dans un premier temps.

INTERNET : Vous êtes inventif, curieux, malin, rapide, efficace, passionné, chercheur, tolérant, intuitif, créatif. Vous avez pu ou voulez vous ouvrir, trouver, être précis, vous débrouiller, être autonome, avancer, grandir vite. Vous avez un certain équilibre masculin/féminin. Allez voir également l'article **INFORMATIQUE**.

JARDINAGE : Voir les articles **NATURE** et **CUISINE**.

JEUNESSE : Voir l'article **BANDE DESSINÉE**.

LANGUE ÉTRANGÈRE : Vous aimez vous informer, vous instruire, apprendre, comprendre, analyser, chercher, découvrir, connaître de nouvelles choses est dans votre nature. Vous êtes érudit, curieux, instruit, vous aimez la vérité, ce qui est juste, précis et appréciez l'organisation. Vous recherchez peut-être continuellement et patiemment à vous ouvrir, à mieux maîtriser, à vous dépasser, à sortir de vos limites, à agrandir vos frontières, vous êtes capable de vous remettre en question pour évoluer.

LOISIRS : Vous aimez ou avez besoin de vous évader, de rêver, de changement et d'aventure. Vous souhaitez vous ouvrir, vous remettre en question, découvrir d'autres parties de vous. Vous voulez sortir de votre monde habituel ordinaire, des problèmes, vous voulez vous changer les idées, vous amuser…

MANAGEMENT : Voir l'article **ENTREPRISE**.

MÉDECINE : Voir les articles **SCIENCES TECHNIQUES** et **SANTÉ**.

NATURE : Vous aimez ce qui est sain, naturel, équilibré, beau. Vous avez besoin d'ouverture, d'espace, de liberté et de bouger. Vous aimez apprendre, découvrir, vous êtes curieux, plutôt discret, simple et vous appréciez échanger, voire donner.

PARANORMAL : Voir l'article **ÉSOTÉRISME**.

PARASCOLAIRE : Voir l'article **ÉTUDE**.

PARAPSYCHOLOGIE : Voir les articles **ÉSOTÉRISME**, **BIEN-ÊTRE** et **SANTÉ**.

PSYCHANALYSE : Voir l'article **SCIENCES HUMAINES**.

PSYCHOLOGIE : Voir l'article **SCIENCES HUMAINES**.

PHILOSOPHIE : Voir l'article **SCIENCES HUMAINES**.

PHYSIQUE : Voir les articles **SCIENCES TECHNIQUES** et **SANTÉ**.

POÉSIE : Vous êtes en lien avec votre énergie « féminine », c'est-à-dire sentimentale. Sensible, créatif, vous ressentez bien les choses, les gens et aimez imaginer, rêver. Soit vous êtes très bien dans votre vie, d'humeur légère, heureux, amoureux et souhaitez entretenir ce langage, dire, raconter cela et le transmettre, soit vous êtes plus ou moins insatisfait de votre vie et souhaitez l'exorciser dans un certain humour, avec philosophie. Vous êtes quelqu'un d'intelligent et instruit et écrivez parfois des poèmes.

POLICIER : Vous aimez la justice, la loi, l'autorité, la morale (la frontière entre le bien et le mal) mais aussi être surpris. Vous vous intéressez également aux mystères, à l'intrigue, et pouvez être fasciné par l'omission, la traîtrise, le mal, les truands, l'immoralité, la violence qui peut être, plus ou moins consciemment, encore en vous. Vous êtes quelqu'un de perspicace, de malin, de débrouillard, d'intuitif, de réfléchi, d'intelligent. Vous aimez le suspens, analyser, chercher et faire des déductions. Vous avez peut-être besoin d'être rassuré en voyant que les méchants, les mauvais sont attrapés, enfermés et punis. Vous voulez peut-être sortir de votre vie ordinaire, classique, un peu trop étroite pour vous projeter dans la peau du héros.

PORNOGRAPHIE : Voir l'article **ÉROTISME**.

RÉGIME : Voir dans les articles **BIEN-ÊTRE** et **SANTÉ**.

RELIGION : Vous êtes en recherche d'un autre plan de conscience, d'un autre monde, d'une autre dimension, celle de l'esprit, de l'âme, du pardon, de l'amour, de la compassion et de la communion. Vous recherchez une place, autre que matérielle. Seriez-vous un peu déçu de la réalité existante ? Dans ce cas, vous recherchez un monde meilleur, une appartenance, une communauté différente, vous vous sentez un peu seul ou isolé. Vous avez besoin de croire en vous, en l'autre, en tout ce qui est, vous avez la foi ou c'est que, tout simplement, le sujet vous intéresse. Cela vous amène à être plus en lien avec les lois universelles qu'avec celles édictées par l'homme. Vous vouez, en partie ou complètement, votre vie à un dieu, une religion ou/et à vous-même. Votre quête peut vous amener à effectuer une retraite afin de mieux vous comprendre ainsi que tout ce qui vous entoure. Ce genre de lecture vous donne des réponses que personne ne peut vous fournir.

ROMANCE : Vous êtes en lien avec votre énergie « féminine » c'est-à-dire plutôt sentimentale, mélancolique, sensible. Émotif, vous ressentez bien les choses, les gens et vous aimez imaginer et rêver. Soit vous sentez bien et vous souhaitez entretenir cela, soit vous êtes insatisfait de votre vie en ce moment, et vous avez besoin de vous alléger. Ce choix de lecture vous permet de voir la vie autrement, de passer un bon moment, de vous évader, de vous changer les idées en vous projetant dans une autre réalité. Vous manquez certainement de romantisme, d'affection et d'amour.

SANTÉ : Vous vous intéressez à la santé, au corps, à la maladie, aux problèmes physiques, à l'alimentation, à la forme, aux soins, à l'équilibre… Pourquoi ? Peut-être êtes-vous en mauvaise santé et désirez-vous vous prendre en main, améliorer votre équilibre, chercher des solutions à tous vos problèmes physiques ? Si vous vous intéressez à cela, c'est qu'une partie de vous en a besoin, pour être mieux dans votre peau et vous équilibrer. Vous cherchez à vous réparer, plus ou moins profondément, pour continuer votre chemin d'expérience vers plus de paix et d'harmonie. Vous voulez peut-être vous déculpabiliser de quelque chose. Sachez que même si vous ne vous sentez pas concerné et que vous croyez lire ces ouvrages pour les autres, vous y avez un intérêt personnel. Prenez-en conscience !

SCIENCE-FICTION : Vous aimez surprendre et être surpris, le fantastique, l'imaginaire, l'irréel, le merveilleux, une forme de « réalité magique » et vous êtes en quête de révélation. Vous êtes aussi quelque peu méfiant, dans la transgression, vous aimez la difficulté, le dépassement, ce qui semble impossible. Vous appréciez ou recherchez les nouvelles technologies, tout ce qui touche à la science moderne, la physique quantique, l'omniscience, le progrès et tout ce qui est avancé, innovant, pionnier, inventif. Vous souhaitez vivre de l'aventure, du créatif, du grandiose, du stupéfiant, du futur. Vous avez sûrement en vous une certaine dualité, entre faire le bien ou le mal, penser négativement ou positivement… Vous désirez avoir une nouvelle vie avec de nouvelles règles du jeu, de nouveaux « re-pères » et « re-mères ».

SCIENCES HUMAINES : Vous vous intéressez à toute la connaissance, à l'Homme, et à toutes ses découvertes. Vous vous intéressez à différentes cultures, tout en ayant un sujet de prédilection. Vous êtes peut-être spécialisé dans un domaine très pointu. Peut-être avez-vous besoin de vous ouvrir, d'effectuer un travail intérieur, pour mieux vous comprendre, vous découvrir, changer votre vie, avoir plus de confiance, d'argent, de réussite, etc. ?

SCIENCES TECHNIQUES : Vous vous intéressez à certaines connaissances techniques pour comprendre le fonctionnement des choses, vous recherchez dans ce domaine tout ce que l'on a pu trouver. Si vous poussez aussi loin vos recherches c'est qu'il y a eu dans votre enfance, une ou des souffrances encore présentes en vous, mais inexpliquées. Cela dénote aussi un manque certain d'amour, d'humanité, de contact, de communication. Donc votre travail, pour l'instant, est de chercher à vous réparer par l'analyse, la réflexion au sujet de votre propre fonctionnement. Votre reconstruction se fait d'une manière technique, logique (cerveau gauche) car votre partie l'intuitive, le ressenti, l'amour restent encore à découvrir.

SCOLAIRE : Voir l'article **ÉTUDE**.

SEXUALITÉ : Voir l'article **ÉROTISME**.

SOCIOLOGIE : Voir l'article **SCIENCES HUMAINES**.

SPIRITUALITÉ : Voir l'article **RELIGION**.

SPORT : Vous avez besoin de vous défouler, vous dépasser, surmonter des obstacles, recontacter votre force, votre combativité et trouver de l'énergie. Toutes les prouesses que vous lisez vous encouragent, vous positivent, vous remotivent, vous donnent de l'élan, vous incitent à être à nouveau performant. Il est possible que ce soient aussi la technique, la préparation, la nouveauté qui vous plaisent. Tout vous enthousiasme, vous fait sentir vivant, peut-être cela vous permet-il d'oublier votre mal-être et vos problèmes physiques.

TOURISME : Vous aimez ou avez besoin d'évasion, de changement, d'aventure, bref de rêve. Vous souhaitez vous ouvrir, vous remettre en question, découvrir d'autres parties de vous. Vous voulez sortir de votre monde habituel, des problèmes, vous voulez vous changer les idées. Vous désirez vous instruire, comprendre d'autres modes de vie, de fonctionnement, d'autres traditions.

THRILLER : Vous avez besoin de vivre et/ou d'exorciser, de projeter vos peurs, cela vous rassure. Vous êtes attiré par l'horreur, la manipulation, l'effrayant, l'inacceptable, l'insoutenable, la violence, le machiavélisme, vous aimez vous faire peur. Peut-être un peu de tout cela est-il en vous, plus ou moins consciemment, qui a été refoulé, non compris, non surmonté, non dit, non dépassé. On vous a peut-être caché quelque chose, et maintenant vous avez besoin de le découvrir, la vérité est importante. Dans ces récits, s'il y a un malade, un désaxé, un psychopathe, demandez-vous ce qu'il y aurait à « alchimiser » en vous… ? Allez voir également l'article **POLICIER** et dans le chapitre **FILMS ET PROGRAMMES TÉLÉVISÉS**, l'article **SÉRIE NOIRE**.

VOYAGE : Voir l'article **TOURISME**.

Maladies

Et si les malaises, les maladies, les symptômes avaient un sens ?

Cette partie du livre propose une autre approche et un autre angle de vue qui peuvent vous permettre de découvrir la cause d'un problème de santé. Cette lecture vous apportera un nouvel éclairage et vous amènera à certaines réflexions et compréhensions au sujet de ce qui se passe en vous. Vous découvrirez ici l'impact que vous avez sur votre santé, et combien des situations mal vécues, mal gérées ou considérées comme insupportables, peuvent avoir des conséquences. Je vous propose de faire des liens entre votre état physique et votre psychisme. Lorsque vous avez un problème physique, est-ce le résultat d'une contradiction, d'un changement de poste, d'une déception amoureuse, d'un refus de voir ou d'entendre un fait, d'une démotivation, de la peur d'un changement, d'un doute, de votre attitude pessimiste, d'un raisonnement dépassé, d'une culpabilité, d'une émotion contenue, d'une non-reconnaissance, d'un jugement... ?

Le corps est le reflet de ce qui se passe à l'intérieur de soi. La présence d'une maladie nous montre que nous sommes décentrés, dans un certain déséquilibre, et donc en dysharmonie. Ce chapitre peut vous permettre d'identifier la véritable cause de votre dérèglement corporel, il vous amènera un complément d'information pour vous aider à mieux intégrer ce que vous vivez. L'état psychique et émotionnel joue un rôle important dans notre état de santé comme dans l'émergence d'une maladie. Découvrir les facettes cachées d'un malaise ou d'une maladie, revient à la comprendre dans son origine psychique, et donc entrevoir un changement possible. La maladie est certes une contrainte, souvent aussi un temps d'arrêt, elle peut être l'occasion de faire le point sur ce qui se passe à ce moment-là dans votre vie, pour réfléchir autrement.

Les symptômes corporels, les maladies sont souvent le fruit inconscient d'un problème intérieur. Comme nous le verrons plus précisément, ce dernier peut être de différents ordres, et c'est lui qui génère un dysfonctionnement, un déséquilibre correspondant au problème de fond que vous vivez. Les neurosciences et la psychologie moderne affirment que le corps et la psyché sont liés. À ce jour, plus de 75 % des maladies sont reconnues par la médecine traditionnelle comme psychosomatiques, donc ayant une cause émotionnelle ou mentale. Actuellement, de plus en plus de médecins tiennent compte du lien corps/esprit.

Sachez aussi que de nombreuses études montrent que ceux qui sont positifs et optimistes, qui croient en eux, en la vie, dans le fait de s'en sortir, ceux qui rient plus souvent que les autres..., sont moins malades, ou si cela leur arrive, ils ont deux fois plus de chance de se rétablir plus vite et de s'en sortir.

Lisez les propositions de changements que j'ai écrites au bas de chaque maladie. Elles peuvent vous aider à récupérer plus vite, et dans certains cas vous servir à titre préventif.

Il existe également des thérapeutes, des professionnels spécialisés dans le domaine de la santé qui accompagnent leurs patients pour conscientiser un dérèglement mental, émotionnel, changer une croyance, une rigidité, soulager une émotion, un gros problème, etc.

Le décodage proposé ici est un complément à la médecine traditionnelle et non conventionnelle. En aucun cas, il ne s'y substitue. Chacun doit suivre les prescriptions de son médecin.

Pour aller plus loin

En vous aidant des définitions proposées, apprenez à décoder les messages envoyés par votre corps. Pour mieux analyser les conditions déclenchant un malaise ou une maladie repérez :

- La ou les situations problématiques ou conflictuelles qui se sont passées juste avant de tomber malade.
- Votre attitude à ce moment-là, les sentiments ou émotions ressenties et non exprimées. Ressentez, trouvez votre problématique émotionnelle et/ou mentale, votre croyance négative sur vous-même ou sur les autres. Quel est le point de départ de votre dérèglement biologique, puis corporel ?

Qu'en déduisez-vous ? Qu'avez-vous à faire ou à dire pour mieux vous respecter, et donc retrouver plus facilement une bonne santé ?

Utilisez au mieux, dans votre quotidien, toutes ces informations.

ACNÉ : Voir l'article **PEAU**.

ALCOOLISME : Voir l'article **DÉPENDANCE**.

ALLERGIE : Votre corps montre qu'une personne ou une situation vous irrite, vous bloque et vous dérange vraiment. Cette frustration vous est intolérable, vous ne pouvez l'accepter. Vous avez laissé votre pouvoir à autrui et cela vous retourne intérieurement. Vous vous rendez coupable, vous êtes en réaction. C'est trop et cela doit ressortir de façon localisée ou sur l'ensemble du corps.

Conscientisez le problème, les faits et reprenez votre espace, votre pouvoir, vos valeurs. En même temps, acceptez de ne pouvoir changer l'autre. Lâchez prise, remettez-vous en lien avec le calme, la paix, reprenez confiance en vous, en la vie et osez dire les choses au fur et à mesure.

ALZHEIMER : Certaines composantes de votre existence ou son ensemble vous sont insupportables, vous ne trouvez absolument plus de solution, vous manquez d'oxygène. Vos émotions, vos colères restent maintenues à l'intérieur, vous n'envisagez pas de porte de sortie. Votre réalité vous apparaît catastrophique, vous n'accédez plus qu'au négatif en toute chose et vous tournez en rond. Donc, petit à petit, tout va se bloquer. Comme à l'extérieur, la vie semble s'arrêter pour vous, vous allez faire la même chose à l'intérieur, vous freinez la circulation de votre sang, d'abord dans votre tour de contrôle, la tête. La colère, l'impuissance sont assez fortes pour mettre en place un système d'autodestruction. Vous vous renfermez, vous oubliez, vous perdez le courage de vivre, vous vous coupez de la réalité.

Regardez bien en face ce qui vous semble intolérable et agissez dessus. Osez vous faire aider pour affronter cela. Pour vous stimuler, demandez à ce que l'on vous aide à bouger votre corps, respirer, jouer, rire... Faites du sport. Demandez des massages, des câlins, de l'amour. Si vous pouvez déménager, quittez complètement votre situation actuelle. Entourez-vous si possible d'animaux et d'enfants en bas âge.

AMPOULE : Voir l'article **PEAU**.

ANÉMIE : Voir l'article **SANG**.

ANGINE : Vous vous êtes retenu de dire quelque chose, ou on vous a dit des paroles qui vous ont touché, gêné et vous n'avez pas répondu : vous avez avalé cette contrariété de travers. Blessé, irrité même, vous continuez à garder ces paroles, à renfermer votre émotion, votre non-dit. Cette dysharmonie, cette non-expression de votre colère, la non-extériorisation coincée en vous, met le « feu » à votre gorge. Le passage de la voix ne se faisant pas, la gorge se resserre et s'enflamme.

Conscientisez le non-dit, puis respectez-vous et exprimez ce que vous avez sur le cœur au fur et à mesure.

ANGOISSE : Voir l'article **DÉPRESSION**.

ANXIÉTÉ : Voir l'article **DÉPRESSION**

APHONIE : Voir les articles **BOUCHE** et **ANGINE**.

APPENDICITE : Quelque chose vous a contrarié au plus profond de votre affectif, sûrement dans votre milieu proche, familial probablement. Il s'agit d'une situation qui provoque une tension très forte et insoutenable. Votre « sac » est plein, vous ne digérez plus, vous êtes tendu, vous stagnez dans votre négatif et votre angoisse. Vous n'écoutez plus votre profondeur, vos entrailles. Vous réfléchissez et restez bloqué à une intersection de votre vie. Complètement enfermé, vous ruminez, vous vous empoisonnez la vie. Si vous restez ainsi, cela va fermenter et vous imploserez, c'est l'appendicite ou la péritonite.

Détendez-vous et revoyez la situation en changeant complètement d'angle de vision et exprimez vos émotions. C'est vital pour vous. Puis prenez des décisions, bougez-vous, avancez dans une autre direction.

ARTHRITE : Voir les articles **RHUMATISME** et **ARTICULATION**.

ARTHROSE : Voir les articles **RHUMATISME** et **ARTICULATION**.

ARTICULATION : Vous avancez dans la vie en suivant deux axes opposés. Par exemple votre mental vous dit une chose et votre intuition, vos peurs, vos habitudes ou vos proches, l'inverse. Vous articulez mal votre vie, vous êtes désuni et agissez avec dysharmonie, difficulté, ce qui provoque de la résistance et de la rigidité. Il y a une tension en vous, vous vous pliez par contrainte, à remplir vos obligations, à aller là où vous devez vous rendre, ou inversement vous hésitez tellement que vous ne faites rien ! En fait, vous vous limitez. Vous êtes tordu intérieurement et ça bloque ; c'est l'entorse. Doigt, main, poignet, coude, épaule : vous ne faites pas ce qui est bon pour vous. Pied, genou, hanche : vous ne prenez pas la bonne direction. Se reporter dans ce chapitre à l'articulation concernée.

Remettez-vous en harmonie, recontactez vos valeurs, vos choix et effectuez les changements nécessaires, envisagez une réorientation afin de vous sentir bien dans votre peau, cela s'impose. Remettez-vous en ordre, faites le lien en prenant en compte ce qui vous convient vraiment.

ASPHYXIE : Voir les articles **RESPIRATION** et **POUMON**.

ASTHME : Voir les articles **RESPIRATION** et **POUMON**.

BLEU : Voir l'article **PEAU**.

BOUCHE : Vous retenez et ruminez quelque chose qui n'arrive pas à sortir. Vous empêchez la circulation de l'air, de la vie, du mouvement, du changement. Il y a un élément que vous cachez, que vous refusez et bloquez, vous bouchez la situation. Cela fait un certain temps que vous devez vous exprimer sur un point précis et parler d'un sujet délicat, mais rien ne sort. Si vos paroles ne sont ni saines ni justes, la bouche sera aussi atteinte. Ne pas être franc, sincère, ou tricher, vous empêche de bien communiquer. Vous avez ravalé ou dit quelque chose de travers, et si cela vous ronge, attention à ne pas vous mordre la langue.

Faites le choix de vous ouvrir à nouveau, de parler avec franchise et sagesse.

BRAS : Les bras traduisent ce que vous êtes à l'intérieur. Soit vous êtes ouvert, accueillant et allez de l'avant, soit vous vous retenez, hésitez, ce qui vous donne des difficultés à agir. Vous réfléchissez trop, vous vous sentez inutile, incapable, vous tentez de vous protéger, du coup vos bras se ferment, car vous en avez plein les bras. Vous n'arrivez plus à faire, à exprimer vos sentiments, votre amour. Vous écoutez davantage votre mental que votre cœur et donc vous agissez en désaccord avec vos valeurs.

Laissez aller, lâchez prise, ouvrez-vous, remuez-vous, osez avancer en exprimant ce que vous ressentez, reprenez votre puissance en main, trouvez un équilibre entre donner et recevoir.

BRONCHITE : Vous vous êtes laissé dépasser par les événements sur le plan familial ou professionnel et vous n'avez plus assez d'espace et d'air. Vous vous êtes laissé encombrer, étouffer par l'extérieur. Vous manquez de place ou de temps pour ce qui vous convient, et vous avez lâché vos bases, votre centre. Découragé, coincé, impuissant, vous subissez la situation qui est pour vous trop difficile à vivre. Si rien ne change, cet état générera intérieurement une réaction, une colère, du « feu », une inflammation, et c'est la bronchite. Vous vous irritez contre votre impuissance à changer les choses.

Changez au moins momentanément d'espace ou de milieu. Réenvisagez les choses, vous savez qu'il y a des solutions pour sortir de votre situation actuelle. Il convient de redéfinir un autre contexte et de vous ouvrir à d'autres personnes. Allez là où il y a pleinement ce qui vous convient et où vous pourrez respirer normalement, et même avec plaisir et joie. Faites ce que vous voulez un certain temps et soyez plus doux avec vous-même. Prenez soin de vous, recentrez-vous sur vos besoins. Voir également l'article ***RESPIRATION****.*

BRÛLURE : Vous vous relâchez et vous abandonnez trop, vous manquez de vigilance, de présence à votre bien-être. Ou peut-être voulez-vous trop en faire, ou en avez-vous fait beaucoup par le passé ? Qu'est-ce qui « chauffe », vous « brûle » de l'intérieur, qu'est-ce qui vous choque, vous culpabilise, vous frustre, vous punit ? Demandez-vous aussi ce qui élève votre énergie, votre équilibre, votre température.

Faites le point au calme et voyez les actions les plus judicieuses à entamer. Tournez-vous vers plus d'équilibre en tout. Ainsi, vous irez vers ce qui vous épanouit et vous apaise.

BRÛLURE D'ESTOMAC : Voir l'article **ESTOMAC**.

CALCUL : Voir l'article **REIN**.

CANCER : Certains événements qui se sont passés ou se déroulent actuellement dans votre vie, vous sont insupportables, invivables, et vous ne trouvez pas ou plus la force d'agir pour changer cette situation. Subissant, culpabilisant, devenant victime au fil du temps, cela vous empoisonne tellement la vie que cette dynamique rejaillit dans votre corps. Pour vous, il n'y a plus de solution, vous n'assumez plus un fait, une situation et cet état vous tourmente et vous ronge. Comme le reste n'a plus d'importance, inconsciemment vous abandonnez la vie et cela va se répercuter dans votre corps par un processus d'autodestruction. Le type de cancer sera en lien avec la nature du problème et des émotions refoulées. Exemple : le cancer du sein est souvent lié à une réelle difficulté avec votre féminité… Selon la partie du corps atteinte, lisez les définitions proposées ici ; vous aurez un éclairage supplémentaire pour prendre davantage conscience de ce qui se joue pour vous.

Décidez de changer, soit seul, soit en vous faisant aider. Effectuez un réel travail sur vous pour mettre à jour vos plus importants conflits. Cette lucidité va permettre d'agir concrètement, autrement et de renverser cette situation. Trouvez en vous la force et le courage de faire les choses !

CAUCHEMAR : Voir l'article **SOMMEIL**.

CERVEAU : C'est la tour de contrôle, le centre de réception et de commandement de toute votre vie, de la mémoire consciente et inconsciente. Un problème au cerveau ou à la tête (comme une migraine) se déclenche quand vous résistez à la vie, à des changements vitaux, si vous restez dans votre monde, vos habitudes. Dans ce cas, vous refusez d'exister complètement et cela vous trouble. Il y a un conflit au niveau de vos pensées et de votre attention. Vous vous oubliez, vous êtes trop en l'autre et donc en dehors de vous. Si votre cerveau est atteint violemment, vous pouvez disjoncter, car vous n'existez plus, vous ne réagissez pas : vous n'avez plus le contrôle. Un problème à l'hémisphère droit du cerveau concerne votre « côté féminin », la sensibilité, la créativité, et à l'hémisphère gauche, votre « côté masculin », cela concerne la structure et l'action.

Remettez-vous en lien avec votre essence, avec votre « je », votre être profond, réveillez-vous, reprenez la direction de votre vie et faites ce que vous voulez vraiment : osez prendre le risque d'assurer qui vous êtes.

CHAGRIN : Voir l'article **DÉPRESSION**.

CHEVEU (calvitie, pellicules, perte de cheveux) : Les cheveux sont en lien avec votre beauté, votre puissance, votre vitalité. Ils représentent votre niveau d'équilibre entre vos parties féminine et masculine. Plus vous êtes dans le matériel, l'autorité, plus les cheveux seront coupés courts et très nets, ils seront plutôt longs et flous si vous êtes davantage dans l'esprit, l'intuition. Ils représentent également votre dignité, votre profondeur, votre état intérieur. Les problèmes de cheveux sont souvent en lien avec un gros choc émotionnel. Si vous êtes impuissant face à une situation, qu'il n'y a plus d'espoir, vous perdez vos cheveux. En cas de laisser-aller, vous avez tendance à les arracher.

Reprenez votre liberté, recontactez votre puissance, mettez-vous en lien avec vos valeurs, votre joie. Redonnez-vous l'espace où il y a tout l'oxygène dont vous avez besoin.

CHEVILLE : Il y a un problème dans la direction que vous prenez ou dans la façon dont vous devez vous y rendre, vous articulez mal certaines choses. Peut-être allez-vous vers une voie ou en changez-vous de manière trop rigide, trop vite, sans avoir fléchi, sans vous appuyer correctement et solidement sur vos propres bases ? Qu'est-ce qui vous tortille, qu'est-ce que vous ne supportez plus ? Vous avancez tout en regardant derrière vous (votre passé) ou sur les côtés, ou en écoutant trop les autres, cela vous amène dans une certaine instabilité. Vous vous appuyez sur des éléments ou des personnes qui ne vous correspondent pas ou plus, et non sur ce que vous avez envie de faire.

Redevenez flexible, ouvert, changez des choses, soyez plus indépendant en vous écoutant intérieurement. Adoptez une stratégie sécurisante en déterminant toutes les étapes, puis avancez posément avec assurance.

CHOLESTÉROL : Voir l'article **SANG**.

CLAQUAGE : Voir l'article **MUSCLE**.

CŒUR (problèmes cardiaques) : Votre centre vital en a pris un coup, vous allez trop vite ou vous vous êtes laissé atteindre et perturber par une situation qui vous oppresse. Vous êtes en manque d'amour, de joie, cela vous déséquilibre, vous étouffe et la « pompe » ne peut plus faire circuler correctement la vie en vous, dans votre corps. Vous êtes replié, vous vous abandonnez, car vous avez oublié vos réels besoins.

Accordez-vous du temps, au calme, écoutez-vous, puis prenez des décisions importantes avec l'intention de tout mettre en œuvre pour vivre dans l'amour.

COLIQUE : Voir l'article **INTESTIN**.

CONJONCTIVITE : Voir l'article **ŒIL**.

CONSTIPATION : Voir l'article **INTESTIN**.

CÔTE (cassée, fêlée) : Vous vous réprimez, vous vous limitez et vous êtes enfermé, car vous ne prenez pas tout votre espace dans la vie. Vous acceptez des situations trop difficiles pour vous, vous êtes trop dur et trop cassant envers vous-même. Vous laissez quelque chose vous empêcher de respirer, puis vous le reprochez aux autres. Vous n'avez pas ou plus le contrôle d'une situation, alors vous vous mettez en danger pour tenter de garder le cap et cassez ainsi votre « bouclier de protection ». Peut-être agissez-vous de manière trop brutale ou surestimez-vous votre pouvoir et votre autorité.

Prenez conscience de ce qui vous oppresse et agissez pour le faire disparaître. Allégez la situation, exprimez votre ressenti, signifiez à l'autre vos limites, mettez plus de souplesse dans votre vie, gardez votre espace intelligemment et sagement.

COU : Vous vous retenez, vous êtes bloqué, vous n'osez pas voir la réalité en face et cela ne passe pas. Il y a une distorsion en vous entre ce que vous pensez, voyez, dites, entendez et ressentez. Vous vous restreignez et vous limitez. Il y a en vous une raideur, une inflexibilité, une tension, une étroitesse.

Détendez-vous, relâchez-vous, libérez-vous, autorisez-vous à regarder devant, derrière, à droite, à gauche, en haut, en bas, à 360°. Redevenez souple et refaites le lien en vous. Au fur et à mesure, vous rétablirez la cohérence : pensée/parole/action.

COUDE : Vous avez plein de valeurs, de qualités en vous, mais vous les retenez, vous vous repliez sur vous, vous serrez les coudes. Vous n'osez pas prendre de la place afin d'actionner, de vous mouvoir, de bouger en toute liberté. Vous résistez à de nouveaux changements et vous restez coincé dans l'insécurité. Vous insistez avec de vieux fonctionnements, vous suivez d'anciennes directions, vous vivez derrière une façade. Vous n'êtes pas sur vos bonnes bases, vous n'écoutez pas assez votre nature profonde afin d'avoir les coudées franches pour agir avec tranquillité.

Lâchez prise, prenez votre place, changez d'attitude. Conscientisez votre différence, votre richesse, vos valeurs et agissez avec. Avancez, évoluez en toute décontraction, dans la souplesse et avec ouverture et assurance.

COUP DE SOLEIL : Voir l'article **BRÛLURE**.

COUPURE : Vous vous coupez sûrement de quelqu'un ou de quelque chose. Vous allez trop vite ou vous vous sentez coupable. Il y a un conflit, une insécurité, une tension ou une irritation, qui génère en vous une douleur mentale ou émotionnelle, et qui est vécue comme une plaie intérieure. Vous agissez comme si vous étiez une victime, vous

vous limitez, vous êtes trop dur avec vous. L'endroit du corps où vous vous êtes coupé, vous donnera une autre indication sur ce qui se joue.

Reprenez contact avec vous, avec vos vrais besoins, avec votre puissance. Reconnaissez toutes vos capacités afin de les utiliser. Cultivez le calme, la douceur et... allez moins vite.

CRAMPE : Voir l'article **MUSCLE**.

CRISE DE NERFS : Voir l'article **NERF**.

CYSTITE : Voir l'article **VESSIE**.

DÉMANGEAISON : Voir l'article **PEAU**.

DENT : C'est ce qu'il y a de plus solide en vous, c'est ce qui vous permet de vous défendre et/ou d'attaquer, de mordre la vie, d'exister, de vous respecter. Les dents représentent votre capacité à être vous-même. Plus les dents, les gencives, la mâchoire sont fragiles, en mauvais état, et moins vous avez décidé d'exister. Cela révèle que vous êtes dans vos peurs, vos doutes, un manque de confiance et une certaine impuissance. Vous avez atteint vos limites, êtes dans le non-dit, vous refoulez vos paroles et vous vous rongez. Si vous avez une faible estime de vous-même, attention aux caries ; si vous ne vous respectez pas, cela peut se traduire par une rage de dents, (« dedans »)...

Ressortez votre puissance, affirmez-vous, avancez, « mâchez » la vie, décidez, choisissez, coupez avec ce qui ne vous correspond pas. Organisez l'existence qui vous convient, dans les moindres détails.

DÉPENDANCE : Durant votre enfance, vous avez ressenti un manque important, et aujourd'hui cet état crée un vide que vous cherchez désespérément à combler. Il s'agit généralement d'un manque d'amour, mais ce peut être aussi de liberté, de communication, il peut être en lien avec plusieurs facteurs : un parent, un frère ou une sœur, un animal, un déménagement, un divorce, un changement de travail... Ce manque a créé en vous de l'anxiété, un désespoir, une tristesse, une rancœur, de la colère, de la honte, de la dévalorisation, de la dépendance... Souvent inconsciemment, mais parfois consciemment, vous fuyez une situation, ou certaines personnes... vous devenez alors esclave et vivez davantage pour les autres. Vous avez opté pour la fuite, car vous n'arrivez pas à prendre vos responsabilités, à faire face à la réalité (dans certains cas extrêmes, vous pouvez développer une dépendance à la drogue). Vous êtes toujours dépendant de cette « nourriture » non reçue dans votre enfance.

Conscience, franchise, courage, responsabilité, indépendance sont à réaffirmer. Décidez, demandez de l'aide à un professionnel ou à un thérapeute spécialisé dans ce domaine, qui vous aidera à conscientiser les faits et à vous réoffrir à « vous-m'aime » cette « bonne nourriture ».

DÉPRESSION/DÉPRIME : Il peut y avoir trois causes de déprime ou de dépression momentanée.

1. Vous avez fait trop de choses, peut-être pour ne pas perdre la face ou pour avoir de la reconnaissance, ou vous avez vécu pour les autres. Vous êtes resté coincé trop longtemps par un ou des événements, situations, relations... Vous êtes débordé, étouffé, asphyxié.

2. Vous venez de vivre un choc psychologique fort ou une contrainte très importante. Ce peut être un événement isolé ou plusieurs faits s'échelonnant dans le temps. Il a pu y avoir une accumulation de faits ingérables pour vous, votre base s'est coupée, vous n'êtes plus en lien avec ce qui vous donne de la joie et votre vie n'a plus de sens. Vous rompez alors le contact avec le monde extérieur. Bouleversé par ce qui vous arrive, vous pouvez aussi vous sentir coupable, vous ne riez plus, vous ne voyez plus de solutions, vous êtes figé.

3. Vous vous rejetez beaucoup et cela génère une pression en vous. Dans tous les cas, vous ne pouvez plus faire face, il y a trop d'actions, d'efforts à faire ou « de pression ». Tout cela, poussé à l'extrême, peut même vous conduire à avoir des tendances suicidaires.

Dans les cas 1 et 3 : Relâchez-vous, détendez-vous, reposez-vous, faites ce qui vous fait plaisir. Sortez de cette situation, libérez-vous, offrez-vous ce cadeau, cette possibilité de revivre. Dans les cas 2 et 3 : C'est la vie, elle est ce qu'elle est, vous ne pouvez en être coupable, acceptez ce qui est et vous pourrez tourner la page. Faites des exercices de respiration, du sport, rencontrez des gens... Redonnez un sens à votre vie, réagissez !

DIABÈTE : Vous n'avez pas eu ce que vous désiriez lorsque vous étiez enfant. Du coup, vous vous concentrez beaucoup trop sur l'extérieur, sur les autres, vous cherchez à tout contrôler. Vous comblez votre manque d'amour, d'affection par des apports extérieurs, du sucre, des surcharges de travail... Vous circulez mal avec « vous-m'aime », alors votre sang, la nourriture font de même. Vous êtes dans les excès d'attente et de désir… Vous ne pouvez donc qu'être déçu et retenir la vie en vous.

Prenez le temps, occupez-vous d'abord de vous, c'est votre première responsabilité. Revenez à ce qui est juste pour vous. Prenez conscience de la réalité et concentrez-vous sur le moment présent, sachant que chaque jour est complètement nouveau.

DIARRHÉE : Voir l'article **INTESTIN**.

DOIGT : Si vous vous faites mal au doigt, c'est qu'il y a peut-être une violence en vous, un mal-être. Vous avez du mal à attraper quelque chose dans votre vie. Vous pensez à plusieurs choses en même temps. Vous êtes dans le « trop » ou « pas assez », vous n'êtes pas là, dans le moment présent, à ce que vous faites. Comme vous vous coupez ou maltraitez le lien avec votre mental et/ou avec votre profondeur, vous vous coupez ou cognez le(s) doigt(s). Si vous avez trop d'orgueil ou pas assez de force, c'est votre index qui a mal ; si c'est une insatisfaction, c'est le majeur. Un problème relationnel, d'amour, d'union, touchera l'annulaire. Enfin si c'est un manque de ressentis, d'indépendance, l'auriculaire est concerné.

Prenez soin de vous, cultivez la douceur, l'équilibre et le centrage. Prenez votre temps et faites une chose à la fois avec patience et persévérance.

DOS : Le dos porte toute votre structure, c'est votre axe, votre centre qui réunit tout ce que vous êtes. Un mal de dos vous montre que vous vous êtes laissé happer par l'extérieur, ou par votre mental à cause de préoccupations que vous ressassez. Cela vous a complètement décentré. Vous avez oublié qui vous étiez, vos limites et vos besoins. Vous voulez trop en faire ou montrer que vous êtes capable, mais avec trop de rigidité. Comme vous portez trop de choses, vous n'assurez plus vraiment… Vous ne pouvez plus soutenir et tenir une situation et en avez plein le dos !

Mal au bas du dos : Peur de prendre sa liberté, gros doute dans sa base.

Mal au milieu du dos : Peur de manquer de place, on se sent menacé.

Mal en haut du dos : Insécurité affective, on ne sait plus où on en est.

Faites moins pour les autres, regardez en face ce qui vous gêne et dites-le. En vous donnant de la douceur, vous redevenez plus flexible, vous pouvez réécouter vos besoins profonds, abandonner les habitudes négatives du passé. Cette dynamique amène de vrais changements et cela vous fait évoluer vers une vie nouvelle.

DROGUE : Voir l'article **DÉPENDANCE**.

DURILLON : Voir l'article **PIED**.

ECZÉMA : Voir l'article **PEAU**.

EMPOISONNEMENT : Voir l'article **INFECTION**.

ENTORSE : Voir les articles **ARTICULATION** et **CHEVILLE**.

ÉPAULE : Vous portez une surcharge que vous vous êtes imposée par devoir, mais elle limite vos désirs et vos mouvements. Cela réveille en vous des tensions, un certain mal-être, des peurs, de l'insécurité. Vous êtes dur avec vous-même, vous contrôlez trop. Vous devez avancer, c'est votre leitmotiv. Votre rigidité, votre sur-responsabilité, vos obligations, votre faiblesse, votre culpabilité envers vous-même et/ou les autres vous affectent, vous alourdissent et vous créent des tensions. Lorsque c'est insupportable, vous cassez : c'est alors une fracture à l'épaule.

Offrez-vous plus de douceur, prenez soin de vous, occupez-vous de vous, voyez ce qui vous écrase, exprimez-le, trouvez et respectez vos limites, votre équilibre naturel. Déléguez, allégez-vous de certaines responsabilités et laissez-vous aller vers ce que vous voulez.

ESTOMAC : Vous avez les « boules », de la peur, de l'anxiété. Trop sensible, vous vous laissez affecter par les événements que vous subissez. Comme vous êtes impuissant à changer une situation, vous gardez les choses à l'intérieur de vous, vous les ruminez, vous ne les digérez pas. Vous tournez en rond, ressassez, culpabilisez ou rejetez la faute sur l'autre, cela peut vous aigrir ! Vous donnez du pouvoir à vos peurs et cela vous fait mal. Quelque chose bloque, cela ne va pas comme vous voulez, du coup vous gardez une certaine amertume et de la colère, et cela vous met la pression.

Acceptez ce qui est, au lieu de vouloir changer les autres, changez-vous vous-même, sortez de votre « caverne », parlez, extériorisez-vous, reprenez contact avec votre force d'ouverture et d'amour.

ÉTERNUEMENT : Une personne ou une situation vous dérange vraiment. Vous refoulez, accumulez, refusez, rejetez, chassez quelque chose, pour vous retrouver ennuyé, irrité. Quand cela vous arrive, à quoi pensez-vous ?

Exprimez-vous, échangez votre avis, agissez sur ce qui vous gêne. Prenez votre place pour résoudre les choses. Voir également l'article **NEZ**.

ÉTOUFFEMENT : Voir les articles **RESPIRATION** et **BRONCHE**.

EXTINCTION DE VOIX : Voir les articles **BOUCHE** et **ANGINE**.

FATIGUE : Vous vous « empoisonnez » tout seul, vous vous enfermez dans des obligations, des responsabilités qui ne vous nourrissent pas. Vous allez vers une vie morose, routinière, alors vous vous videz et vous démotivez. Vous ne faites que des choses qui vous enfoncent, qui ne vous conviennent plus, mais vous ne vous en rendez pas compte. Comme vous vivez à contre-courant de ce qui vous plaît vraiment, c'est la fatigue voire l'épuisement.

Changez vos habitudes et votre regard sur votre vie, retournez vers le plaisir, vers un fonctionnement plus harmonieux. Allez vers ce qui vous nourrit, vers ce qui vous apporte de la joie, de l'amour et vous retrouverez votre énergie.

FESSE : Les fesses correspondent à votre niveau d'assise, de sécurité, d'assurance. Cela indique comment vous prenez votre place dans la vie ! Si vous souffrez d'une ou des deux fesses, vous vous êtes laissé décentrer par un événement, vous êtes dispersé, abasourdi, vous n'assurez plus, vous serrez les fesses, ou tombez sur les fesses.

Prenez votre place, bougez, avancez en mettant à chaque pas votre puissance au service de votre existence.

FIÈVRE : Vous vivez un conflit, une émotion ou une douleur trop forte, qui vous dépasse, qui met le « feu » en vous. Vous avez un grand besoin de repos, d'attention, d'amour, d'affection, car vous avez une colère intérieure, un problème insupportable que vous ne comprenez pas.

Changez de contexte, d'espace, prenez soin de vous et interrogez-vous sur ce qui vous enflamme.

FOIE : Vous n'êtes pas d'accord avec tout ce qui vous arrive, vous êtes même contre, vous avancez à contre-courant. Cet état de réaction, de mécontentement, de jalousie, de jugement, génère du non-dit et de la colère que vous contenez. Vous vous faites de la bile, vous n'avez pas foi en la vie, vous avez du mal à réguler, à diriger, et donc à assimiler les événements. La vie vous empoisonne.

Organisez votre vie en prenant d'abord en compte vos besoins, puis agissez dans ce sens. Laissez-vous aller à la douceur, le calme, la souplesse, l'ouverture.

FOULURE : Voir les articles **ARTICULATION** et **CHEVILLE**.

FRIGIDITÉ : Voir l'article **VAGIN**.

GASTRITE : Voir l'article **ESTOMAC**.

GENOU : Vous restez droit comme un piquet, vous refusez de changer, de voir la situation autrement qu'à travers vos « lunettes d'habitudes ». Vous ne voulez pas fléchir, vous avez du mal à plier, à vous mettre à genoux, à baisser votre garde. Vous devez être trop fier ou orgueilleux, dominateur, contrôlant, persistant, inflexible et vous refusez de céder. Tout cela peut vous amener à l'épuisement et alors vous êtes sur les rotules. Faites attention au « je » et au « nous » (« ge-nou »), à vous et aux autres.

Acceptez d'être moins intransigeant, ouvrez-vous, acquérez de la souplesse pour accueillir des idées nouvelles, du changement, une évolution des choses. Cela favorisera une certaine flexibilité dans votre articulation.

GORGE : Voir les articles **BOUCHE** et **ANGINE**.

GRIPPE : Vous vivez une situation très difficile souvent liée à une personne, elle vous coince, vous étouffe, vous agrippe sur le plan professionnel, familial, etc. Vous vivez cela d'une manière excessive et vous vous interdisez de dire les choses, ce qui vous met intérieurement en colère et en stress. Cela vous empêche de respirer et vous avez l'impression que votre espace vital est violé. Si vous éternuez, c'est que cela bout trop au-dedans.

Pleurez ou exprimez-vous, définissez vos limites, redevenez responsable de votre vie, positionnez-vous, soyez fidèle à ce qui est juste pour vous.

HÉMORRAGIE : Voir l'article **SAIGNEMENT**.

HYSTÉRIE : Voir l'article **NERF**.

IMPUISSANCE : Voir l'article **PÉNIS**.

INDIGESTION : Voir l'article **VENTRE**.

INFECTION : Vous prenez les événements sur vous, vous vous sentez coupable ou incapable de les dépasser. Vous pensez qu'il est juste de ne rien dire, de laisser faire. En fait, vous vous laissez envahir, agresser et empoisonner. Des personnes ou une situation vous dérangent, vous affectent, et vous les avez laissés vous envahir, vous enfermer, vous autodétruire. Regardez sur quelle partie du corps cela se déclenche et vous comprendrez mieux ce qu'elle signifie.

Agissez, réglez la situation qui vous infecte, remettez-vous en lien avec votre force et faites tout ce qui est nécessaire pour vous satisfaire, bref respectez-vous !

INSOLATION : Voir l'article **BRÛLURE**.

INSOMNIE : Vous êtes trop agité, pris, coincé, engagé dans un travail, un problème, une situation, une personne. Vous êtes dans l'hyperactivité mentale, physique et/ou émotionnelle. Tendu, nerveux, vous vous sentez vulnérable, faible, voire coupable. Vous vivez une insécurité et vous ne trouvez pas de solutions, vous tournez en rond.

*Prenez une saine distance sur les choses et relâchez-vous, lâchez prise, allez-vous promener dans la nature, revenez vers vos bases, « dans la terre », la solidité. Donnez-vous de l'espace, du temps, de l'amour. Voir également l'article **SOMMEIL**.*

INTESTIN :

1. CONSTIPATION : Vous retenez et bloquez quelque chose. Vous ne supportez pas une situation ou avec une personne, cela ne passe pas, vous êtes contrarié. Vous restez dans un fonctionnement négatif, un certain contrôle pour éviter l'insécurité, ou vous ne cessez de vous juger. Cela vous angoisse et vous rend nerveux.

Acceptez de changer des choses, de les voir autrement, relâchez-vous, détendez-vous, ouvrez-vous.

2. COLIQUE, DIARRHÉE : Vous évitez et fuyez une réalité désagréable. Cela va trop vite, il y a trop de changements, vous ne parvenez pas à intégrer et comprendre les choses. Comme cela ne vous convient pas, vous avez choisi de les « rejeter » au plus vite.

Prenez de la hauteur et un certain recul, faites des choix et remettez-vous en lien avec votre force d'action.

INTOXICATION : Voir l'article **INFECTION**.

JAMBE : Pourquoi ne tenez-vous plus debout ? Vous vous êtes laissé happer par une situation qui ne vous convient plus, ne vous nourrit plus au plus profond de vous, et votre corps vous le montre. Votre base est faible ou cassée, votre situation est donc instable, vous manquez de liberté de mouvement. Vous n'êtes pas assez soutenu ou vous ne pouvez plus assurer une direction, un travail, une situation, vous vous sentez incapable de continuer ainsi, ou d'avoir un but.

Faites le point, orientez-vous vers ce que vous souhaitez profondément, choisissez, libérez-vous, effectuez un changement de direction dans la vie. Il est indispensable que vous soyez à nouveau en lien avec ce que vous êtes, vos souhaits pour être plus solide et mobile.

KYSTE : Voir l'article **TUMEUR**.

LANGUE : Voir l'article **BOUCHE**.

LEUCÉMIE : Voir l'article **SANG**.

LÈVRE (sèche, enflée, gercée, boutons) : Les lèvres représentent le niveau d'expression de vos sentiments et de votre sexualité. Que réprimez-vous, que gardez-vous en vous ? Ce sont sûrement des désirs ou des paroles. Vous êtes fermé avec vos émotions, avec vous-même ou avec les autres ? Dès que vous êtes fâché, attention, vous pouvez vous mordre la langue. Si quelqu'un vous irrite, vous voulez le repousser... et un bouton peut surgir. Si vous êtes hésitant, méfiant, craintif, buté, fermé, vos lèvres peuvent s'assécher, se fendiller. Si au contraire, vous êtes communicatif, réceptif, plaisant, sensuel, ouvert, elles seront alors plus charnues...

Sécurisez-vous, montrez-vous, osez exprimer votre ressenti, vos sentiments et mettez de la distance avec certaines personnes. Laissez aller votre naturel, votre créativité humaine, corporelle, chérissez ce que vous êtes et les autres.

LUMBAGO : Voir l'article **DOS**.

MAIN : Si vous avez des problèmes aux mains, c'est que vous n'arrivez pas à obtenir ce vous souhaitez, il est possible aussi que vous vous agrippiez à quelque chose ou quelqu'un. Vos mains sont le prolongement de ce qui se passe dans votre réalité intérieure. Si vous avez de la haine, vous allez serrer ou montrer le poing ; à l'inverse, vous aurez les mains ouvertes, si vous êtes dans l'accueil, l'amour.

Si vous avez mal à la main gauche, c'est que vous avez du mal à recevoir ; la main droite montre votre difficulté à donner ou à lâcher.

Prenez le temps de faire les choses pour rétablir l'équilibre naturel entre donner et recevoir. Allez plus doucement et/ou faites les choses d'une autre façon.

MAL DES TRANSPORTS (air, eau, terre) : Vous vivez un changement, une situation qui vous fait perdre votre équilibre habituel, vos repères. Vos habitudes bien ancrées ne trouvent pas de point d'appui. Vous êtes coincé, bloqué, emprisonné dans un milieu qui vous dérange, vous étouffe, vous angoisse, qui vous amène dans l'inconfort et peut-être dans l'insécurité. Vous subissez une situation et avez l'impression de n'avoir aucun choix. Vous ne pouvez pas agir, ne contrôlez plus rien et vous ne comprenez pas cela. Plus ou moins consciemment, vous pouvez même ressentir cet état comme une petite « mort ».

Redevenez conscient de la situation où vous êtes et relâchez-vous. Exprimez vos peurs profondes à un ami ou un professionnel afin de les libérer pour pouvoir changer.

MÉLANCOLIE : Voir l'article **DÉPRESSION**.

MENSTRUATION (règles douloureuses, irrégulières) : Vous avez un problème avec les « règles », l'autorité, le devoir. Un mouvement quelconque ne se régule pas, vous êtes peut-être un peu trop dans un rôle masculin ou à l'inverse dans le féminin. Quelque chose que vous retenez ou refoulez vous accable, muselle votre libre expression intérieure. Vous êtes sûrement en colère, dans la culpabilité, dans une faiblesse, une douleur. Vous avez une difficulté à assumer votre féminité, votre sexualité et vous pouvez être en réaction vis-à-vis de votre mère. Vous vous êtes fermée à votre ressenti, votre intuition, votre créativité, vos réelles envies.

Revenez à plus de paix envers vous-même. Faites davantage ce qui vous plaît, avancez, agissez, devenez plus positive. Créez le mouvement que vous souhaitez au plus profond de vous.

MIGRAINE : Voir l'article **CERVEAU**.

MUSCLE (crampe, douleur, claquage) : Si vos muscles lâchent, bloquent, ont des problèmes, c'est parce que vous avez lâché les commandes de votre vie. Vous laissez faire les choses sans réfléchir, vous ne fournissez plus d'efforts, ce qui fait que vous n'avancez plus, pour même reculer. Vous êtes découragé ou coincé, angoissé, incertain, méfiant, nerveux, triste, fatigué, vous vous dévalorisez… Vous êtes démotivé et donc n'assurez plus le mouvement vers la vie. Votre manque de vitalité, de joie vous enferme, vous détériore, vous bloque dans l'inaction. Si vous êtes trop raide, trop dur quand vous avancez dans la vie, attention aux crampes. Regardez la partie du corps musculairement touchée pour avoir d'autres renseignements.

Remotivez-vous en vous recentrant sur vos besoins, sur ce qui vous amène de la joie, du plaisir. Orientez-vous du côté des solutions, reprenez contact avec votre centre et toutes vos capacités, faites un plan d'actions et agissez avec calme et sagesse.

MYCOSE : Voir les articles **PEAU** et **PIED**.

MYOPIE : Voir l'article **ŒIL**.

NAUSÉE : Voir l'article **VENTRE**.

NERF : Les nerfs représentent votre degré de communication, de fonctionnement, d'équilibre entre votre corps, vos pensées et vos sentiments. Ils régulent ce que vous vivez. Alors, si vous occultez quelque chose, si vous vous coupez de votre ressenti, si vous le retenez, si vous êtes dans l'indécision, la frustration, la colère intérieure, l'insécurité, l'inquiétude…, cela va générer de grandes tensions en vous. Il y a sûrement un manque d'affirmation, de confiance dû à un sacrifice, vous avez fait passer les autres avant vous. Si vous gardez des anciennes croyances de manière obsessionnelle, attention à la névrose ; si vous vous mettez en insécurité matérielle, que cela vous paralyse, alors attention à la sciatique. La dépression guette la personne qui ne trouve pas assez de sens à ce qu'elle vit.

Relaxez-vous, respirez, ouvrez-vous, libérez-vous. Calme, détente et douceur vous feront le plus grand bien. Décidez de bonnes choses, pour vous sécuriser. Ne vous jugez plus, acceptez vos limites et agissez en conséquence. Demandez de l'aide et changez vos points de vue.

NÉVRALGIE : Voir l'article **NERF**.

NÉVROSE : Voir l'article **NERF**.

NEZ : Il y a une personne, une situation que vous ne « sentez » pas et, au lieu d'y faire face, vous vous retenez, vous repliez, vous isolez de l'extérieur. Très sensible, ce que vous ressentez ne vous convient pas. Vous avez des difficultés à respirer, à inspirer la vie, à la sentir, à la laisser entrer, et agir ainsi vous ferme. Attention, si vous ne pouvez plus sentir et accepter les choses, vous souffrirez d'une sinusite. Vous vous laissez influencer par l'extérieur et n'écoutez plus assez votre ressenti et votre instinct. Si vous regrettez quelque chose ou que vous le repoussez, vous allez vous mettre à éternuer.

Suivez votre instinct, ce que vous ressentez naturellement, ouvrez-vous, libérez-vous de ce qui vous dérange et laissez à nouveau circuler les événements, la vie.

OBÉSITÉ : Voir l'article **POIDS**.

ODORAT : Voir l'article **NEZ**.

ŒIL : Les yeux sont le miroir de l'âme, ils vous montrent comment vous voyez la vie. Ils vous permettent d'exprimer vos émotions (lorsque vous pleurez par exemple). L'œil gauche représente la symbolique féminine, l'intérieur, le soi. L'œil droit représente la symbolique masculine, l'extérieur. Un problème d'yeux apparaît lorsque vous refusez de voir la réalité, un événement, une situation, une personne et que cela vous fait peur. Vous préférez ignorer ce qui se passe, vous vous protégez, vous vous fermez et la vision devient floue. Vous bloquez, vous focalisez sur une chose, vous ne voyez plus que cela.

Acceptez ce qui est aujourd'hui, prenez du recul consciemment, recontactez votre profondeur, vos valeurs, votre confiance, ouvrez-vous. Regardez sincèrement en vous et réalisez-vous.

ONGLE (mou, cassant, rongé, jaune, incarné) : Vous ressentez, vous voyez, vivez une menace et vous décidez de vous défendre, de griffer. Vous avez du mal à vous protéger, ou vous n'aimez pas le changement et cela va trop vite pour vous. Aussi, cette dynamique génère-t-elle en vous une nervosité, une insécurité, une frustration, une incapacité que vous intériorisez, qui vous ronge (les ongles). Les ongles sont aussi le miroir de votre énergie intérieure, de votre vitalité : la culpabilité peut les rendre cassants, de la faiblesse et trop de flexibilité vont les rendre mous.

Détendez-vous, sécurisez-vous, équilibrez-vous, reprenez contact à la fois avec votre force et votre indulgence et, bien sûr, exprimez vos émotions.

OREILLE : Ce que vous entendez ne vous convient pas du tout, vous angoisse, vous irrite (vous faites la sourde oreille !). Vous vous coupez du monde extérieur qui ne vous convient plus, vous vous renfermez, vous vous isolez. « De toutes les façons personne ne veut m'écouter », pensez-vous. Si vous vivez une grande impuissance face à ce que vous avez entendu, vous pouvez faire une otite. Il est également possible que vous n'écoutiez pas votre voix intérieure, votre intuition.

Recueillez-vous, écoutez-vous intérieurement, reprenez confiance en vous et commencez par entendre ce qui est bon pour vous.

ORTEIL : Certains détails vous dérangent, vous empêchent d'aller vers l'avenir, vous créent du mal à être dans le moment présent, dans la vie et dans la joie. Vous laissez un peu trop de pouvoir aux autres, vous hésitez, vous culpabilisez, vous êtes confus, du coup vous ne prenez pas certaines décisions. Vous manquez un peu de liberté, vous ne vous écoutez pas ou plus, vous n'êtes pas assez en contact avec vos propres bases et vos besoins.

Donnez de l'espace à vos envies, recentrez-vous sur ce qui est bon pour vous. Avec assurance, avancez en voyant la situation dans son ensemble et pinaillez moins !

OS : Les os représentent votre structure, votre charpente, donc votre solidité, votre stabilité, votre indépendance. Un problème osseux signifie que quelque chose de plus dur, de plus fort que vous, vous touche et vous ne pouvez vous y opposer. Vous manquez de masculin, vous fuyez ou vous subissez. Vous ne vous faites pas respecter, vous avez tendance à vous dévaloriser, vous culpabiliser, ce qui vous met en dépendance. Vous validez une peur, une émotion, une angoisse et on ne vous soutient pas assez.

Parlez, demandez de l'aide… Faites la liste de toutes vos valeurs et voyez la force qui est en vous, puis prenez des décisions.

OTITE : Voir l'article **OREILLE**.

PARKINSON : Un gros choc vous a fait ou vous fait très peur encore maintenant, vous vous sentez en danger « de mort » et intérieurement vous tremblez. Vous ne voulez pas comprendre et/ou saisir une part de la réalité, vous lâchez votre moteur, et donc vous validez la fuite, votre incapacité. Vous vous sentez dépassé, incapable et comme dans une impasse. Vous avez peut-être enfoui trop de choses en vous ou vous avez été trop sévère, critique envers votre peur, puis envers les autres, par réaction au fait que vous vous sentiez intérieurement brisé. Vous êtes loin de vous, dans l'impuissance d'avancer et cette insécurité vous autodétruit.

Acceptez-vous tel que vous êtes, faites face à la situation, car sachez que vous pouvez la vivre. Demandez de l'aide pour retrouver votre propre puissance. Voir également l'article **CERVEAU**.

PEAU : La peau est une enveloppe qui vous permet de contenir ce qui est à l'intérieur de vous et de vous protéger. Elle représente votre être et reflète votre état, comme l'image que vous avez de vous. Avez-vous une peau épaisse, douce, sensible, irritable, d'un beau grain ou laide ? Si vous retenez trop de choses, si vous n'êtes pas bien dans votre peau, cela va ressortir sur elle. Voir alors sur quelle partie du corps et comment cela va se manifester. Comment limitez-vous votre espace intérieur par rapport à l'extérieur et vice versa ? Les problèmes de peau représentent votre façon de communiquer intérieurement et/ou extérieurement : honte, culpabilité vous amènent à penser « je ne m'aime pas assez », « je m'empoisonne », « je suis dur », « je me punis » (bleus sur la peau), « je me rejette », « je me juge », « j'ai peur de faire face » (acné), etc.

Soyez entièrement vous-même, revenez au naturel, au spontané, acceptez-vous intérieurement et extérieurement, sécurisez-vous, accueillez-vous tel que vous êtes.

PECTORAUX : Voir l'article **POITRINE**.

PÉNIS : Le pénis représente la création, la conscience, la joie sans borne, votre puissance, votre fidélité à votre profondeur, le lien avec ce que vous êtes. Vous avez besoin d'exprimer vos bases d'existence, d'équilibre, d'union, de conscience et d'utilisation de votre masculin et de votre féminin. Des problèmes au niveau des organes génitaux signifient que vous vous coupez de vos besoins fondamentaux, de votre moi profond, de vos envies, de vos besoins premiers. Il n'est pas facile de créer, de sortir votre force et qui vous êtes vraiment. Vous vous fermez à vous-même (« m'aime ») par peur, honte, méfiance, culpabilité et donc cela va se transformer en colère qui se manifestera par de l'impuissance, du contrôle, de l'insatisfaction. Vous pouvez également vous sentir vulnérable, non respecté, non considéré, subissant, avec la peur de communiquer et de dire « non ». À l'origine, vos parents attendaient peut-être un enfant de sexe opposé. De toutes les façons, vous ne vous sentiez pas accepté tel que vous êtes ! Vous vous fermez, vous

vous emprisonnez, vous êtes absent à vous et cette frustration, ce vide peuvent s'exprimer soit par violence, soit par abandon de vous-même.

Lâchez prise, pardonnez-vous, acceptez le meilleur de la vie, le plaisir, donnez-vous le droit d'être vous avec vos qualités et vos défauts. Osez communiquer, exprimez-vous, aimez-vous, lâchez votre mental. Vous êtes le moteur de votre vie, créez une vie épanouissante, jouissante, naturelle.

PHARYNGITE : Voir l'article **BOUCHE**.

PHLÉBITE : Voir les articles **SANG** et **JAMBE**.

PIED : Les pieds vous permettent d'avancer, ils représentent votre niveau de stabilité, d'ancrage, de solidité face à votre vie. Un problème de pied montre que vous ne faites plus ce que vous souhaitez. Vous piétinez, vous êtes resté avec un fonctionnement du passé qui n'est plus d'actualité, et vous êtes décentré de votre chemin. Un problème au pied est un blocage venant de l'intérieur ou de l'extérieur, il représente la position que vous prenez face à une situation.

Ralentissez, ancrez-vous davantage dans la réalité, dans le présent, pour redevenir maître de vous-même, équilibrez vos côtés masculin et féminin. Avancez en privilégiant ce qui est léger, joyeux, soyez fidèle à vous-même. Voir également l'article ***PEAU*** *si vous avez des verrues.*

POIDS : Vous avez l'impression d'avoir un tout petit « moi », vous vous cachez, vous avez du mal à exister, à vous voir, à savoir qui vous êtes et la place que vous pouvez prendre. Votre « être » est isolé, enfermé, pris, englouti quelque part derrière différents chocs émotionnels d'enfance : humiliation, honte, etc. Vous vous sentez seul, en manque, avec un grand vide, et donc vous allez chercher à vous protéger, vous cacher à travers la nourriture. Il y a un trop grand écart entre votre moi intérieur et le monde extérieur, et vous allez tout faire pour le combler : manger, aider les autres, etc.

Allégez-vous, déléguez plus, occupez-vous de vous davantage, acceptez de recevoir, prenez votre vraie place, demandez des câlins, de l'amour.

POITRINE : La poitrine représente votre identité, votre autonomie, votre sécurité, votre rayonnement, votre générosité, votre bonté. Un problème à la poitrine signifie que vous vous retenez d'aimer, de donner, de recevoir ou, à l'inverse, que vous le faites beaucoup trop.

Vous vous malmenez, réduisez l'expression de votre profondeur, votre amour passe peut-être trop par le mental et non par l'action spontanée. Qu'est-ce qui vous a touché, bloqué, rendu vulnérable, insécurisé ? Vous cachez vos vrais sentiments, du coup vous vous réduisez, vous manquez d'oxygène, d'identité, vous vous voyez malsain (« mal sein »).

Ouvrez-vous, soyez vrai, chaleureux, apprenez à vous aimer plus et exprimez-vous, acceptez-vous tel que vous êtes, donnez-vous le meilleur, devenez autonome, naturellement sain.

POUMON : Voir l'article **BRONCHE**.

PRESBYTIE : Voir l'article **ŒIL**.

PROSTATE : Voir l'article **PÉNIS**.

RATE : Des problèmes à la rate signifient qu'actuellement vous ne fonctionnez pas très bien, vous vous encombrez sûrement la vie. Vos pensées « noires » vous infectent et/ou vous vous laissez diminuer par le négatif à l'extérieur de vous. Vous vous abaissez, vous vous laissez tomber dans les soucis, l'inquiétude, la passivité, la tristesse, vous ne croyez plus en vous. La vie devient un combat trop dur, vous exagérez et même vous dramatisez les choses.

Exprimez ce qu'il y a à l'intérieur de vous, retournez vers ce qui vous amène à la vie, au rire, reprenez contact avec votre force, vos valeurs, définissez un objectif à réaliser et qui a un sens pour vous.

RÈGLES : Voir l'article **MENSTRUATION**.

REIN : Vous retenez, vous bloquez en vous des situations, des émotions, elles tournent en rond en vous, mais ne sortent pas. Un déséquilibre existe chez vous suite à des émotions que vous refoulez et qui peuvent même aller jusqu'à se cristalliser formant un calcul rénal. Une peur de manquer et/ou non exprimée, vous limite. Vous gardez en vous des choses qui n'ont plus lieu d'être. Vous calculez trop pour ne rien perdre et cette façon d'agir n'est pas bonne. Vous vous laissez limiter par l'extérieur.

Revenez dans vos besoins, votre réalité, reprenez contact avec votre puissance et exprimez vos émotions au fur et à mesure. Assumez, décidez des choses à partir de vos envies. Éliminez tout ce qui est toxique pour vous et laissez couler les choses.

RESPIRATION : Si votre respiration devient difficile, voire s'arrête par moments, elle reflète la manière dont vous vivez votre vie. S'il s'agit de difficultés à l'inspire, vous avez du mal à accepter de recevoir, à prendre certaines choses ; si c'est à l'expire, vous gardez des éléments qui ne vous correspondent plus, vous avez des problèmes d'évacuation. Soit vous laissez une situation extrême vous étouffer, vous empêcher de respirer, soit vous bloquez une émotion à l'intérieur de vous. Dans tous les cas, vous vous empoisonnez, vous délestez votre pouvoir aux autres, vous devenez dépendant de quelque chose, d'une peur, une personne, une angoisse. Vous perdez les rênes de votre vie en vous coinçant, vous vous limitez, vous êtes pris à la gorge et ce trop-plein vous fait lâcher votre centre, et donc votre autorité.

Faites confiance, laissez-vous aller, bougez-vous, libérez-vous. Retrouvez votre autonomie, ouvrez d'une manière plus grande votre périmètre d'expression de vie.

RHINOPHARYNGITE : Voir l'article **BOUCHE**.

RHUMATISME : Vous n'arrivez pas à exprimer ce que vous souhaitez, vous ne voyez la vie que sous l'angle de la victime. Pour vous, la vie s'articule mal, coince, car à l'intérieur de vous, vous faites la même chose. Soit vous avez des problèmes avec vous-même, vous vous critiquez, vous êtes dur, vous vous mettez trop de charges sur le dos, de pression, vous êtes toujours insatisfait, sur-responsable, et cela se manifestera par de l'arthrite. Soit vous transférez votre conflit intérieur sur quelqu'un, vous êtes exigeant, rigide, inflexible, vous imposez des choses, les autres vous agacent du matin au soir, et vous pourrez développer de l'arthrose. Vous montrez beaucoup à l'extérieur car vous vous sentez diminué, vous manquez beaucoup d'amour.

Créez, construisez votre vie en douceur et avec votre cœur. Donnez-vous tout ce dont vous avez profondément besoin en souplesse, soyez cool et demandez de l'aide à un professionnel.

RHUME : Voir l'article **NEZ**.

RIDE : Certes l'âge y fait, mais aussi votre comportement face à la vie et les événements que vous avez vécus. En effet, la peau représente votre image, votre protection au monde, et si elle est ridée, cela signifie que vous avez vécu beaucoup de situations difficiles, dures, malheureuses venant de l'extérieur ou de l'intérieur de vous. Vous combattez, attaquez peut-être des obstacles, des gens en jugeant, reprochant, agressant, vous êtes dur, sévère avec la vie et elle vous le renvoie et/ou vous subissez des ruptures, des chocs, des tensions, des grosses souffrances. Tout cela s'accumule, ne passe pas, bloque, vous aigrit, vous appauvrit et le chagrin, les remords, le désespoir sont présents et vous vous creusez ou vous vous boursouflez la peau.

Dans la loi de cause à effet, ce que vous faites à l'autre vous revient, alors soyez plus tranquille, cool, diplomate. Quoi qu'il arrive, il y a un enseignement, cherchez-le, concrétisez l'angle positif. Allez vers le détachement, acceptez ce qui est, la douceur, l'ouverture, l'amour.

ROTULE : Voir l'article **GENOU**.

RYTHME CARDIAQUE : Voir l'article **CŒUR**.

SAIGNEMENT (nez, gencive, intestin...) : Vous perdez votre sang, vous laissez partir la vie, l'amour hors de votre corps, vous avez perdu complètement votre joie de vivre. La vie s'en va de vous parce que vous souffrez, vous êtes triste, vous avez une peine intense. Regardez de quelle partie de votre corps le sang coule et cela vous renseignera encore plus. Vous êtes déçu, pas aimé, en insécurité, frustré, coincé, écrasé, impuissant, vous vous dévalorisez, vous ne vous aimez pas. Vous retenez l'expression de vos sentiments, de votre tristesse et cela vous vide. Si vous souffrez seul en silence, cela pourra déclencher une hémorragie interne.

Relâchez-vous, pensez à vous-même, choisissez dès maintenant de libérer votre stress, retrouvez votre joie de vivre. Listez par écrit toutes vos valeurs et reprenez contact avec votre puissance.

SANG : Le sang représente le carburant du corps, votre niveau d'énergie, d'amour, de puissance, de créativité, de vigueur et de plaisir de vivre. Si vous exprimez tout cela, vous vous nourrissez bien et votre sang sera fortifié, il circulera librement comme vous. À l'inverse, si vous vous faites du mauvais sang, un sang d'encre, c'est que vous ne gérez plus votre vie, vous ne pouvez plus accepter ce qui vous arrive. Votre moteur, votre cœur ne tourne plus rond, vous manquez d'air, d'espace, vous baissez les bras, vous vous restreignez. L'amour est bloqué, cassé, figé, conflictuel, il circule mal. Vous êtes trop dans l'émotionnel, dans une pauvreté affective et vous n'avez plus de désir ou de projet qui marche. Peut-être êtes-vous trop dur avec vous, sous pression, dans la confusion, la tristesse, le dégoût, le pessimisme? La forme et la localisation dans votre corps vous précisent le problème. Exemple : un problème d'artère signifie peut-être un manque d'échange ; le diabète, un trop-plein, etc.

Vous refusez qui vous êtes comme les situations que vous vivez, vous ne vous aimez plus et/ou personne ne vous aime, alors vous vous isolez.

Laissez à nouveau passer l'amour dans votre cœur, acceptez ce qui est, prenez des décisions. Fixez-vous des projets possibles qui vous font plaisir et réalisez-les. Allez dans la douceur, la souplesse et laissez s'écouler la vie. Demandez de l'amour et donnez-vous en beaucoup.

SCIATIQUE : Voir l'article **DOS**.

SEIN : Voir l'article **POITRINE**.

SIDA : Depuis longtemps vous avez refusé votre identité, votre sexualité, vous avez mis la vie, l'amour en dehors de vous, sur l'extérieur, sur les autres, le monde. Votre monde émotionnel est si fort qu'il vous envahit, qu'il vous déséquilibre complètement, vous n'arrivez même plus à l'exprimer. Vous ne vous acceptez pas, vous avez honte de vous, vous ne vous protégez plus, vous vous condamnez, la « mort » est alors une solution à votre désespoir. Le manque d'amour de vous-même et de votre sexe vous fait refouler vos peurs, votre colère et votre impuissance intérieure. Cette dynamique vous amène à vous dévaloriser, vous culpabiliser, vous juger, vous punir et vous vous démolissez. Cela affecte, infecte tout votre corps.

Changez vos attentes, commencez par vous aimer, acceptez votre sexualité, évoluez vers plus d'amour, chérissez-vous, réalisez, avec l'aide d'un thérapeute, de profonds changements en vous.

SINUSITE : Voir l'article **NEZ**.

SOMMEIL : Vous avez des difficultés à vous endormir car vous vous êtes laissé un peu trop encombrer, dépasser par des événements et/ou vous avez vécu, à un moment donné, des traumatismes profonds qui resurgissent durant votre sommeil. Face à vos problèmes, vous n'arrivez pas à prendre de décisions, vous manquez de confiance en vous et vous ne voyez que le côté négatif des choses. Votre contrôle permanent, votre peur de faire face, de vous abandonner, de vous laisser aller, vous amènent à ruminer les choses et peuvent devenir obsessionnels. Cela vous conduit à l'insécurité, l'anxiété, l'angoisse, la crainte, des tensions, de la nervosité.

Faites confiance, relaxez-vous avant d'aller vous coucher, réalisez vos désirs, vous pouvez le faire. Reprenez les rênes de votre vie, solutionnez maintenant les choses une à une et libérez-vous l'esprit. Voir également l'article ***INSOMNIE.***

STRESS : Voir l'article **DÉPRESSION**.

SUICIDE : Voir l'article **DÉPRESSION**.

SURDITÉ : Voir l'article **OREILLE**.

TABAGISME : Voir l'article **DÉPENDANCE**.

TALON : Vous supportez peut-être un peu trop de poids, vous êtes trop dur avec vous-même, vous manquez de joie. Certes vous avancez vers la nouveauté, mais vous y allez en hésitant, avec incertitude. Vous ne parvenez pas à stabiliser votre avenir. Il y a en vous une insécurité qui vous empêche de tenir solidement sur vos deux pieds, votre base intérieure est alors instable. Soit vous cherchez trop la performance, la maîtrise, la sécurité financière, matérielle, soit à l'inverse, vous doutez, vous vous sentez vulnérable, insatisfait ou pas assez soutenu.

Affirmez-vous tranquillement, en souplesse, en écoutant aussi votre cœur, vos besoins. Même seul, restez sûr de vous, indépendant et continuez à avancer vers vos objectifs.

TENDON D'ACHILLE : Voir l'article **TALON**.

TENNIS-ELBOW : Voir l'article **COUDE**.

TÊTE : Voir l'article **CERVEAU**.

THYROÏDE : Vous êtes pris à la gorge, au cou, vous étouffez, vous n'arrivez pas à vous exprimer, à parler de vous. Vous menez de nombreuses activités, ou au contraire vous ne faites pas grand-chose, mais dans tous les cas, pas ce dont vous avez envie. Vous n'écoutez pas assez vos besoins. Vous ne croyez pas en vous et vous subissez le découragement, le désespoir, vous vous trouvez pauvre, victime. Vous ne pouvez pas décider de la vie que vous souhaitez mener et cela vous « gonfle ».

Pardonnez aux autres et à vous-même, libérez-vous, parlez franchement de vos besoins. Avancez, croissez en écoutant ce que vous souhaitez. Reprenez contact avec votre force, votre créativité, la joie, l'amour.

TORTICOLIS : Voir l'article **COU**.

TOUR DE REINS : Voir l'article **DOS**.

TOUX : Voir l'article **BOUCHE**.

TOXICOMANIE : Voir l'article **DÉPENDANCE**.

TRACHÉITE : Voir les articles **RESPIRATION** et **POUMON**.

TUMEUR : vous vivez ou avez vécu un conflit amoureux encore très présent et persistant. Vous êtes en colère, rigide, fâché, vous bloquez, vous ruminez, vous refoulez cet événement, car il vous pose un gros problème intérieur. Vous vous laissez envahir par cette peur, alors vous construisez une carapace, une protection, une sécurité. Le problème est que derrière cela vous reproduisez des pensées négatives, noires, vous accumulez de la crainte, du chagrin. Vous tournez en rond, ce qui vous enferme, vous éteint petit à petit.

Pardonnez, lâchez prise avec votre passé, soyez plus ouvert, baissez votre garde et parlez de ce que vous ressentez au plus vite.

ULCÈRE : Depuis longtemps, vous gardez et refoulez en vous une ou des émotions, une rancune, une grande douleur intérieure et vous restez attaché à une colère. Refoulant ainsi ce qui vous contrarie, vous enclenchez un processus d'autodestruction. Trop de stress vous ronge la vie. Afin de préciser l'origine du mal qui vous affecte, regardez où votre ulcère s'est développé et lisez dans ce chapitre la partie du corps concernée.

Calmez-vous, pardonnez-vous, libérez-vous de ce qui vous « irrite » ou vous « ulcère », faites la liste par écrit de toutes vos qualités et lisez-les à haute voix tous les jours. Réalisez maintenant des changements, bougez-vous, agissez.

ULCÈRE DE L'ESTOMAC : Voir les articles **ULCÈRE** et **ESTOMAC**.

URTICAIRE : Voir l'article **PEAU**.

VAGIN : Vous vivez une problématique liée à votre féminité et plus particulièrement à votre sexualité. Peut-être vous sentez-vous seule, mal ou pas accompagnée dans la vie, venez-vous de vivre une séparation difficile, n'avez-vous pas de relations sexuelles ? Peut-être avez-vous subi par le passé un abus sexuel ? Vous ne vous sentez pas respectée ou/et vous n'aimez pas votre corps ou/et vous ne plaisez pas. Il vous reste une frustration, des sentiments négatifs au niveau sexuel, vous pouvez vous sentir incomprise, non satisfaite, dans le contrôle ou vous autopunir, etc.

Échangez, parlez de ce que vous ressentez avec votre conjoint, un ami, un professionnel, pardonnez, revenez dans l'instant présent, voyez autrement votre sexualité, retrouvez votre nature, de l'harmonie, des sentiments d'amour.

VARICE : Dans la situation où vous êtes (lieu, profession, couple, finances, etc.), vous vous sentez lourd. Votre vie est pleine d'obligations, de contraintes, votre vie est pesante, vous vous sentez emprisonné car vous ne vous faites pas assez plaisir. Vous portez trop de choses en même temps, vous êtes débordé, vous ne pouvez assumer toutes les tâches à faire, vous vivez un sentiment d'impuissance, aussi vous vous traînez et vous négligez.

Acceptez de faire moins de choses, prenez plus de temps pour vous faire plaisir, faites ce que vous ressentez vraiment. Déchargez-vous, libérez-vous, allez où vous avez envie, changez les choses, prenez votre espace.

VENTRE : Votre ventre vous indique comment vous vivez intérieurement vos émotions. Peut-être en ce moment vous ne parvenez pas à digérer quelque chose, une situation, une personne et cela vous inquiète, vous met en conflit, vous bloque ? Vous n'avez pas respecté vos limites, vous vous laissez envahir par une peur, une émotion, un événement et vous entrez dans votre fragilité. Votre insécurité, votre doute génèrent en vous une angoisse. Vous n'arrivez plus à digérer ce qui s'est passé, se passe, ou va se passer. Si cela empire, vous pouvez même prendre la position de tout rejeter, ce sera alors le vomissement.

Revenez dans la conscience de tout ce qui vous entoure, dans le « ici et maintenant », dans le moment présent, dans le concret.

VERRUE : Voir les articles **PEAU** et **PIED**.

VESSIE : Vous retenez quelque chose et/ou vous laissez faire des choses qui ne vous conviennent pas. Il y a des chances que cela soit avec votre conjoint et/ou sur le plan sexuel. Vous validez des peurs du passé, cela vous met en insécurité, vous êtes contaminé. Ce que vous n'exprimez pas vous affecte, vous infecte. Vous laissez entrer quelque chose dans votre espace vital, dans votre territoire et cela ne vous convient pas. Ce désaccord non exprimé avec votre profondeur vous touche dans vos bases, le mouvement ne se fait plus en vous, les choses ne coulent pas et vous vous mettez en pression. Lorsque ce blocage est fort ou dur, cela vous irrite, vous énerve, vous allez vous enflammer, ce sera alors une cystite.

Lâchez prise, libérez-vous en vivant vraiment dans le moment présent, décidez de parler et exprimez votre ressenti, solutionnez cette situation qui vous « irrite ».

VOMISSEMENT : Voir l'article **VENTRE**.

MÉTIERS

Quel métier ou activité avez-vous exercé jusqu'à maintenant, quelle est votre profession actuelle et, éventuellement, vers laquelle souhaiteriez-vous aller ?

Certains choisissent et se sentent attirés par un métier par plaisir, passion, vocation ou parce qu'ils possèdent des prédispositions. Parfois, cette orientation correspond au rêve, au désir imposé ou secret des parents, parfois même des grands-parents. Vous avez aussi pu reproduire le même métier que celui de votre famille par choix, plaisir, fidélité, facilité ou aide, ou faire un choix totalement différent, en réaction à la pression familiale. Le travail exercé peut aussi être un choix par défaut, ou le fruit d'une opportunité inespérée.

Au-delà de ces raisons logiques, vous allez découvrir dans ce chapitre qu'il n'y a pas de hasard, qu'un métier a une raison d'être, un besoin profond qui amène chacun à exercer une profession, à pratiquer une activité, souvent toute sa vie. Bien plus que pour gagner sa vie, vous faites un métier pour vous solidifier, vous construire, vous réparer, vous équilibrer. Celui-ci va vous donner et vous apporter ce dont vous avez besoin et que vous n'avez pas reçu autrefois. Il existe un lien symbolique et réel entre ce que vous faites tous les jours de la semaine, pendant plusieurs années, et ce dont vous avez manqué dans votre enfance.

Après de nombreuses années d'études sur le comportement humain et après de multiples recoupements, questionnaires auprès de personnes exerçant le même métier, j'ai fait des découvertes et identifié certains points communs.

En fait, il y a un lien entre le plus gros choc émotionnel que la personne a engrammé dans son enfance et le choix du métier qu'elle exerce. Si ce choc n'a pas trouvé sa solution autrefois, il devient une séquence émotionnelle inachevée qui peut chercher à trouver sa résolution dans une profession.

Toutefois, il est important de rester ouvert, prudent, d'étudier chaque cas, personnalité et caractère. Pour chaque piste de réflexion, à vous de voir, d'analyser, de ressentir l'écho de votre propre vérité et de valider ou non les définitions proposées.

Pour chaque métier, vous trouverez les valeurs, qualités et points forts en rapport avec votre personnalité. En dessous, vous trouverez décrite l'origine (plus ou moins inconsciente) du choix de votre métier. Vous vous sentirez peut-être moins concerné si vous avez choisi votre métier par plaisir, par aptitude, par induction familiale, par réaction ou par hasard, mais faites quand même votre enquête... Certains métiers ayant des points communs entre eux, nous avons indiqué auprès duquel vous reporter.

Pour aller plus loin

Apprenez à donner plus de sens à votre activité en mettant en évidence vos propres informations. Que révèlent-elles de votre personnalité ? Que cherchez-vous à réparer, à développer ou à montrer ? Quelle orientation pouvez-vous prendre, muni de ces ressources ?

Utilisez au mieux, dans votre quotidien, toutes ces informations.

ACCOMPAGNATEUR : Voir l'article **GUIDE**.

ACCOMPAGNATEUR DE VOYAGES : Voir l'article **GUIDE** et **VOYAGISTE**.

ACTEUR : Voir l'article **COMÉDIEN**.

ACTEUR ACROBATE : Voir les articles **COMÉDIEN** et **CASCADEUR**.

ADJOINT AU MAIRE : Voir l'article **POLITICIEN**.

AGENT COMMERCIAL : Voir l'article **COMMERCIAL**.

AGENT DE COMPTOIR : Voir les articles **HÔTESSE** et **SECRÉTAIRE**.

AGENT DE CONSTATATION DES DOUANES : Voir les articles **POLICIER** et **GARDIEN**.

AGENT DE PRÉVENTION : Voir l'article **POLICIER**.

AGENT DE PROPRETÉ ET D'HYGIÈNE : Voir l'article **FEMME ou HOMME DE MÉNAGE**.

AGENT DES COMPAGNIES RÉPUBLICAINES DE SÉCURITÉ (C.R.S.) : Voir l'article **POLICIER**.

AGENT IMMOBILIER : Vous êtes un habile négociateur, un intermédiaire, un diplomate, vous savez conseiller avec beaucoup de souplesse. Vous connaissez le droit, les procédures, savez bien évaluer les choses et êtes toujours à l'affût d'une bonne affaire. Vous écoutez, observez, veillez, surveillez, êtes toujours disponible et au service d'autrui. Responsable, vous êtes capable de suivre, de gérer d'importantes transactions mettant en jeu des sommes considérables. Vous aimez être surpris, aller à la découverte et vous déplacer souvent. Vous appréciez l'imprévu dans vos journées, ce qui stimule votre capacité d'adaptation. Vous avez des connaissances au niveau technique comme commercial, ce qui vous permet d'enjoliver la réalité, montrer le bon côté des choses, l'angle intéressant.

Vous avez peut-être inconsciemment dans votre enfance, emmagasiné un choc émotionnel lié à l'habitation. Vous n'avez pas eu ce que vous souhaitiez, vous avez été immobilisé, on vous a caché des choses, vous avez manqué de solidité, etc.

AGRICULTEUR : Vous aimez et connaissez la nature, la terre, les végétaux, les animaux. Vous savez réparer, entretenir, soigner, semer, récolter, construire, conduire des engins spéciaux. Résistant, perspicace, téméraire, débrouillard, vous fournissez un travail énorme toute l'année. Vous savez à la fois prévoir, rebondir, être autonome, aider les autres. Vous êtes un terrien, faites preuve de bons sens, vous aimez les traditions mais suivez le modernisme, vous savez produire et exploiter.

Si vous ne reprenez pas le métier de vos parents et qu'être agriculteur est vraiment votre choix, il est fort possible que vous ayez dans votre enfance emmagasiné, inconsciemment, un choc émotionnel où on vous enfermait, où vous avez vécu des relations humaines dures, où vous avez manqué de naturel, d'authenticité, etc.

AGRONOME : Voir l'article **CHERCHEUR**.

AIDE-SOIGNANT : Voir l'article **INFIRMIER**.

AJUSTEUR : Voir l'article **MÉCANICIEN**.

AMBULANCIER : Voir les articles **CHAUFFEUR**, **POMPIER** et **INFIRMIER**.

Vous avez peut-être inconsciemment dans votre enfance, emmagasiné un choc : il s'est produit un événement grave et vous n'êtes pas arrivé à temps, vous n'avez pas pu ou su aller assez vite, etc.

ANALYSTE : Voir l'article **INFORMATICIEN**.

ANIMALIER : Vous êtes plutôt observateur, doté d'un très bon ressenti, du sens du toucher, vous apprenez en silence et avez un bon esprit d'analyse et de déduction. Vous êtes sensible, calme, patient, centré et confiant. Vous savez peut-être communiquer par télépathie, anticiper, maîtriser, récompenser, nettoyer, soigner, nourrir. Vous êtes adaptable, prévoyant, efficace, attentionné et responsable. Vous touchez à tout, vous êtes à la fois un technicien, un généraliste et un spécialiste.

Vous avez peut-être inconsciemment dans votre enfance, emmagasiné un choc émotionnel auprès d'une ou plusieurs personnes, ils vous ont déçu et vous avez eu du mal à communiquer sur ce plan. Vous avez manqué d'affection, d'attention, d'échange, d'amour.

ANIMATEUR : Vous avez une bonne présence, du charisme, de la bonne humeur, le sens de la communication, de l'humour, vous savez attirer, séduire, capter l'attention. Vous êtes attentionné, à l'écoute, un confident, car vous aidez, soutenez, accompagnez, occupez, amusez, socialisez et regroupez. Vous êtes toujours prêt, vous possédez un esprit d'équipe, de la diplomatie et vous êtes débrouillard, innovant, plein de ressources. Même si vous aimez être au service des autres, vous êtes un planificateur, un coordinateur, un organisateur, un guide, un meneur.

Vous avez peut-être inconsciemment dans votre enfance, emmagasiné un choc émotionnel lié à la tristesse, la morosité, la solitude, l'inactivité, l'ennui, etc.

ANIMATEUR 3D : Voir les articles **INFORMATICIEN** et **CRÉATEUR**.

ANIMATEUR NATURE : Voir l'article **ANIMATEUR**.

ANIMATEUR DE PATRIMOINE : Voir l'article **ANIMATEUR**.

ANIMATEUR DE RADIO : Voir l'article **ANIMATEUR**.

ANIMATEUR DE SITE WEB : Voir les articles **ANIMATEUR** et **INFORMATICIEN**.

ANIMATEUR DE TÉLÉVISION : Voir l'article **ANIMATEUR**.

ANIMATEUR DE TOURISME : Voir les articles **ANIMATEUR** et **VOYAGISTE**.

ANTHROPOLOGUE : Voir les articles **ARCHÉOLOGUE** et **CHERCHEUR**.

ANTIQUAIRE : Vous aimez chiner, fouiner, acheter, vendre, troquer, marchander. Vous savez écouter, observer, apprendre du passé, vous êtes un connaisseur dans votre domaine, vous êtes attiré par l'histoire de l'art, les techniques, les styles, la beauté. Vous savez prendre votre temps pour réunir, accumuler ce qui a, pour vous, un caractère rare, précieux, une valeur documentaire ou un réel prix. Vous aimez raconter, expliquer, lire, chercher. Vous savez entretenir, restaurer, sauvegarder, remettre en état.

Vous avez peut-être inconsciemment dans votre enfance, emmagasiné un choc émotionnel au sujet de la perte d'un objet ou de quelqu'un qui était pour vous important, et qui vous manque toujours. Vous avez peut-être été oublié ou très pauvre en mobilier. On vous a peut-être bousculé et vous êtes resté sur d'anciennes bases et vous avez du mal à être dans le présent.

AQUACULTEUR : Voir l'article **AGRICULTEUR**.

ARBITRE : Vous êtes discret, efficace, concentré, organisé, malin, sage, souple et autoritaire. Vous savez vous informer, observer, analyser, communiquer, conseiller, être diplomate, conciliant, rigoureux et sûr de vous. Vous savez vous faire respecter, considérer les règles, êtes juste et impartial. Vous avez une bonne condition physique et vous êtes passionné, disponible, au service des autres.

Vous avez peut-être inconsciemment dans votre enfance, emmagasiné un choc émotionnel lié à un conflit, à un problème d'autorité, de choix, d'assurance, de partage et de justice. Quelque chose est resté flou, non déterminé chez vous. Aussi dans cette profession vous tranchez.

ARCHÉOLOGUE : Vous aimez chercher, fouiller, étudier, examiner, évaluer, observer, noter, repérer, réfléchir, analyser. Vous êtes patient, méticuleux, passionné, ouvert, adaptable, interculturel, international. Vous êtes aussi une personne de terrain qui prospecte, exploite, interprète, extrapole, imagine, très pointue dans un ou plusieurs domaines. Vous travaillez pour une cause et vous appréciez le travail en groupe, l'entraide. Vous aimez être en première ligne dans la recherche, la préparation. Vous savez échanger, rédiger, diffuser, communiquer, proposer et, pour certains, enseigner le fruit de votre travail et de vos recherches.

Vous avez peut-être inconsciemment dans votre enfance, emmagasiné un choc émotionnel dû à un problème très ancien, un secret caché et il vous faut mettre à jour ce qui est resté enfoui.

ARCHITECTE : Vous êtes rigoureux, structuré, organisé, créatif, pionnier, visionnaire. Vous êtes ouvert, disponible, à l'écoute, dans le respect des règles et actif. Vous aimez décrire, prévoir, élaborer, calculer, gérer, planifier, vous avez du goût. Vous êtes un réalisateur, un constructeur, un responsable sur le plan technique et humain, vous aimez coordonner, négocier et maîtriser.

*Vous avez peut-être inconsciemment dans votre enfance, emmagasiné un choc émotionnel lié à la structure, l'habitation, l'aménagement, la décoration et vous avez peut-être vécu une destruction, un incendie. Certains ont pu souffrir d'un manque de place, d'organisation, d'absence de mouvement, d'avancement, de repère, etc. Vous pouvez voir également l'article **CRÉATEUR**.*

ARTISAN : Vous êtes indépendant, meneur, perspicace, gagnant, positif, débrouillard, une personne à la fois de réflexion et d'action. Vous êtes spécialisé dans un domaine qui vous passionne. À la fois commercial, technicien, gérant, vous suivez les affaires de A à Z. Plan, devis, passer les commandes, payer, facturer, vous connaissez toutes les étapes administratives. Patient, précis, concentré, efficace, vous êtes habile de vos mains et savez fabriquer ce que vous voulez. Vous aimez bouger et ne comptez pas vos heures de travail.

Vous avez peut-être inconsciemment dans votre enfance, emmagasiné un choc émotionnel qui vous a obligé à vous débrouiller seul. Vous avez peut-être souffert d'une forme de non-communication, d'un manque d'échange avec l'un de vos parents, alors maintenant vous « parlez » en réalisant, en fabriquant un produit ou en offrant un service. Le domaine d'activité que vous avez choisi, vous permet de rester en lien avec un aspect de votre enfance. En fait, votre spécialité vous montre sûrement ce qui vous a manqué. Par exemple, un carreleur n'a peut-être pas reçu de bases solides ; un couvreur n'a peut-être pas été assez protégé, couvert et/ou mis en avant, élevé ; un électricien n'a peut-être pas été mis au « courant », en lien, en connexion, en « lumière » ; un chauffagiste a peut-être manqué de chaleur humaine ou souffert du froid étant jeune ; un peintre n'a peut-être pas reçu d'affection, de câlins, de caresses de ses parents ; un poseur, un tailleur de pierre aura manqué de solidité, d'ancrage, de structure, de « re-pères ».

ASSISTANT : Vous avez de l'énergie, du dynamisme, vous vous sentez utile, efficace, rapide, toujours sur la brèche, vous aidez les autres avec plaisir à résoudre leurs problèmes. Vous avez beaucoup de qualités dites « féminines » : l'écoute, l'accueil, l'ouverture, l'attention, vous savez comprendre, veiller, collaborer, excuser, détendre, rassurer et même supporter les déboires des autres. Vous appréciez être informé de tout, vous possédez de nombreuses qualités tant relationnelles, administratives que techniques et, bien sûr, vous savez nettoyer, ranger, être aux petits soins. Vous avez beaucoup de patience, le sens du contact, la santé, un bon équilibre nerveux, psychologique et de la maturité. Vous êtes vraiment quelqu'un de précieux, disponible, souvent de bonne humeur et vous redonnez même le sourire.

Vous avez peut-être inconsciemment dans votre enfance, emmagasiné un choc émotionnel parce que l'on ne vous a pas aidé, écouté, soutenu, accompagné ou très peu, vous assumez alors ce rôle.

ASSISTANT DENTAIRE : Voir l'article **ASSISTANT**.

ASSISTANTE MATERNELLE : Voir l'article **ASSISTANT**.

ASSISTANT SOCIAL : Voir l'article **ASSISTANT**.

ASSUREUR : Vous êtes à la fois dans le recul, l'observation, l'écoute, l'action et la solution. Vous êtes droit, impartial et malin, avec des qualités de commerçant. Vous savez préparer, analyser, enquêter, calculer, négocier, gérer. Vous êtes doué pour prévoir, sécuriser, anticiper car vous êtes avisé, prudent, vigilant, sage. Vous êtes dans le service aux autres, vous les rassurez, inspirez confiance et assurez.

Vous avez peut-être inconsciemment dans votre enfance, emmagasiné un choc émotionnel que vous avez vécu comme une catastrophe, un malheur : un problème plus ou moins grave, un incident, un dégât, un accident, une maladie, un sinistre qui vous a marqué. Vous avez besoin d'assurer, de protéger car, à un moment, cela n'a pas été le cas pour vous.

ATTACHÉ COMMERCIAL : Voir l'article **COMMERCIAL**.

ATTACHÉ DE PRESSE : Voir l'article **JOURNALISTE**.

ATTACHÉ DE RADIO : Voir l'article **JOURNALISTE**.

ATTACHÉ DE TÉLÉVISION : Voir l'article **JOURNALISTE**.

AUDITEUR D'ENTREPRISE : Voir les articles **CONSEILLER** et **CONTRÔLEUR**.

AUTEUR : Voir l'article **ÉCRIVAIN**.

AUTEUR-COMPOSITEUR : Voir l'article **MUSICIEN**.

AUTEUR DE BANDE DESSINÉE : Voir les articles **CRÉATEUR**, **DESSINATEUR** et pour l'origine l'article **PEINTRE**.

AUXILIAIRE : Voir l'article **ASSISTANT**.

AVIATEUR : Voir l'article **PILOTE DE LIGNE**.

AVOCAT : Vous avez une forte personnalité, vous êtes intelligent, cultivé, aimez étudier, raisonner, réfléchir, chercher et trouver des solutions. Vous êtes un défenseur de toutes les causes, même celles considérées comme perdues. Pour vous, le respect, la protection, l'engagement, la sécurité, la citoyenneté, sont importants. Vous êtes procédurier, tenace, perspicace, rigoureux, organisé, possédez de bonnes capacités d'analyse, de synthèse, d'argumentation, de rédaction. Vous savez écouter, soutenir, recueillir les confidences, offrir une chance à chacun, vous êtes dans le service, l'aide à autrui. Vous êtes doué dans l'échange, le dialogue, la communication, voire le

« marchandage », vous avez un réel talent d'orateur, et certains d'entre vous aiment le spectacle.

Vous avez peut-être inconsciemment dans votre enfance, emmagasiné un choc émotionnel où vos droits n'ont pas été respectés (à un moment donné ou de façon régulière), vous n'avez pas su vous défendre, on ne vous a pas écouté. Vous avez été accusé à tort, vous n'avez pas eu la chance de prouver votre innocence.

BAGAGISTE : Voir l'article **EMPLOYÉ D'HÔTEL**.

BATELIER : Voir l'article **MARIN**.

BÂTISSEUR : Voir l'article **ARCHITECTE**.

BIJOUTIER : Vous êtes précis, très fin, méticuleux, délicat, adroit, habile et pointu. Vous savez écouter, étudier, réfléchir, imaginer, créer et même réparer. Vous êtes calme, posé, dans le discernement, la prudence, vous assurez, sécurisez. Vous savez aussi faire rêver, briller, mettre en valeur les choses, la vie.

Vous avez peut-être inconsciemment dans votre enfance, emmagasiné un choc émotionnel après avoir subi une spoliation avec des joyaux, des objets précieux, des choses de valeur.

BILLETTISTE : Voir l'article **HÔTESSE** et, si c'est significatif pour vous, l'article **SECRÉTAIRE**.

BIOLOGISTE : Voir l'article **CHERCHEUR**.

BOUCHER : Vous êtes quelqu'un de sûr, de solide, fort, résistant, avec très peu de peur et beaucoup de sang-froid. Vous êtes spécialisé dans votre domaine, maîtrisez la technique, vous possédez un bon coup de main. Vous savez sélectionner, choisir, vous respecter, mettre en forme, présenter les choses. Vous savez acheter, transformer, vendre, vous êtes polyvalent. Vous savez ce que vous voulez, vous êtes une personne déterminée.

Vous avez peut-être inconsciemment dans votre enfance, emmagasiné un choc émotionnel où vous avez vécu des choses dures dans votre quotidien, on ne vous a pas montré assez d'affection, de douceur. Symboliquement, vous avez manqué d'une certaine nourriture.

BOULANGER : Vous êtes quelqu'un de courageux, vous vivez dans l'action, l'efficacité, l'organisation, la précision et vous possédez une certaine forme et de la résistance physique. Vous êtes soit un exécutant, soit un indépendant, dans tous les cas vous aimez faire plaisir, dépanner... Vous êtes courageux, savez supporter, endurer, voire vous sacrifier et ne souhaitez pas forcément être vu. Vous savez ce qui est bon, vous aimez bien manger et avez un côté gourmand.

Vous avez peut-être inconsciemment dans votre enfance, emmagasiné un choc émotionnel et souffert d'un manque, d'une certaine nourriture et d'aide à un moment donné. Vous avez peut-être vécu un problème avec les autres où vous vous sentiez seul et vous avez dû subir. Si vous travaillez beaucoup la nuit, vous ne souhaitez pas trop être vu.

BROCANTEUR : Voir l'article **ANTIQUAIRE**.

BÛCHERON : Voir l'article **FORESTIER**.

CADRE : Voir l'article **MANAGER**.

CADREUR : Voir l'article **PHOTOGRAPHE**.

CAISSIER : Vous aimez le contact, communiquer, parler, accueillir, servir. Vous êtes aimable, souriant, efficace et rapide. Vous êtes une personne de confiance, responsable, vous savez vérifier, contrôler et être attentionné. Vous aimez « jouer à la marchande », compter, gérer, échanger.

Vous avez peut-être inconsciemment dans votre enfance, emmagasiné un choc émotionnel lié aux chiffres, aux comptes, à la valeur... Vous avez sûrement grandi dans une ambiance de restriction.

CAMERAMAN : Voir l'article **PHOTOGRAPHE**.

CANALISATEUR : Voir l'article **ARTISAN**.

CARRELEUR : Voir l'article **ARTISAN**.

CARROSSIER : Voir l'article **MÉCANICIEN**.

CASCADEUR : Rompu aux sports, vous aimez prendre des risques, vous dépasser, vous avez une forte personnalité, un peu hors du commun. Vous êtes à la fois téméraire, aventurier et prévoyant, entraîné, dans le calcul, la technique, la maîtrise, vous ne laissez pas grand-chose au hasard. Vous êtes un acteur, acrobate, solide, une personne de terrain, qui cherche toujours la nouveauté, toujours plus.

Vous avez peut-être inconsciemment dans votre enfance, emmagasiné un choc émotionnel suite à un manque de reconnaissance. On vous a énormément mis en avant, vous étiez très libre sans réelle protection ou, à l'inverse, vous avez été ignoré. Il est possible aussi que vous ayez été tout le temps bougé, voire bousculé.

CHANTEUR : Voir l'article **COMÉDIEN**.

Vous avez peut-être inconsciemment dans votre enfance, emmagasiné un choc émotionnel où vous n'avez pas pu vous exprimer, parler, ou vous avez dû garder un secret de famille. Vous avez alors choisi, afin de vous équilibrer, de chanter tout cela... Vous avez peut-être souffert d'un certain manque de reconnaissance de vos parents.

CHAPELIER : Voir l'article **COUTURIER**.

CHARCUTIER : Voir l'article **BOUCHER**.

CHARGÉ D'AFFAIRES : Voir l'article **INGÉNIEUR**.

CHARGÉ DE CLIENTÈLE : Voir l'article **COMMERCIAL**.

CHARGÉ DE PROMOTION MARKETING : Voir l'article **COMMERCIAL**.

CHARPENTIER : Voir l'article **MENUISIER**. Vous bénéficiez, en plus, d'une bonne condition physique.

CHARPENTIER DE MARINE : Voir l'article **MENUISIER**. Vous bénéficiez, en plus, d'une bonne condition physique.

CHASSEUR (hôtel) : Voir l'article **EMPLOYÉ D'HÔTEL**.

CHASSEUR ALPIN : Voir les articles **POLICIER**, **MILITAIRE**, **MONTAGNARD**.

CHAUFFAGISTE : Voir l'article **ARTISAN**.

CHAUFFEUR : Voir l'article **CONDUCTEUR**.

CHEF : Voir l'article **MANAGER**.

CHEF DE PRODUIT MULTIMÉDIA : Voir les articles **MULTIMÉDIA** et **MANAGER**.

CHEF DE RAYON : Voir l'article **COMMERCIAL**.

CHERCHEUR : Vous aimez étudier, calculer, comparer, faire des essais, contrôler, tester, sonder, réunir des sommes d'information et formuler des hypothèses. Patient, tenace, précis, méthodique, organisé, intelligent, attiré par l'infiniment petit, vous êtes à la fois solitaire et capable de travailler en équipe. Vous aidez, améliorez, conseillez, cherchez des solutions, des remèdes, des nouveautés, découvrez, produisez un savoir nouveau. Vous avez le goût pour l'expérimentation, le sens de l'observation scientifique sur le plan technique et humain, vous êtes à la pointe, voire expert dans un domaine de compétence particulier.

Vous avez peut-être inconsciemment dans votre enfance, emmagasiné un choc émotionnel où vous n'avez pas trouvé la solution, pas pu sauver ce à qui ou à quoi vous teniez. Vous avez peut-être été enfermé, pris au piège, bloqué dans le passé, etc.

CHIMISTE : Voir l'article **CHERCHEUR**.

CHIRURGIEN-DENTISTE : Voir l'article **DENTISTE**.

CHOCOLATIER : Voir l'article **BOULANGER**.

CHORÉGRAPHE : Voir l'article **DANSEUR**.

CHRONIQUEUR : Voir l'article **JOURNALISTE**.

CINÉASTE : Voir l'article **RÉALISATEUR**.

CLERC DE NOTAIRE : Voir l'article **NOTAIRE**.

CLIMATICIEN : Voir l'article **ARTISAN**.

COACH : Voir l'article **PROFESSEUR**.

COACH DE VIE : Vous aimez aider, soutenir, encourager, motiver, guider, accompagner, éveiller. Vous avez une très bonne écoute, le sens de l'observation, de l'analyse, un bon sens pédagogique et psychologique. Vous avez acquis une réelle expérience de vie et êtes très motivé pour comprendre puis expliquer le fonctionnement humain. Vous êtes conscient et lucide, positif, actif, responsable et au service d'autrui.

Vous avez peut-être inconsciemment dans votre enfance, emmagasiné un choc émotionnel car on ne vous a pas entraîné, aidé, supporté. Vous vous êtes senti un peu seul et vous avez souffert de certaines incompréhensions, vous n'avez pu mener à terme une action à laquelle vous teniez ou quelqu'un dans votre famille proche a échoué, et cet échec a eu des répercussions sur vous.

COACH SPORTIF : Voir l'article **ENTRAÎNEUR**.

COIFFEUR : Vous êtes rapide, efficace, quelques minutes vous suffisent pour transformer les choses, redonner de la vie, de l'allure, de la netteté, de la propreté. Vous appréciez le changement, le soin, la beauté, la créativité, vous avez du goût et un certain sens artistique.

Vous savez faire évoluer les choses, les organiser, voire conseiller. Vous êtes également attentionné, disponible, aimable.

Vous avez peut-être inconsciemment dans votre enfance, emmagasiné un choc émotionnel qui touchait vos cheveux, votre tête, votre visage… Vous avez peut-être vécu des difficultés quant à votre apparence et vous avez été un peu ignoré, non reconnu.

COLLECTIONNEUR : Voir l'article **ANTIQUAIRE**.

COMÉDIEN : Vous pouvez être rapide, efficace, convaincant, communicatif. Vous êtes tenace, perspicace, débrouillard, capable de tout, adaptable. Vous savez vous dépasser, aimez l'éphémère, le changement, l'extrême, la fête, l'amusement. Vous pouvez tricher, biaiser, improviser, imaginer, rêver, voire vivre dans un monde parallèle. Vous avez besoin de sortir, de changer de peau, de vous montrer, de plaire, de séduire, d'être vu et que l'on reconnaisse le meilleur de vous-même. Vous aimez vous donner en spectacle.

Vous avez peut-être inconsciemment dans votre enfance, emmagasiné un choc émotionnel lié à votre père qui était dur, absent ou ne vous a pas vu, voire ignoré. Un drame a pu vous affoler, vous rendre tellement réactif, créatif que votre métier est là pour vous cacher ou vous apprendre la patience ou l'exigence.

COMMANDANT DE BORD : Voir l'article **PILOTE DE LIGNE**.

COMMERÇANT : Vous avez une forte personnalité, l'esprit d'un vainqueur, vous êtes un meneur, perspicace, débrouillard, une personne à la fois de réflexion et d'action qui ne compte pas ses heures. Vous appréciez être indépendant. Vous aimez aussi écouter, communiquer, informer, négocier, acheter, vendre. À la fois doué dans les dimensions technique et humaine, vous savez vous approvisionner, réceptionner, gérer, aménager, accueillir, conseiller, facturer, encaisser, etc.

Origine *: Vous avez peut-être inconsciemment dans votre enfance, emmagasiné un choc émotionnel où vous étiez seul, vous n'avez pas pu échanger. Très jeune, vous avez dû vous débrouiller ou vous n'avez pas eu et reçu suffisamment.*

COMMERCIAL : Vous aimez le contact, le mouvement, le terrain, bouger, changer, évoluer, échanger, communiquer, prospecter, découvrir la nouveauté. Vous savez informer, proposer, conseiller, orienter, négocier, convaincre. Certains peuvent être de nature timide, mais ont besoin de se dépasser sur le plan professionnel. Vous parlez bien, présentez, charmez, vous êtes doté d'un bon sens relationnel et d'une bonne capacité d'écoute. Vous êtes tenace, organisé, présent, autonome, déterminé, positif, souvent aimant la fête comme la solitude, et vous savez contourner les résistances. Vous maîtrisez bien votre sujet comme le fonctionnement humain, vous faites preuve d'un peu de psychologie et d'une bonne intuition. Vous êtes en général assez libre, vous gérez votre temps et avez besoin de résultats.

Vous avez peut-être inconsciemment dans votre enfance, emmagasiné un choc émotionnel en lien avec un manque de reconnaissance, de valeur, de qualités, de repères. Vous n'avez peut-être pas été reconnu ou bloqué dans une place ou un rôle dans la famille.

COMMISSAIRE AUX COMPTES : Voir l'article **COMPTABLE**.

COMMISSAIRE DE POLICE : Voir l'article **POLICIER**.

COMPTABLE : Vous aimez calculer, analyser, chercher, étudier, éplucher mais aussi vérifier, contrôler, comparer. Vous êtes plutôt patient, logique, organisé, précis, rigoureux, vigilant, vous appréciez une certaine régularité, avec prudence et sécurité. Vous affectionnez plutôt la solitude que le contact. Vous pouvez être froid, sec, distant, très droit, sévère voire austère. Vous avez besoin d'un certain équilibre, de justesse, de sincérité, de règles, de repères, d'une autorité. La plupart du temps indépendant et au service des autres, vous cherchez de manière cachée la reconnaissance, le pouvoir.

Vous avez peut-être inconsciemment dans votre enfance, emmagasiné un choc émotionnel : ce peut être un manque d'argent, une erreur de compte, de chiffres ou lié à quelqu'un qui comptait et calculait souvent. Certains, dans leur enfance, ont été peut-être un peu trop dans l'imaginaire, la créativité... et ils auraient eu besoin, pour vivre et s'équilibrer, d'avoir un certain cadre, des repères, un père...

CONCEPTEUR FORFAITISTE : Voir l'article **VOYAGISTE**.

CONCEPTEUR MÉDIATIQUE : Voir les articles **MANAGER** et **MULTIMÉDIA**.

CONCIERGE : Voir les articles **FEMME ET HOMME DE MÉNAGE** et **GARDIEN**.

CONCILIATEUR : Voir l'article **DIPLOMATE**.

CONDUCTEUR (de voiture, d'autobus, d'autocar, de train, de métro…) : Vous êtes assez indépendant, vous aimez le changement, le voyage, la découverte, l'action, la vitesse. Vous possédez une bonne maîtrise de vous, une résistance physique et nerveuse, vous avez de bons réflexes, du sang-froid, de l'attention et une vigilance de tous les instants. Vous êtes plutôt calme, prudent, respectez les règles, la ponctualité, vous êtes débrouillard et responsable. Vous aimez tout ce qui est technique, mécanique. Vous êtes toujours prêt, courageux et au service des autres.

Vous avez peut-être inconsciemment dans votre enfance, emmagasiné un choc émotionnel parce que vous n'avez pas pu aller là où vous le souhaitiez, vous avez manqué de liberté. Vous étiez enfermé, limité, et/ou n'avez pas reçu beaucoup de reconnaissance. Il est également possible que vous n'étiez jamais à la bonne place, suite à de nombreux déménagements par exemple.

CONDUCTEUR DE TRAVAUX : Voir l'article **MANAGER**.

CONFISEUR : Voir l'article **BOULANGER**.

CONSEILLER : Vous savez observer, écouter, rechercher, enquêter, analyser, communiquer, animer, organiser, coordonner et planifier. Calme, réfléchi, instruit, intelligent, responsable, mature, vous êtes convaincant. Vous savez informer, prévoir, former, accompagner, guider, orienter, réajuster, équilibrer et moderniser. Vous êtes à la fois humain, pédagogue et technique, méthodique, stratégique, un excellent intermédiaire disponible et mobile.

Vous avez peut-être inconsciemment dans votre enfance, emmagasiné un choc émotionnel compliqué à assumer. Les choses n'étaient pas simples, les non-dits ont embrouillé une situation. Vous proposez peut-être maintenant des conseils qui vous ont manqué, et peut-être aussi une attention, une écoute, une solution… Écoutez ce que vous dites aux autres.

CONSEILLER D'ÉDUCATION : Voir les articles **CONSEILLER** et **PSYCHOLOGUE**.

CONSEILLER D'ORIENTATION : Voir les articles **CONSEILLER** et **PSYCHOLOGUE**.

CONSEILLER DE VENTE : Voir l'article **COMMERCIAL**.

CONSEILLER EN ASSURANCES : Voir les articles **CONSEILLER** et **COMMERCIAL**.

CONSEILLER EN ENVIRONNEMENT : Vous êtes sensible, en communion avec tous les plans : minéral, végétal, animal, humain, avec une réelle curiosité culturelle et une dimension citoyenne, responsable et une ouverture d'esprit. Vous avez besoin de prévoir, de sensibiliser, d'alerter, d'informer, d'améliorer, de protéger, de sauvegarder, de contribuer. Votre naturel, votre bon sens, votre sagesse harmonisent, équilibrent, amènent plus de conscience. Vous savez agir, changer les habitudes tant sur le plan humain, que technique ou scientifique grâce à votre dialogue innovant et durable.

Vous avez peut-être inconsciemment dans votre enfance, emmagasiné un choc émotionnel, où vous avez vécu une injustice sociale, humaine, un événement malsain qui a perturbé votre « écologie » personnelle, c'est-à-dire votre équilibre. Vous pouvez également lire l'article CONSEILLER.

CONSEILLER EN IMAGE : Voir les articles **CONSEILLER** et **ESTHÉTICIENNE**.

CONSTRUCTEUR : Voir l'article **ARCHITECTE**.

CONSTRUCTEUR BOIS : Voir les articles **MENUISIER** et **ARCHITECTE**.

CONSULTANT : Voir l'article **CONSEILLER**.

CONTRÔLEUR : Vous êtes méthodique, mental, très précis, pointilleux, organisé, méticuleux, vous avez un œil de lynx ! Vous avez une bonne capacité d'écoute, d'observation, d'analyse, de détection et de synthèse. Vous aimez la qualité, le travail bien fait. Vous êtes prédisposé à vérifier, améliorer, appliquer les règles et la conformité. Le droit, le juste, la logique, les mathématiques, le cadre sont importants pour votre équilibre. Vous êtes perfectionniste, dans la maîtrise, voire l'expertise.

Vous avez peut-être inconsciemment dans votre enfance, emmagasiné un choc émotionnel suite à un manque ou un excès de cadre, de repères, de support fiable.

CONTRÔLEUR DE GESTION : Voir les articles **CONTRÔLEUR** et **GESTIONNAIRE**.

CONTRÔLEUR DE TRAVAIL : Voir l'article **CONTRÔLEUR**.

CONVOYEUR DE FONDS : Voir l'article **GARDIEN**.

COPILOTE : Voir l'article **PILOTE DE LIGNE**.

CORDONNIER : Voir l'article **ARTISAN**.

CORRECTEUR : Voir l'article **CONTRÔLEUR**.

CORRESPONDANT DE PRESSE : Voir l'article **JOURNALISTE**.

COSTUMIER : Voir l'article **COUTURIER**.

COURSIER : Voir l'article **CONDUCTEUR**.

COURTIER EN ASSURANCES : Voir l'article **ASSUREUR**.

COUTURIER : Vous êtes fin, sensible, respectueux, soigneux, précis, perfectionniste, rigoureux. Vous savez rechercher, proposer, calculer, adapter, choisir, visualiser, dessiner, concevoir, mesurer, couper, assembler, fignoler. Vous êtes dans l'échange, la communication, l'élaboration, la construction, l'évolution, vous aimez rendre beau et avez l'amour du travail bien fait. Vous appréciez modéliser, styliser, confectionner. Vous avez du goût, de l'harmonie, un sens artistique certain, vous êtes à la fois technicien et créateur voire légèrement psychologue.

Vous avez peut-être inconsciemment dans votre enfance, emmagasiné un choc émotionnel où vous étiez séparé de quelqu'un, de quelque chose et vous avez besoin maintenant de rassembler les morceaux, de raccommoder. Ou vous avez vécu des moments difficiles et avez besoin d'une seconde peau, de vous réparer. Dans votre famille, il y a peut-être eu un problème avec une aiguille, un avortement...

COUVREUR : Voir l'article **ARTISAN**.

CRÉATEUR : Vous avez du style, du talent, du génie, vous êtes à la fois débordant d'imagination, inventif et dans la réalité, la technique, et en même temps détendu et précis. Curieux, intelligent, vous êtes un chercheur, un concepteur doté d'un bon coup de crayon, vous savez faire passer des messages. Vous êtes observateur et visualisez bien, vous avez le sens du beau, le goût de l'esthétique et du fonctionnel. Vous aimez la nouveauté, l'innovation, ce qui est à la pointe, prévoir, être pionnier, avant-gardiste, en fait vous savez tenir compte de l'air du temps et anticiper.

Vous avez peut-être inconsciemment dans votre enfance, emmagasiné un choc émotionnel lié à un manque de nouveauté, d'avancement, de solution, d'aide, d'idée, d'accompagnement et/ou vous avez souffert d'une carence affective et d'attention.

CRÉATEUR ARTISTIQUE : Voir les articles **CRÉATEUR** et **ARTISTE**.

CRITIQUE : Voir l'article **JOURNALISTE**.

CUISINIER : Vous aimez servir, « nourrir » les autres, les satisfaire. Vous aimez prévoir, préparer, proposer, organiser, décider, choisir, gérer, vérifier, contrôler, surveiller. Vous avez un bon ressenti, du goût, voire de la créativité, aimez bien présenter les choses, améliorer, alchimiser, transformer, surprendre, changer, varier. Vous savez travailler en équipe, dans l'abondance, êtes au petit soin, au service d'autrui, et polyvalent.

Vous avez peut-être inconsciemment dans votre enfance, emmagasiné un choc émotionnel en mien avec un manque de « nourriture », contact, attention, etc.

CULTIVATEUR : Voir l'article **AGRICULTEUR**.

DANSEUR : Vous aimez ressentir, exprimer, parler avec votre corps, montrer, transmettre, dire quelque chose, reproduire et aussi surprendre, créer, improviser. Vous êtes solide physiquement, discipliné, rigoureux, tenace, endurant, dans le dépassement, l'effort et aussi la souplesse, l'agilité, l'équilibre et vous avez une volonté de fer. Souvent perfectionniste, vous savez observer, voir, et aimez bouger, remuer, vibrer, être dans la coordination, l'enchaînement, voire l'acrobatie. Vous appréciez attirer le regard, l'attention, être vu et reconnu. Vous recherchez la communion, l'harmonie seul ou en équipe, vous êtes généralement attiré par un style, un art, extrême ou plutôt classique.

Vous avez peut-être inconsciemment dans votre enfance, emmagasiné un choc émotionnel où vous vous êtes senti vexé, renfermé, cela vous a bloqué dans votre mode d'expression et de communication verbale, c'est pourquoi vous êtes passé par l'expression corporelle !

DÉCOLLETEUR : Voir l'article **MÉCANICIEN**.

DÉLÉGUÉ COMMERCIAL : Voir l'article **COMMERCIAL**.

DÉMÉNAGEUR : Vous avez une main de fer dans un gant de velours, vous êtes à la fois endurant, solide, costaud, physiquement musclé, en forme et à l'écoute, attentionné, précis. Vous êtes aussi quelqu'un d'organisé, de méthodique et savez prendre soin, protéger, calculer, planifier. Vous êtes malin, astucieux, débrouillard, bricoleur, prévenant, « solutionneur ». Vous aimez bouger, changer, l'action, le mouvement, découvrir et également échanger. Les contacts humains sont importants. Vous êtes dans l'entraide, le travail en équipe, le service à autrui.

Vous avez peut-être inconsciemment dans votre enfance, emmagasiné un choc émotionnel où vous avez été enfermé et/ou bloqué à un endroit. Vous êtes resté avec des gens ou dans un espace clos trop longtemps, et cela ne vous convenait pas.

DENTISTE : Vous avez une bonne habilité manuelle, du sang-froid, de l'observation, de l'écoute. Vous êtes très minutieux, calme, patient, posé, déterminé, efficace, confiant, sûr. Vous êtes soigné, propre, savez nettoyer, corriger, rectifier, soulager, remettre droit, équilibrer, harmoniser. Vous avez une grande dimension humaine et technique.

Vous avez peut-être inconsciemment dans votre enfance, emmagasiné un choc émotionnel dur, fort, profond, qui est resté en vous et vous avez besoin de le traiter, le nettoyer, de vous soigner à l'intérieur, dedans (« de dents »). Vous cherchez à vous équilibrer.

DÉPANNEUR : Voir l'article **MÉCANICIEN**.

DÉPUTÉ : Voir l'article **POLITICIEN**.

DESIGNER : Voir les articles **CRÉATEUR** et **DESSINATEUR**.

DESIGNER DE MODE : Voir les articles **CRÉATEUR** et **COUTURIER**.

DESSINATEUR : Vous savez à la fois écouter, observer et échanger, vous adapter. Vous êtes patient, minutieux, précis, réfléchi, concentré et parfois exigeant. Vous savez étudier une idée, un projet, prévoir, envisager, imaginer, estimer, faire des recherches, projeter, concevoir, choisir ce qui est le mieux par rapport au contexte. Vous aimez le calcul, le contrôle, la technique, vous êtes malin, inventif et intelligent. Vous avez un compas dans l'œil, un bon coup de crayon et voyez bien en trois dimensions.

*Vous avez peut-être inconsciemment dans votre enfance, emmagasiné un choc émotionnel lié à un manque de solution, d'aide, d'idée, d'opinion, de nouveauté, d'accompagnement et/ou souffert d'une carence affective et d'un manque d'attention. Vous pouvez également lire les articles **ARCHITECTE** et **CRÉATEUR**.*

DESSINATEUR DE BANDES DESSINÉES : Voir les articles **CRÉATEUR**, **DESSINATEUR** et, pour l'origine, l'article **PEINTRE**.

DÉTECTIVE : Voir l'article **POLICIER**.

DÉVELOPPEUR : Voir l'article **INFORMATICIEN**.

DÉVELOPPEUR MULTIMÉDIA : Voir les articles **MULTIMÉDIA** et **MANAGER**.

DIAMANTAIRE : Voir l'article **BIJOUTIER**.

DIÉTÉTICIEN : L'équilibre, l'harmonie, le bien-être sont pour vous importants. Vous avez une bonne écoute, de l'attention, une analyse et vous savez prévoir, être prudent, informer, décider, agir. Vous savez vous respecter et vous écouter. Vous avez à la fois une dimension technique et humaine que vous mettez au service des autres. Vous appréciez l'esthétique, la beauté et tout ce qui est raffiné et soigné.

Vous avez peut-être inconsciemment dans votre enfance, emmagasiné un choc émotionnel, en lien avec le manque d'une certaine « nourriture », comme de l'affection, de l'attention, de l'écoute. Il est possible aussi que ce que vous receviez, fût alors « toxique », pas adapté à vos vrais besoins. Un problème lié à l'alimentation a pu aussi vous marquer.

DIPLOMATE : Vous êtes instruit, discret, efficace, précis, organisé, à l'écoute, à la fois souple et dans votre autorité. Vous savez vous informer, observer, analyser, communiquer, conseiller, être diplomate et conciliant. De bonne allure, vous savez présenter les choses, tout en appliquant les règles avec justesse, sagesse et impartialité. Vous aimez recevoir, accueillir, être ouvert, disponible au service d'une cause et des autres.

Vous avez peut-être inconsciemment dans votre enfance, emmagasiné un choc émotionnel lié à un conflit, un désaccord, un problème d'entente, de territoire, d'autorité, d'absence d'arrangement.

DIRECTEUR : Voir l'article **MANAGER**.

DOCTEUR : Voir l'article **MÉDECIN**.

DOREUR-RELIEUR : Voir l'article **ARTISAN**.

DOUANIER : Voir les articles **POLICIER** et **GARDIEN**.

DRESSEUR D'ANIMAUX : Voir l'article **ANIMALIER**.

ÉBÉNISTE : Voir l'article **MENUISIER**.

ÉCONOME : Pour vous, un sou est un sou, vous faites attention à tout car vous privilégiez le meilleur rapport qualité/prix. Vous aimez prévoir, analyser, évaluer, comptabiliser, choisir, organiser, classer, contractualiser, gérer, vérifier, contrôler, payer. Vous appréciez de superviser un ensemble de tâches grâce à votre rigueur, votre rapidité d'exécution et esprit de synthèse. Votre objectif est de réduire toujours un peu plus les budgets, alors vous faites des tableaux, comparez, repérez les surconsommations, chassez les gaspillages, les vols, les pertes... pour les rectifier. Vous avez bien les pieds sur terre, un bon lien avec la réalité économique et de solides compétences techniques dans votre domaine.

Vous avez peut-être inconsciemment dans votre enfance, emmagasiné un choc émotionnel en rapport avec l'argent et les moyens d'existence. Il vous a peut-être manqué quelque chose ou vous n'avez pas pu ou su économiser, etc.

ÉCONOME DE FLUX : Voir l'article **ÉCONOME** et éventuellement **COMPTABLE**.

ÉCONOMISTE : Voir les articles **ÉCONOME**, **CHERCHEUR** et éventuellement **COMPTABLE**.

ÉCRIVAIN : Vous savez écouter, observer, analyser, étudier, rechercher, rassembler et croiser des informations. Vous aimez espérer, imaginer, rêver, créer, inventer des histoires ou restituer des faits, raconter, expliquer, informer. Vous êtes précis, généralement passionné dans un domaine. À l'aise avec les mots, vous savez concevoir comme il vous plaît dans le moment présent.

Vous avez peut-être inconsciemment dans votre enfance, emmagasiné un choc émotionnel dû à un rejet, une non-reconnaissance, un manque d'attention, etc.

ÉDUCATEUR : Voir l'article **PROFESSEUR**.

ÉDUCATEUR CANIN : Voir l'article **ANIMALIER**.

ÉLECTRICIEN : Voir l'article **ARTISAN**.

ÉLEVEUR : Voir l'article **AGRICULTEUR** et éventuellement **ANIMALIER**.

EMPLOYÉ D'HÔTEL : Vous connaissez les règles de politesse, de courtoisie, vous êtes humble, dans l'accueil, l'ouverture, au service d'autrui, et ce, avec le sourire. Vous savez observer et être efficace. Vous êtes malin, débrouillard, vous avez une grande capacité d'adaptation et aimez satisfaire. Vous êtes souvent spécialisé dans un domaine précis.

Vous avez peut-être inconsciemment dans votre enfance, emmagasiné un choc émotionnel où vous n'avez pas été valorisé, mis en avant. Vous avez peut-être vécu dans un contexte difficile, voire avez été insulté, non respecté, on ne s'est peut-être pas occupé de vous, on ne vous a pas servi...

ENSEIGNANT : Voir l'article **PROFESSEUR**.

ENTRAÎNEUR : Souvent spécialisé techniquement dans un domaine, vous aimez aider, accompagner, motiver, encourager, mener, équilibrer, harmoniser. Vous avez besoin de progresser, d'avancer, de changer, de vous dépasser, toujours sur le qui-vive, vous êtes enthousiaste, positif, actif et allez vers le meilleur. Vous avez le sens du contact, une bonne pédagogie, la maîtrise des étapes d'apprentissage, de transmission, une certaine force de conviction, du caractère et un esprit d'équipe. Vous savez observer, écouter, concevoir, élaborer, suivre un rythme, évaluer, corriger, conseiller, proposer, surveiller. Vous savez conseiller en connaissant les limites, en vous adaptant, en travaillant sur mesure. Vous êtes un responsable discipliné, dans le contrôle, poussé par un certain combat intérieur, une revanche à prendre.

Vous avez peut-être inconsciemment dans votre enfance, emmagasiné un choc émotionnel où on ne vous a pas aidé, encouragé, accompagné, vous n'avez pas pu ou pas su sortir le meilleur de vous-même.

ERGOTHÉRAPEUTE : Voir l'article **KINÉSITHÉRAPEUTE**.

ESTHÉTICIENNE : Vous aimez tout ce qui touche à la beauté, la peau, le corps, le bien-être. Vous savez informer, proposer, conseiller, inciter, être commercial, vous avez une dimension humaine, technique, physionomiste voire psychologique. Vous savez écouter, échanger, communiquer, aimez parler et vous êtes également soignée, attentionnée, précise, minutieuse, créative. Vous savez et aimez améliorer, cacher les imperfections, faire ressortir et mettre en valeur certaines parties d'une personne, embellir, rajeunir. Vous faites attention à votre paraître, aimez plaire, attirer le regard, voire séduire.

Vous avez peut-être inconsciemment dans votre enfance, emmagasiné un choc émotionnel où vous avez enduré des épreuves pénibles, une réalité difficile, triste ou dure. Vous avez peut-être été ignorée, non reconnue, soumise, etc.

ÉTANCHÉISTE : Voir l'article **ARTISAN**.

ETHNOLOGUE : Voir les articles **ARCHÉOLOGUE** et **CHERCHEUR**.

EXPERT : Vous êtes très pointu dans un domaine qui vous passionne, souvent cultivé, intelligent. Vous êtes discret, pointilleux, efficace, vous aimez étudier, éplucher, vous avez du flair, de la méthode, de l'expérience, votre maîtrise vous permet de tirer des conclusions. Vous possédez une très bonne capacité de réflexion, d'analyse, de déduction, ce qui vous permet d'être juste, d'assurer et d'être perçu avec beaucoup de charisme. Votre esprit d'enquêteur vous permet de vous appuyer sur des faits et votre rigueur de vérifier, contrôler la conformité d'un dossier avec les textes de loi et les règlements. Vous aimez vous tenir au courant des dernières évolutions dans votre spécialité.

Vous avez peut-être inconsciemment dans votre enfance, emmagasiné un choc émotionnel qui reste encore inexpliqué. Cette souffrance est sûrement en lien avec votre domaine d'expertise.

EXPERT EN ASSURANCES : Voir les articles **EXPERT** et **ASSUREUR**.

EXPERT COMPTABLE : Voir les articles **COMPTABLE** et **EXPERT**.

EXPLOITANT AGRICOLE : Voir l'article **AGRICULTEUR**.

FAÇADIER : Voir l'article **ARTISAN**.

FACTEUR : Vous appréciez le contact, le mouvement, l'effort, le grand air. Vous êtes observateur, attentif, organisé, souple, adaptable, débrouillard. Vous savez trier, distribuer, être au service d'autrui. Vous aimez les nouvelles, les gens, l'échange et avez un bon sens du contact. Vous êtes rapide, efficace, à l'écoute, attentionné.

Vous avez peut-être inconsciemment dans votre enfance, emmagasiné un choc émotionnel où l'on vous a caché un document, des nouvelles, des informations dont vous aviez besoin.

FEMME ou HOMME DE CHAMBRE : Voir l'article **FEMME ou HOMME DE MÉNAGE**.

FEMME ou HOMME D'ENTRETIEN : Voir l'article **FEMME ou HOMME DE MÉNAGE**.

FEMME ou HOMME DE MÉNAGE : Vous êtes à l'écoute, souple, adaptable, accueillant, souriant, aimable, gentil, attentionné, au service d'autrui. Vous êtes respectueux, discret, soigné, propre, méthodique, rapide, efficace, autonome. Vous êtes organisé, savez entretenir, maintenir, conserver, bien tenir les lieux et rendre nets les objets. Vous avez un grand cœur, êtes discret, vous avez des capacités tant techniques qu'humaines.

Vous avez peut-être inconsciemment dans votre enfance, emmagasiné un choc émotionnel lié au désordre, à la saleté, à quelque chose de malpropre, dégoûtant ou qui vous a peut-être entaché, terni, souillé. Vous avez à nettoyer un certain vécu dans votre passé qui vous a donné une mauvaise image de vous.

FERRONNIER : Voir l'article **ARTISAN**.

FLEURISTE : Vous aimez la nature, êtes créatif, vous avez le sens du goût et de l'esthétique. Vous aimez prendre la vie du bon côté, faire plaisir, rendre beau, offrir un bon moment, des cadeaux, égayer l'ambiance, sentir de bonnes odeurs. Vous êtes gentil, serviable, soigné, attentif, fin, avec un bon ressenti et une grande dextérité. Vous êtes multifacettes, à la fois proche des plantes, dans la relation humaine, technique, le conseil, la vente, le commercial et le service à autrui.

Vous avez peut-être inconsciemment dans votre enfance, emmagasiné un choc émotionnel de tristesse, de saleté. Vous avez grandi dans un milieu où l'on ne vous faisait pas de cadeaux, où il n'y avait pas de plaisir. Il est possible aussi que faire plaisir aujourd'hui répare une « faute » du passé que vous cherchez à vous faire pardonner.

FONDEUR : Voir l'article **ARTISAN**.

FORESTIER : Vous aimez la tranquillité, la simplicité, être avec la nature et les animaux. Vous êtes prévoyant, solide, endurant, autonome, débrouillard, avec un côté un peu aventurier et tout-terrain. Vous savez nettoyer, aérer, découper, entretenir et possédez de bonnes aptitudes physiques. Vous aimez observer, sentir, voir la beauté dans votre environnement et la sauvegarder.

Vous avez peut-être inconsciemment dans votre enfance, emmagasiné un choc émotionnel, suite à une non-communication, à un conflit que vous n'avez peut-être pas pardonné. Vous pouvez avoir en vous une certaine rancœur.

FORGERON : Voir l'article **ARTISAN**.

FORMATEUR : Voir l'article **PROFESSEUR**.

GARDE CHAMPÊTRE : Voir les articles **GARDIEN** et **POLICIER**.

GARDE-CHASSE : Voir l'article **GARDIEN**.

GARDE-CÔTE : Voir les articles **MARIN** et **POLICIER**.

GARDE D'ENFANT : Voir l'article **ASSISTANT**.

GARDE D'ESPACE NATUREL : Voir l'article **GARDIEN**.

GARDE FORESTIER : Voir les articles **GARDIEN** et **FORESTIER**.

GARDE PARCS NATIONAUX : Voir les articles **GARDIEN** et **FORESTIER**.

GARDE-PÊCHE : Voir les articles **GARDIEN** et, pour certains, **MARIN**.

GARDE RÉPUBLICAIN : Voir les articles **POLICIER** et **MILITAIRE**.

GARDE VERT : Voir l'article **GARDIEN**.

GARDIEN : Vous aimez surveiller, protéger les gens et/ou les biens, veiller au respect d'un lieu, des lois, des règles de sécurité, vous aimez encadrer. Vous avez une bonne confiance en vous, de la solidité, de la stabilité, de la rigueur, voire de l'autorité. Vous êtes à la fois discret, dans l'accueil, le dialogue et savez informer, prévenir, montrer, dissuader, sanctionner, diriger, obliger, contraindre, maîtriser. Vous appréciez une certaine liberté et aimez découvrir des anomalies, des infractions. Vous aimez avoir un œil partout, être polyvalent, au service d'autrui vingt-quatre heures sur vingt-quatre, assurer et maintenir l'ordre. Vous avez une bonne condition physique, savez défendre, sécuriser et prendre des risques.

Vous avez peut-être inconsciemment dans votre enfance, emmagasiné un choc émotionnel lié à l'abandon ou à un manque de protection. Vous avez peut-être souffert d'un manque de reconnaissance ou vous n'avez pas pu ou su aider, sauver quelque chose ou quelqu'un.

GARDIEN DE PRISON : Voir les articles **POLICIER** et **GARDIEN**.

GENDARME : Voir l'article **POLICIER**.

GÉOLOGUE : Voir l'article **ARCHÉOLOGUE**.

GÉOMÈTRE : Voir l'article **DESSINATEUR**.

GESTIONNAIRE : Voir les articles **ÉCONOME** et **COMPTABLE**.

GLACIER SORBETIER : Voir l'article **BOULANGER**.

GOUVERNANTE : Voir l'article **FEMME ou HOMME DE MÉNAGE**.

GRAPHISTE : Voir les articles **CRÉATEUR**, **DESSINATEUR** et, pour l'origine, l'article **PEINTRE**.

GREFFIER : Voir les articles **NOTAIRE** et **AVOCAT**.

GROOM : Voir l'article **EMPLOYÉ D'HÔTEL**.

GUIDE : Vous êtes ouvert, dans l'aide à autrui, attentionné, aux petits soins, dans le service et l'information. Vous savez chercher, préparer, évaluer, vérifier, contrôler, prévoir, organiser, planifier, conduire, encadrer, coordonner, diriger. Vous aimez l'action, avancer, la découverte, le changement, la nouveauté, l'aventure, certains possèdent une dimension culturelle, artistique et/ou internationale. Souvent spécialisé dans un domaine, vous êtes efficace, « solutionneur », malin, diplomate, vous avez du sang-froid, une bonne capacité d'adaptation et savez rassurer, sécuriser.

Vous avez peut-être inconsciemment dans votre enfance, emmagasiné un choc émotionnel, ou vous avez manqué d'aide, de repère, de « guidance ». Vous avez peut-être dû vous débrouiller seul.

GUIDE ACCOMPAGNATEUR DE TOURISME : Voir les articles **VOYAGISTE** et **GUIDE**.

GUIDE ANIMATEUR : Voir les articles **GUIDE** et **ANIMATEUR**.

GUIDE DE MONTAGNE : Voir les articles **GUIDE** et **MONTAGNARD**.

GUIDE TOURISTIQUE : Voir les articles **VOYAGISTE** et **GUIDE**.

GYNÉCOLOGUE : Voir les articles **MÉDECIN GÉNÉRALISTE** et **SPÉCIALISTE**.

HABILLEUSE : Voir l'article **COUTURIER**.

HORTICULTEUR : Voir l'article **JARDINIER**.

HÔTESSE : Vous avez une bonne présence, le goût du contact et une ouverture culturelle. Vous savez être attentive, écouter, renseigner, aider, orienter, accompagner, guider et être au service d'autrui. Vous êtes agréable, courtoise, vous aimez être élégante, raffinée, digne, séduisante. Vous savez être calme, posée, débrouillarde, assurée, efficace, imperturbable, souriante, polie et résister à la fatigue.

Vous avez peut-être inconsciemment dans votre enfance, emmagasiné un choc émotionnel parce que vous vous sentiez « invisible », pas assez regardée, mal considérée, un peu seule, vous avez manqué d'attention, de reconnaissance. On ne s'est peut-être pas suffisamment occupé de vous et l'on ne vous a pas orienté dans la vie.

HÔTESSE D'ACCUEIL : Voir les articles **HÔTESSE** et **SECRÉTAIRE**.

HÔTESSE DE L'AIR : Voir les articles **HÔTESSE** et **SECRÉTAIRE**.

HUISSIER DE JUSTICE : Voir les articles **NOTAIRE** et **AVOCAT**.

ILLUSTRATEUR : Voir les articles **CRÉATEUR, DESSINATEUR** et, pour l'origine, l'article **PEINTRE**.

INFIRMIER : Vous êtes doux, patient, attentionné, aux petits soins, positif, réconfortant, vous soutenez et êtes plein d'énergie, actif, organisé et efficace. Vous êtes à la fois technique, dans la prévention, avec le sens de l'écoute, de la psychologie, du contact, de la compassion, vous avez beaucoup de compétences. Vous êtes solide, fort, persévérant, courageux, résistant physiquement et nerveusement. Vous savez surveiller, exécuter, soulager, être à la fois discret et engagé. Vous aimez apporter du confort, du mieux-être, vous êtes dévoué, dans le service, l'aide à l'autre, le don de soi.

Vous avez peut-être inconsciemment dans votre enfance, emmagasiné un choc émotionnel qui fait que vous avez été un moment donné « infirme hier ». On ne s'est pas occupé de vous (ou à l'inverse beaucoup trop), on vous a laissé vous débrouiller seul, on ne vous a pas porté attention, aide et secours comme vous en aviez besoin... Si vous travaillez essentiellement la nuit, vous ne souhaitez peut-être pas être vu.

INFORMATICIEN : Vous êtes intelligent, chercheur, créatif, concepteur et plutôt indépendant et solitaire dans votre travail. Patient, tenace, perspicace, travailleur, vous savez collecter les informations, vérifier, contrôler, analyser, raisonner. Vous aimez apprendre, évoluer, la nouveauté, ce qui est à la pointe, former, enseigner, expliquer, solutionner. Vous êtes à l'écoute, au service d'autrui. Vous vous adaptez rapidement, simplifiez, classez, ordonnez grâce à votre logique, votre côté cartésien et technique.

Vous avez peut-être inconsciemment dans votre enfance, emmagasiné un choc émotionnel suite à un conflit, un rejet. Vous avez dû vivre ou subir des expériences difficiles, et/ou peut-être même grandir dans une ambiance de non-dit.

INGÉNIEUR : Intelligent, cultivé, vous êtes souvent un passionné, spécialisé dans un domaine que vous maîtrisez. Calme, posé, réfléchi, vous analysez les problèmes, recherchez la meilleure solution pour mettre en place de nouvelles procédures. Vous aimez imaginer, créer, concevoir en prenant en compte délais, budgets, conformité et sécurité. Vous savez établir des plans, des cahiers des charges, des devis, des contrats, des rapports. Vous aimez diriger, déléguer, coordonner, gérer une équipe, suivre les affaires de A à Z, mettre en œuvre, suivre le bon déroulement de projets. Vous avez des connaissances techniques approfondies, ne comptez pas vos heures et vos déplacements. Vous assurez de lourdes responsabilités.

Vous avez peut-être inconsciemment dans votre enfance, emmagasiné un choc émotionnel suite à un certain manque de repère, de réelle structure. Certains ont pu grandir dans un milieu étouffant qui n'encourageait pas l'initiative (voyez votre spécialité, elle vous renseigne davantage). On vous a peut-être caché des choses que vous cherchez encore ou que vous n'avez pu résoudre.

INGÉNIEUR DE LABORATOIRE : Voir les articles INGÉNIEUR et CHERCHEUR.

INGÉNIEUR EN MÉCANIQUE : Voir les articles INGÉNIEUR et MÉCANICIEN.

INGÉNIEUR DE LA POLICE SCIENTIFIQUE : Voir les articles INGÉNIEUR et POLICIER.

INGÉNIEUR DU SON : Voir l'article INGÉNIEUR.

INGÉNIEUR MULTIMÉDIA : Voir les articles MULTIMÉDIA et INGÉNIEUR.

INSPECTEUR DE POLICE : Voir les articles POLICIER et CONTRÔLEUR.

INSPECTEUR DES AFFAIRES MARITIMES : Voir les articles POLICIER et GESTIONNAIRE.

INSPECTEUR DES FINANCES : Voir les articles POLICIER et GESTIONNAIRE.

INSPECTEUR DE FONDS : Voir les articles POLICIER et GESTIONNAIRE.

INSPECTEUR DES IMPÔTS : Voir l'article CONTRÔLEUR.

INSPECTEUR DE MAGASIN : Voir l'article CONTRÔLEUR.

INSPECTEUR DU TRAVAIL : Voir l'article CONTRÔLEUR.

INSTITUTEUR : Voir l'article PROFESSEUR.

INSTRUCTEUR : Voir l'article **PROFESSEUR**.

INTENDANT : Voir les articles **ÉCONOME** et **COMPTABLE**.

INTERPRÈTE : Vous êtes plutôt ouvert, multiculturel, vous aimez communiquer, échanger, transmettre sur le plan oral et/ou écrit. Vous avez une très bonne capacité d'écoute, de symbiose, de ressenti, de concentration, de retranscription. Vous êtes également précis, subtil, sérieux, délicat, dans la maîtrise. Vous savez très bien restituer les choses et pouvez même mener deux actions à la fois. Vous aimez étudier, réfléchir, analyser, décortiquer, rechercher, vous spécialiser, vous avez une bonne élocution et une grande agilité d'esprit. Vous êtes bien en lien avec les autres, adaptable, à leur service.

Vous avez peut-être inconsciemment dans votre enfance, emmagasiné un choc émotionnel parce que vous n'avez pas su vous faire comprendre, entendre. Cela a généré en vous un conflit, une souffrance, une distance, une incompréhension culturelle, une étroitesse d'esprit, une fermeture... et interpréter est votre réparation. Peut-être avez-vous aussi été témoin d'une grande incompréhension dans votre famille ?

JARDINIER : Vous avez la main verte, aimez être dehors, au contact de la nature. Vous savez observer, ressentir, être attentionné et régulier. Vous êtes humble, avec de bonnes aptitudes physiques, résistant aux intempéries. Vous possédez un esprit créatif et artistique.

Vous avez peut-être inconsciemment dans votre enfance, emmagasiné un choc émotionnel où vous avez manqué de communication, d'attention, d'échange vrai et naturel. On vous a peut-être un peu enfermé, interdit de bouger et donc limité en mouvement.

JOAILLIER : Voir l'article **BIJOUTIER**.

JOURNALISTE : Vous savez écouter, recueillir, chercher, repérer, vous documenter, vous investir, vous adapter, retranscrire. Vous aimez attirer et capter l'attention avec vos discours, votre présence, vos écrits, votre style. Vous savez faire passer le message. Vous avez une bonne culture générale, de l'aisance dans la communication, la rédaction, les relations humaines et vous allez à l'essentiel. Vous savez travailler dans un bureau mais préférez être sur le terrain, curieux, malin, débrouillard. Certains ont une vie aventureuse, voire risquée. Vous appréciez le travail d'équipe. Votre vie est très remplie, vous êtes toujours à l'affût et dans l'urgence.

Vous avez peut-être inconsciemment dans votre enfance, emmagasiné un choc émotionnel dû à un rejet, une injustice, de la solitude ou vous n'avez pas eu le droit à la parole, avez été ignoré, non reconnu.

JUGE : Voir les articles **NOTAIRE** et **AVOCAT**.

JURISTE : Voir les articles **NOTAIRE** et **AVOCAT**.

KINÉSITHÉRAPEUTE : Vous êtes quelqu'un de courageux, de résistant physiquement et psychiquement, aimez apprendre, avancer et progresser. Vous avez de l'écoute, du tact, de la pudeur, de la patience, de la discrétion, de l'attention, de l'accueil et de la douceur. Vous avez à la fois une dimension technique et humaine, de la pédagogie et de la compassion, partout où vous passez vous apportez soutien, espoir, bonne humeur. Vous êtes équilibré, solide, tenace, persévérant, pragmatique, efficace, adaptable. Vous êtes assez dur avec « vous-m'aime », vous avez besoin qu'on vous soulage, qu'on prenne soin de vous mais vous préférez vous occuper des autres.

Vous avez peut-être inconsciemment dans votre enfance, emmagasiné un choc émotionnel lié à un accident sur le plan physique, que vous avez besoin de réparer, de soigner. Vous avez en vous une douleur, un handicap, une rigidité (un conflit...) que vous souhaitez régler, rééquilibrer. Vous avez également manqué d'attention, de présence, de douceur, de câlin, de caresse, de toucher, et d'amour (surtout pour les masseurs).

LAPIDAIRE : Voir l'article **BIJOUTIER**.

LIFTIER : Voir l'article **EMPLOYÉ D'HÔTEL**.

LINGÈRE : Voir l'article **FEMME ou HOMME DE MÉNAGE**.

LINGUISTE : Voir l'article **INTERPRÈTE**.

LIVREUR : Voir l'article **CONDUCTEUR**.

MAÇON : Voir l'article **ARTISAN**.

Vous avez peut-être inconsciemment dans votre enfance, emmagasiné un choc émotionnel car vous avez manqué d'une certaine structure ou quelque chose a été symboliquement et/ou réellement démoli, détruit en vous. Vous avez donc besoin de consolider, de réparer, de reconstruire maintenant ce qui est important pour vous.

MAGICIEN : Vous aimez surprendre, distraire, faire rire, interroger, impressionner et avez besoin d'attirer le regard, d'être vu et reconnu.

Vous êtes malin, agile, inventeur, secret et aimez un peu tricher, tromper, camoufler la réalité ouvertement. Vous aimez montrer un autre monde, convaincre les autres qu'une réalité différente existe, et pour cela, vous vous entraînez beaucoup, vous êtes prêt à tout.

Vous avez peut-être inconsciemment dans votre enfance, emmagasiné un choc émotionnel parce que la réalité a été dure pour vous. Vous avez vécu ou on vous a trop tôt expliqué, raconté une réalité que vous n'étiez pas prêt à assumer.

MAGISTRAT : Voir les articles **NOTAIRE** et **AVOCAT**.

MAIRE : Voir l'article **POLITICIEN**.

MAÎTRE-CHIEN : Voir l'article **ANIMALIER** et éventuellement **POLICIER**.

MAÎTRE NAGEUR SAUVETEUR : Voir l'article **ENTRAÎNEUR**.

MAÎTRE D'ŒUVRE : Voir l'article **ARCHITECTE**.

MAÎTRE D'OUVRAGE : Voir l'article **ARCHITECTE**.

MANAGER : Vous avez le sens du contact, de la communication, vous êtes plutôt cultivé, intelligent et savez créer, prévoir, gérer, coordonner et planifier. Vous tendez vers l'équilibre avec un bon esprit d'analyse et de synthèse. Vous cultivez des connaissances dans votre domaine sur les plans humain, financier, technique, commercial, etc. Vous êtes solide, positif, constructif, trouver des solutions, êtes à la fois dans l'écoute et l'action, vous savez animer, motiver, impulser, mais aussi contrôler et mettre de l'ordre. Vous êtes un « pilote », un responsable, un dirigeant, vous savez assumer, représenter, supporter, décider, vous êtes dans la maîtrise, sûr de vous, vous avez des idées plus ou moins arrêtées que vous voulez réaliser.

Vous avez peut-être inconsciemment dans votre enfance, emmagasiné un choc émotionnel dû à un manque de soutien, de repère, de structure, de force, d'écoute, de vision, de responsabilité. Vous montrez en fait aux autres ce que vous n'avez pas reçu.

MANDATAIRE JUDICIAIRE : Voir les articles **NOTAIRE** et **AVOCAT**.

MANUCURE : Voir l'article **ESTHÉTICIENNE**.

MAQUILLEUSE : Voir l'article **ESTHÉTICIENNE**.

MARIN : Vous aimez prendre le large, le grand air et ne craignez pas les situations difficiles. Vous avez une bonne condition physique, vous êtes solide, patient, tenace, téméraire, travailleur, efficace. Même si vous savez très bien travailler en équipe, en confiance, vous avez un côté un peu solitaire. Vous êtes responsable, souvent spécialisé dans un domaine et au service d'autrui.

Vous avez peut-être dans votre enfance, emmagasiné un choc qui vous a noué, bloqué au niveau de l'expression de vos émotions et/ou avez vécu un manque, un problème en lien avec votre mère et le féminin. Il est possible que vous ayez manqué de quelque chose ou pas apprécié une personne, un événement, ce qui vous amène à être dans un système de fuite et de recherche d'autres « horizons ». Voir également l'article ***MILITAIRE****, si vous êtes concerné.*

MARIN POMPIER : Voir les articles **POMPIER**, **MILITAIRE** et **MARIN**.

MARKETING : Voir l'article **COMMERCIAL**.

MAROQUINIER : Voir l'article **ARTISAN**.

MARQUETEUR : Voir l'article **MENUISIER**.

MASSEUR : Voir l'article **KINÉSITHÉRAPEUTE**.

MATELOT : Voir l'article **MARIN**.

MATHÉMATICIEN : Voir les articles **COMPTABLE** et **PROFESSEUR**.

MÉCANICIEN : Vous aimez remplacer ce qui ne fonctionne plus, résoudre les problèmes, rééquilibrer les choses, satisfaire les gens, rendre service. Vous avez un bon esprit d'analyse, de déduction, vous êtes rapide, efficace et aimez tout ce qui est technique. Vous préférez ce qui tourne rond, alors vous savez prévoir, entretenir, contrôler, régler, réparer, conseiller, voire expliquer vos connaissances. Vous êtes précis et avez le sens des responsabilités. Plutôt de nature solide, résistant, débrouillard, vous pouvez travailler en tout temps et tout lieu.

Vous avez peut-être inconsciemment dans votre enfance, emmagasiné un choc émotionnel lié à un problème matériel, mécanique qui n'a pas été résolu et qui a eu des conséquences fâcheuses.

MÉDECIN GÉNÉRALISTE : Vous aimez apprendre, avancer, résoudre les problèmes, analyser, enquêter, chercher, vous êtes qualifié, passionné par la technique et l'humain. Vous avez une excellente résistance physique et psychique, assumez, assurez, vous êtes indépendant, rigoureux, engagé, responsable. Cultivé, intelligent, vous avez du tact, de la pudeur, de l'habilité, de la détermination, de la persévérance, de la rigueur, de la ténacité, du sang-froid. Vous êtes également disponible, à l'écoute, attentionné, pédagogue, patient, dans l'accueil. Vous avez de la mémoire, de la précision, êtes efficace, savez vérifier, contrôler, conseiller, compter, gérer, assurer. Vous êtes disponible, au service de l'autre pour le soulager, pour le mieux-être, dans le don de soi.

Vous avez peut-être inconsciemment dans votre enfance, emmagasiné un choc émotionnel dans lequel vous ou un proche n'a pas pu être aidé, soulagé, soigné à temps, ce qui a provoqué une souffrance, un handicap ou un décès.

MÉDECIN SPÉCIALISTE : Voir aussi l'article **MÉDECIN GÉNÉRALISTE**. Vous avez en plus les qualités qui correspondent à votre spécialité, et le fait que vous exerciez cette profession est aussi en lien avec certaines de vos spécificités. Exemple : un pédiatre a dû vivre, enfant ou dans sa famille, un défaut de communication ; un pédicure-podologue a davantage une problématique au niveau des pieds, etc.

MÉDIATEUR : Voir l'article **DIPLOMATE**.

MENUISIER : Vous aimez tracer, dessiner, concevoir, imaginer, tailler, découper, lisser, assembler, fixer, construire, réparer, rénover, habiller, décorer et enjoliver. Vous êtes créatif et avez une certaine connaissance des styles et de l'art. Vous êtes précis, visualisez bien les choses et possédez une bonne habilité manuelle et technique.

Vous avez peut-être inconsciemment dans votre enfance, emmagasiné un choc émotionnel concernant votre croissance. Vous avez besoin de grandir, vous reconstruire, vous élever, prendre votre place, vous relier entre terre et ciel, entre masculin et féminin.

MÉTALLIER : Voir l'article **ARTISAN**.

METTEUR EN SCÈNE : Voir l'article **RÉALISATEUR**.

MILITAIRE : Vous êtes fort, tenace, persévérant, résistant, courageux, robuste, sportif, possédant une très bonne condition physique et un mental bien trempé. Vous êtes une personne engagée, qui reconnaît le système hiérarchique. Même si vous êtes un peu rebelle, vous acceptez les règles, les ordres et vous êtes disponible et mobile. Vous êtes un homme ou une femme de terrain, opérationnel, efficace, vous assurez, sécurisez, et savez défendre ou attaquer s'il le faut. Vous êtes un combattant et un technicien, vous avez à la fois une très forte personnalité et un esprit d'entraide, d'équipe ainsi que le sens du devoir et du service.

Vous avez peut-être inconsciemment dans votre enfance, emmagasiné un choc émotionnel concernant le masculin, votre père, et vous avez une revanche à prendre sur la vie. Vous avez vécu des choses difficiles dues à l'absence de repère et de structure saine. Il s'est ajouté à cela un manque d'amour important, ce qui crée en vous des conflits et des combats.

MIME : Voir l'article **COMÉDIEN**.

MINISTRE : Voir l'article **POLITICIEN**.

MODÉLISTE : Voir l'article **COUTURIER**.

MODISTE : Voir l'article **COUTURIER**.

MONITEUR : Voir les articles **PROFESSEUR** et **GUIDE**.

MONITEUR D'AUTO-ÉCOLE : Voir les articles **PROFESSEUR** et **CHAUFFEUR**.

MONITEUR DE SKI : Voir les articles **PROFESSEUR** et **MONTAGNARD**.

MONTAGNARD : Vous êtes franc, naturel, voire un peu sauvage, rustre, appréciant la solitude. Vous êtes fort, solide, endurant, tenace, efficace et possédez une très bonne condition physique. Vous êtes prudent, prévoyant, confiant, sûr de vous, également au service d'autrui, on peut compter sur vous. Vous êtes rigoureux et adaptable, vous gérez très bien l'imprévu et savez faire preuve de sang-froid. Vous avez un côté aventurier, pionnier, un peu passe-partout, acrobate.

Vous avez peut-être inconsciemment dans votre enfance, emmagasiné un choc émotionnel lié au masculin, au père. La cause en serait un manque de communication, d'affection, ou un papa souvent absent, qui vous a abandonné ou qui est décédé trop tôt.

MONTEUR : Voir l'article **MÉCANICIEN**.

MOQUETTISTE : Voir l'article **ARTISAN**.

MOTARD : Voir l'article **POLICIER**.

MULTIMÉDIA : Dessinateur, scénariste, inventeur, producteur…, vous aimez maîtriser toutes les nouvelles technologies de l'image. Créateur, organisateur, animateur, planificateur, gestionnaire, vous appréciez généralement travailler en groupe, tout en étant indépendant. Vous savez allier la créativité et la technique, comme concevoir l'architecture d'un programme de pointe en langage informatique. Intelligent, rapide, efficace, vous aimez apprendre, découvrir. Le temps ne compte pas vraiment pour vous, vous êtes un passionné.

Vous avez peut-être inconsciemment dans votre enfance, emmagasiné un choc émotionnel car votre existence était, par certains aspects, lourde, rébarbative, trop lente à votre goût, sans vrais changements ni nouveauté.

MUSICIEN : Vous avez un très bon ressenti, de la sensibilité, du rythme et une très bonne oreille. Vous êtes doué dans votre domaine, passionné, vous aimez rêver, vous libérer, flotter. Vous savez vous discipliner, vous contraindre et dépasser vos peurs pour réussir, affronter les concours et le public. Vous pouvez vous adapter en gardant le même axe grâce à votre ténacité, votre perspicacité et votre volonté. Vous pouvez préférer orchestrer seul ou à plusieurs et, dans ce dernier cas, vous possédez aussi un esprit de groupe.

Vous avez peut-être inconsciemment dans votre enfance, emmagasiné un choc émotionnel car vous étiez enfermé dans des contraintes et aviez besoin de vous évader, mais à l'époque ce n'était guère possible. Vous n'auriez alors peu ou pas reçu de reconnaissance. Vous pouvez également avoir de la rancœur ou vécu très jeune des choses difficiles que vous jugiez injustes.

NATUROPATHE : Voir aussi l'article **THÉRAPEUTE**. Vous êtes dans la prévention, vous savez repérer les déséquilibres et avez une vue d'ensemble. Vous aimez ce qui est naturel, dans le domaine de la santé, de l'hygiène. Votre axe est de prendre soin des autres en traitant les problèmes dans le fond, en cherchant les causes. Vous privilégiez les solutions saines et durables.

Vous avez peut-être inconsciemment dans votre enfance, emmagasiné un choc émotionnel en lien avec un certain manque de « nourriture », d'équilibre. Un de vos proches aurait subi un problème de santé qui vous a marqué et vous cherchez encore à soigner cette souffrance.

NÉGOCIATEUR : Voir l'article **DIPLOMATE**.

NÉGOCIATEUR IMMOBILIER : Voir l'article **AGENT IMMOBILIER**.

NEUROLOGUE : Voir les articles **MÉDECIN GÉNÉRALISTE** et **SPÉCIALISTE**.

NOTAIRE : Vous êtes intelligent, cultivé, vous aimez étudier, raisonner, réfléchir, chercher et trouver des solutions. Vous êtes procédurier, perspicace, rigoureux, organisé, possédez de bonnes capacités d'analyse, de synthèse et de rédaction. Vous savez écouter, avez du tact, de la discrétion, de la diplomatie, vous êtes prévenant, conciliant. Vous êtes accessible, efficace, un confident sûr, un conseiller. Vous aimez la loyauté, l'impartialité, les choses carrées, droites, légales, justes, l'application et le respect strict des lois.

Vous avez peut-être inconsciemment dans votre enfance, emmagasiné un choc émotionnel dû à une injustice sur le plan personnel. Matériellement, vous avez été évincé d'un héritage, d'une terre, d'un contrat, etc.

NOURRICE : Voir l'article **ASSISTANT**.

OFFICIER MILITAIRE : Vous savez appliquer les règles, les ordres et maîtriser l'administratif, la technique et le commandement d'équipes. Vous êtes une personne de terrain, forte sur le plan mental et physique, toujours disponible, mobile, opérationnel, combatif. Vous assurez, sécurisez, veillez, préparez, prévoyez, repérez, organisez, simulez, savez défendre ou attaquer. Vous êtes un manager, responsable, secret, instruit, gestionnaire, à la pointe de la technologie. Vous savez former, entretenir, déléguer, sanctionner, mener des hommes n'importe où.

Vous avez peut-être inconsciemment dans votre enfance, emmagasiné un choc émotionnel concernant le « masculin », votre père, et vous avez une revanche à prendre sur la vie. Vous avez vécu des expériences difficiles, un manque d'amour important, il y a en vous des conflits et des combats.

OPÉRATEUR DE PRISE DE VUE : Voir l'article **PHOTOGRAPHE**.

OPHTALMOLOGISTE : Voir les articles **MÉDECIN GÉNÉRALISTE** et **SPÉCIALISTE**.

OPTICIEN : Voir les articles **COMMERÇANT** et **MÉDECIN SPÉCIALISTE**.

ORTHODONTISTE : Voir l'article **DENTISTE**.

ORTHOPHONISTE : Voir les articles **MÉDECIN GÉNÉRALISTE** et **SPÉCIALISTE**.

OSTÉOPATHE : Voir l'article **KINÉSITHÉRAPEUTE**.

PALÉONTOLOGUE : Voir les articles **ARCHÉOLOGUE** et **CHERCHEUR**.

PÂTISSIER : Voir l'article **BOULANGER**.

PATRONNIER : Voir l'article **COUTURIER**.

PAYSAGISTE : Voir l'article **JARDINIER**.

PÊCHEUR : Voir l'article **MARIN**.

PÉDIATRE : Voir les articles **MÉDECIN GÉNÉRALISTE** et **SPÉCIALISTE**.

PEINTRE : Voir l'article **ARTISAN**.

PÉPINIÉRISTE : Voir l'article **JARDINIER**.

PHARMACIEN : Voir les articles **MÉDECIN** et **INFIRMIER**.

Vous avez peut-être inconsciemment dans votre enfance, emmagasiné un choc émotionnel ou quelqu'un dans votre famille a souffert d'un manque de soin, de médicaments ou d'assistance.

PHOTOGRAPHE : Vous aimez observer, chercher, sélectionner, choisir un espace, un cadre, vous êtes à la fois « fixe » et dans le mouvement. Vous êtes patient, précis, net et savez gérer la technique, toujours dans un souci de plus grande qualité. Vous avez un bon sens visuel et artistique et êtes spécialisé dans un domaine. Vous êtes classique ou original, contemporain ou créatif, mais dans tous les cas vous appréciez faire passer un message.

Vous avez peut-être inconsciemment dans votre enfance, emmagasiné un choc émotionnel qui vous incite à garder, à sauvegarder le passé. Il est également possible que l'on vous ait obligé à vivre dans le souvenir ou, au contraire, dans la perspective du futur, et donc pour vous ce qui est important, c'est le moment présent.

PHYSICIEN : Voir l'article **CHERCHEUR**.

PIGISTE : Voir l'article **JOURNALISTE**.

PILOTE D'AVION : Vous êtes intelligent, cultivé, vous aimez apprendre, vous élever, diriger, commander, l'action, le changement, le dépassement et la découverte d'autres horizons. Vous êtes capable d'assumer de lourdes responsabilités, vous possédez un équilibre nerveux et physique à toute épreuve, une grande présence d'esprit et vous restez toujours maître de vous, même dans l'imprévu. Vous êtes ponctuel, précis, organisé, efficace, rapide et au service des autres.

Vous avez peut-être inconsciemment dans votre enfance, emmagasiné un choc émotionnel suite à un problème avec votre père qui vous a manqué : il a été absent, il vous a abandonné ou vous ne pouviez pas compter sur lui, etc.

PILOTE DE CHASSE : Voir les articles **MILITAIRE** et **PILOTE D'AVION**.

PISTEUR SECOURISTE : Voir l'article **MONTAGNARD**.

PLÂTRIER : Voir l'article **ARTISAN**.

PLOMBIER : Voir l'article **ARTISAN**.

PODOLOGUE : Voir les articles **MÉDECIN GÉNÉRALISTE** et **SPÉCIALISTE**.

POLICIER : Vous avez besoin d'intégrer une structure, un cadre, de faire partie d'une « famille ». Vous avez le sens des responsabilités, du droit, de la justice, du devoir, des lois et du service. Vous êtes précis, rigoureux, organisé, efficace, dynamique, sportif, vous savez défendre et/ou attaquer pour protéger. Vous êtes solide, assuré, vous sécurisez, informez, prévenez, contrôlez, rappelez, voire sanctionnez. Vous appréciez surveiller, enquêter, questionner, vérifier, recouper les informations, déduire, comprendre. Vous êtes disponible, vous pouvez aussi bien travailler dans un bureau que sur le terrain.

Vous avez peut-être inconsciemment dans votre enfance, emmagasiné un choc émotionnel où vous n'avez pu protéger, sécuriser une personne ou vous-même. Ou alors vous avez manqué de cadre, de bonnes références, de justice, de repères et de reconnaissance. On vous a peut-être menti, caché des choses, des secrets, etc.

POLITICIEN : Vous savez écouter, échanger, parler, rassembler, convaincre, décider, vous avez beaucoup de charisme et de magnétisme. Vous êtes malin, adaptable, intelligent, courageux, volontaire, travailleur, un citoyen responsable, au service d'autrui, de votre pays. Vous avez des idées, des projets, pour aider, améliorer les choses, relever des défis vous plaît. Vous êtes sérieux, rigoureux, organisé, prévoyant, gestionnaire et appréciez unir, réunir, travailler en équipe. Vous êtes un initiateur possédant un esprit de décision avéré, vous faites preuve d'autorité, de pouvoir et vous n'avez pas peur des conflits.

Vous avez peut-être inconsciemment dans votre enfance, emmagasiné un choc émotionnel dû à un manque de reconnaissance, une certaine solitude, une absence d'amour, de lien, etc.

POMPIER : Vous savez être actif, sportif, rapide, agir dans l'urgence, prendre des risques et réfléchir. Vous êtes aussi précis, efficace, organisé, plutôt solide et la tête bien sur les épaules. Vous êtes courageux, vous aimez aider, protéger, sécuriser, secourir, sauver. Vous êtes dans le don de soi, le service à l'autre, voire le sacrifice, dans l'altruisme. Vous avez aussi le sens des règles, du devoir et des responsabilités.

Vous avez peut-être inconsciemment dans votre enfance, emmagasiné un choc émotionnel lié à un incendie, un feu. Il y a eu un problème, et vous, ou un proche, n'avez rien pu ou su faire, ou encore, êtes arrivé trop tard et un drame s'est produit.

PORTIER : Voir l'article **EMPLOYÉ D'HÔTEL**.

PRÉPARATEUR PHYSIQUE : Voir l'article **ENTRAÎNEUR**.

PROCUREUR : Voir les articles **NOTAIRE** et **AVOCAT**.

PRODUCTEUR : Voir l'article **RÉALISATEUR**.

PRODUCTEUR MULTIMÉDIA : Voir les articles **MULTIMÉDIA** et **MANAGER**.

PROFESSEUR : Vous aimez réfléchir, étudier, préparer, calculer, planifier, organiser, orchestrer, corriger, évaluer, noter. Vous êtes patient, dans l'écoute, vous appréciez enseigner, apprendre, aider, accompagner, soutenir, éveiller, garder, instruire, éduquer, montrer, démontrer, former, motiver, initier. Vous êtes très bon pédagogue, à la fois technique et humain, rigoureux et souple, souvent spécialisé, qualifié, passionné par un domaine, une discipline. Vous favorisez le développement, l'épanouissement, les règles de la vie sociale. Vous aimez les enfants, la jeunesse et transmettre des connaissances, un savoir-faire et/ou des valeurs.

Vous avez peut-être inconsciemment dans votre enfance, emmagasiné un choc émotionnel lié à une impossibilité à comprendre ou se faire comprendre. Vous étiez seul, insuffisamment soutenu. Vous avez souffert de l'inconnu et d'une certaine insécurité. Vous souhaitez aujourd'hui évoluer dans un cadre connu, sécurisé…

PROFESSEUR DE COIFFURE : Voir les articles **PROFESSEUR** et **COIFFEUR**.

PROFESSEUR DE DANSE : Voir les articles **PROFESSEUR** et **DANSEUR**.

PROFESSEUR DE DESSIN : Voir les articles **PROFESSEUR**, **CRÉATEUR** et **DESSINATEUR**.

PROFESSEUR DE DROIT : Voir les articles **PROFESSEUR**, **AVOCAT** et **NOTAIRE**.

PROFESSEUR D'ÉDUCATION PHYSIQUE : Voir les articles **PROFESSEUR** et **ENTRAÎNEUR**.

PROFESSEUR D'HISTOIRE : Voir les articles **PROFESSEUR** et **ARCHÉOLOGUE**.

PROFESSEUR D'INFORMATIQUE : Voir les articles **PROFESSEUR** et **INFORMATICIEN**.

PROFESSEUR DE LANGUE : Voir les articles **PROFESSEUR** et **INTERPRÈTE**.

PROFESSEUR DE MATHÉMATIQUES : Voir les articles **PROFESSEUR** et **COMPTABLE**.

PROFESSEUR EN MÉCANIQUE : Voir les articles **PROFESSEUR** et **MÉCANICIEN**.

PROFESSEUR DE MENUISERIE : Voir les articles **PROFESSEUR** et **MENUISIER**.

PROFESSEUR DE PHYSIQUE-CHIMIE : Voir les articles **PROFESSEUR** et **CHERCHEUR**.

PROFESSEUR DE SPORT : Voir les articles **PROFESSEUR** et **ENTRAÎNEUR**.

PROGRAMMATEUR : Voir l'article **INFORMATICIEN**.

PROTHÉSISTE DENTAIRE : Voir l'article **DENTISTE**.

PSYCHANALYSTE : Voir l'article **THÉRAPEUTE**.

PSYCHIATRE : Voir les articles **THÉRAPEUTE** et **MÉDECIN**.

PSYCHOLOGUE : Voir l'article **THÉRAPEUTE**.

PUÉRICULTRICE : Voir les articles **THÉRAPEUTE** et **MÉDECIN**.

RÉALISATEUR : Vous aimez créer, diriger, coordonner, planifier, mettre en œuvre concrètement des projets avec diplomatie et exigence.

Vous savez assumer de grandes responsabilités à la fois artistiques, techniques, économiques, humaines. Vous aimez effectuer des mises au point, en ayant un contrôle constant sur les choses pour atteindre la perfection. Pour cela, vous êtes organisé, précis, rigoureux. Vous avez une vue tant globale que détaillée. Vous savez observer, échanger, communiquer avec tout le monde, recruter, suivre, animer, superviser une équipe, vous êtes un homme-orchestre, de terrain, de maîtrise, intelligent et cultivé.

Vous avez peut-être inconsciemment dans votre enfance, emmagasiné un choc émotionnel : on ne s'est pas vraiment occupé de vous, on ne vous a pas vraiment écouté, servi, on ne vous a pas prêté assez d'attention, etc.

RÉCEPTIONNISTE : Voir les articles **HÔTESSE** et **SECRÉTAIRE**.

RÉDACTEUR : Voir l'article **JOURNALISTE**.

RÉFÉRENCEUR : Voir l'article **INFORMATICIEN**.

RÉGISSEUR : Voir l'article **RÉALISATEUR**.

RELIEUR-DOREUR : Voir l'article **ARTISAN**.

REPORTER : Voir l'article **JOURNALISTE**.

REPORTER PHOTOGRAPHE : Voir les articles **JOURNALISTE** et **PHOTOGRAPHE**.

REPRÉSENTANT : Voir l'article **COMMERCIAL**.

RESTAURATEUR : Voir l'article **CUISINIER**.

ROUTIER : Voir l'article **CONDUCTEUR**.

SAGE-FEMME : Voir l'article **INFIRMIER**.

Vous avez peut-être inconsciemment dans votre enfance, emmagasiné un choc émotionnel en lien avec une grossesse ou un accouchement, les vôtres ou ceux de vos ascendantes. Faites votre enquête.

SAPEUR-POMPIER : Voir les articles **POMPIER** et **MILITAIRE**.

SCÉNARISTE : Voir l'article **ÉCRIVAIN**.

SCULPTEUR : Voir l'article **MENUISIER**.

SECOURISTE : Voir les articles **POMPIER** et **INFIRMIER**.

SECRÉTAIRE : Vous êtes à l'écoute, souple, adaptable, attentif, précis. Vous savez accueillir, informer, orienter, recevoir, échanger, communiquer, rappeler, coordonner et planifier. Vous avez le sens du contact, du service à autrui. Présent, vous aimez être au courant de tout mais restez discret. Maîtrisant l'écrit, vous appréciez corriger, remanier, améliorer, préparer, vérifier, contrôler et également ranger, classer, organiser. Vous possédez des capacités tant techniques qu'humaines.

Vous avez peut-être inconsciemment dans votre enfance, emmagasiné un choc émotionnel dû à votre solitude du moment. Vous avez manqué d'attention, d'amour, de reconnaissance de la part d'un proche, on ne s'est pas tellement occupé de vous. Il est possible que dans votre environnement familial il y ait eu un « secret » à « taire ».

SECRÉTAIRE DE RÉDACTION : Voir les articles **JOURNALISTE** et **SECRÉTAIRE**.

SOCIOLOGUE : Voir les articles **CHERCHEUR** et **PROFESSEUR**.

SOIGNEUR DE ZOO : Voir l'article **ANIMALIER**.

SOUDEUR : Voir l'article **ARTISAN**.

SOUS-OFFICIER : Voir les articles **OFFICIER** et **MILITAIRE**.

SPORTIF PROFESSIONNEL : Vous aimez bouger, vous dépasser, relever des défis, vous avez de la force, beaucoup d'énergie et aimez le challenge et vous mesurer aux autres. Vous êtes doué et précis dans un domaine. Vous savez observer, vous organiser, prendre en compte des données, agir, vous concentrer. Vous êtes résistant. Vous avez du sang-froid et prenez des risques.

Vous avez peut-être inconsciemment dans votre enfance, emmagasiné un choc émotionnel lié à un manque de reconnaissance, d'équilibre, d'harmonie et d'attention, ce qui a généré un certain combat en vous. Vous avez besoin de vous valoriser, de vous prouver que vous êtes bon, voire le meilleur. Vous voulez équilibrer votre énergie, maîtriser votre corps.

STAFFEUR : Voir l'article **ARTISAN**.

STYLISTE DE MODE : Voir les articles **CRÉATEUR** et **COUTURIER**.

STYLISTE VISAGISTE : Voir l'article **COIFFEUR**.

SUBSTITUT DU PROCUREUR : Voir les articles **NOTAIRE** et **AVOCAT**.

SYLVICULTEUR : Voir l'article **FORESTIER**.

TAILLEUR DE PIERRE : Voir l'article **ARTISAN**.

TAPISSIER : Voir l'article **ARTISAN**.

TAXI : Voir l'article **CONDUCTEUR**.

TECHNICIEN : Spécialisé dans un domaine, vous aimez la technique, créer, ajuster, régler, transformer, fabriquer, contrôler et améliorer les choses. Vous savez lire les plans, les cahiers des charges, les devis et prendre en compte les délais, les budgets, les normes et la sécurité. Vous aimez questionner, chercher, comprendre, mais aussi échanger, expliquer, former et conseiller. Vous êtes organisé, précis, calme, posé, réfléchi, vous savez analyser les problèmes et mettre en place la solution la plus adaptée.

Vous avez peut-être inconsciemment dans votre enfance, emmagasiné un choc émotionnel suite à un certain manque de « re-père », de structure ou vous privilégiez trop un domaine (en lien avec votre spécialité). On vous aurait caché des choses que vous cherchez encore ou vous n'avez pu résoudre un problème, une situation, etc.

TECHNICIEN DE BUREAU D'ÉTUDES : Voir les articles **DESSINATEUR**, **CRÉATEUR** et **ARCHITECTE**.

TECHNICIEN DE MAINTENANCE AUTOMOBILE : Voir l'article **MÉCANICIEN**.

TECHNICIEN DE SURFACE : Voir l'article **FEMME ou HOMME DE MÉNAGE**.

TECHNICIEN DE VENTE : Voir les articles **COMMERCIAL** et **TECHNICIEN**.

TECHNICO-COMMERCIAL : Voir les articles **COMMERCIAL** et **TECHNICIEN**.

THÉRAPEUTE : Vous êtes patient, observateur, vous donnez confiance, vous avez une écoute attentive, compatissante, sincère et disponible. Vous aimez échanger, interroger, questionner, communiquer, analyser, chercher, enquêter, tester, déduire. Passionné par l'humain et son fonctionnement psychique, vous souhaitez soulager, équilibrer, solutionner, rééduquer, guérir, résoudre les problèmes, expliquer, aider l'autre à prendre conscience de certaines choses. Vous êtes dans une dynamique de « sauvetage ».

Vous avez peut-être inconsciemment dans votre enfance, emmagasiné un choc émotionnel. Vous avez vécu d'importants problèmes. L'un de vos proches était malade, handicapé... et toute votre famille en a subi les conséquences. Vous avez été impuissant face à la souffrance. Il est possible aussi qu'on ne vous ait pas assez écouté, aidé, accompagné, porté attention, reconnu, etc.

TOILETTEUR : Voir l'article **ANIMALIER**.

TOPOGRAPHE : Voir l'article **DESSINATEUR**.

TRADUCTEUR : Voir l'article **INTERPRÈTE**.

TRAITEUR : Voir l'article **CUISINIER**.

TRIPIER : Voir l'article **BOUCHER**.

VALET DE CHAMBRE : Voir les articles **FEMME ou HOMME DE MÉNAGE**.

VEILLEUR DE NUIT : Voir les articles **GARDIEN** et **EMPLOYÉ D'HÔTEL**.

VENDEUR : Voir l'article **COMMERCIAL**.

VERRIER : Voir l'article **ARTISAN**.

VÉTÉRINAIRE : Voir l'article **ANIMALIER**.

VIGILE : Voir l'article **GARDIEN**.

VISITEUR MÉDICAL : Voir l'article **COMMERCIAL**.

VITICULTEUR : Voir l'article **AGRICULTEUR**.

VITRAILLISTE : Voir l'article **ARTISAN**.

VOITURIER : Voir l'article **EMPLOYÉ D'HÔTEL**.

VOLAILLER : Voir l'article **BOUCHER**.

VOYAGISTE : Au bureau ou sur le terrain, vous aimez imaginer, rêver, concevoir, organiser de A à Z les voyages. Vous avez besoin de mouvement, d'apprendre, de changement, de transmettre, de découvrir, de maîtriser, et pour cela vous connaissez un pays ou le monde comme votre poche ! Vous veillez à tout et savez contrôler, gérer, vendre, accompagner, guider, improviser, aider, servir autrui. En tant que responsable, vous êtes disponible, débrouillard, souriant, positif, accueillant, vous trouvez le meilleur rapport qualité/prix, le confort, la beauté dans l'originalité comme dans le traditionnel. Vous êtes ouvert, interculturel, parlez plusieurs langues, êtes communicatif, curieux, vous possédez un esprit pratique, le goût de la négociation et de la diplomatie.

Vous avez peut-être inconsciemment dans votre enfance, emmagasiné un choc émotionnel où on vous a plutôt limité, voire enfermé dans un mode de pensée et/ou physiquement. Vous auriez manqué d'attention, on ne vous aurait pas guidé, accompagné ou alors pas de manière appropriée, etc.

V.R.P. : Voir l'article COMMERCIAL.

WEB DESIGNER : Voir les articles INFORMATICIEN et CRÉATEUR.

WEB MARKETEUR : Voir les articles INFORMATICIEN et COMMERCIAL.

WEBMASTER : Voir l'article INFORMATICIEN.

ZOOLOGISTE : Voir l'article ANIMALIER.

Musiques

Il y a un lien complexe entre l'histoire de la musique, qui est particulièrement riche, et l'homme. La musique est un phénomène universel remontant à la préhistoire et qui a donné lieu à des modes, à travers le monde et les siècles. Il existe autant de musiques que de typologies d'humains.

L'omniscience que je cherche à décrire à travers ce livre, et plus particulièrement à travers ce chapitre, avait déjà été reconnue par Platon qui écrivait : « La musique et l'astronomie sont des sciences sœurs ». Et Pythagore qui étudia aussi la musique, la décrivait comme étant un jeu des rapports logiques, arithmétiques.

En fait, les différentes typologies de musique, le genre musical, l'époque où elle se situe, sa zone géographique d'origine, qu'elle soit vocale ou instrumentale, sacrée ou profane... sont en correspondance exacte avec les différents types de personnalités humaines. Un genre de musique décrit des pratiques musicales associées à un même contexte culturel, selon trois dimensions : historique, géographique et sociale. En conséquence, lorsque l'on parle de la musique d'un groupe social, de telle région du globe et de telle époque, on définit un type de personnalité et d'individu.

Le choix musical qui est le vôtre, n'est pas un hasard, il évolue et correspond à votre personnalité du moment, il vous représente, vous décrit, dévoile une facette de votre personnalité. Découvrez ci-dessous, les différentes musiques que vous écoutez, pour vous découvrir encore plus en profondeur.

Pour chaque description, soit vous êtes en partie ou en totalité cela, soit vous cherchez à l'être.

Pour aller plus loin

Apprenez à décoder les messages révélés par vos goûts musicaux comme par les musiques que vous n'aimez pas.

Que cherchez-vous à travers la musique ? À la lecture de ces définitions, qu'en déduisez-vous à votre sujet ?

Utilisez au mieux, dans votre quotidien, toutes ces informations.

CLASSIQUE : Vous êtes BCBG, distingué voire majestueux, et appréciez la solennité. Vous êtes naturellement cultivé, fin, sensible avec une grande profondeur émotionnelle. Vous avez un côté complexe, très élaboré, travaillé, étudié, ce qui vous amène à être très pointu dans un domaine. Vous aimez tout ce qui est académique, cérémonial, traditionnel. Vous êtes peut-être rigide, élitiste, vous avez besoin d'être « découvert », intégré pour être apprécié.

CLASSIQUE SYMPHONIQUE : En complément de l'article **CLASSIQUE**, vous êtes puissant, ambitieux et grandiose.

CLASSIQUE DE CHAMBRE : En complément de l'article **CLASSIQUE**, vous appréciez être dans l'intimité, cela vous berce et vous protège.

CLASSIQUE CONTEMPORAINE : En complément de l'article **CLASSIQUE**, vous êtes une personne surprenante et plutôt difficile d'accès.

DANCE : Voir l'article **DISCO**.

DISCO : Vous aimez vous montrer, être dans la dérision, même vous déguiser et mettre des paillettes. Vous savez lâcher prise, vous éclater, être dans le fun, le plaisir du moment, l'amusement. Vous appréciez la simplicité, les choses « rythmées », martelées.

FUNK : Voir l'article **DISCO**.

FUSION : Voir l'article **TECHNO**.

HARD-ROCK : Les bases de votre personnalité ressemblent à ce qui est indiqué dans l'article **ROCK**, mais avec plus de folie, de puissance, de force et d'agressivité. Vous avez des vêtements bien typés qui montrent votre côté rebelle, anarchique, décadent. Vous pouvez être perçu comme dérangeant, voire brutal.

HIP-HOP : Voir l'article **RAP**.

HOUSE : Voir l'article **TECHNO**.

JAZZ-BLUES : Vous êtes dans l'ouverture, l'accueil, parfois dans l'harmonie ou plutôt mélancolique. Votre grande sensibilité et votre feeling vous incitent à être innovant et créatif. Votre côté sophistiqué fait de vous un connaisseur dans un domaine. Chez vous, tout le monde est le bienvenu car vous êtes un adepte du multiracial connecté aux peuples de la terre.

JAZZ D'IMPROVISATION : En complément de l'article **JAZZ-BLUES**, vous savez être dans le moment présent relié à votre intuition, et donc vous vivez dans un équilibre matière/esprit, ce qui vous procure des moments magiques (« l'âme agit »).

LATINO : Vous appréciez les bonnes ambiances, la fête, l'exotisme, le rêve et la liberté. Vous aimez gentiment vous enivrer et faire tourner les têtes, vous êtes alors sensuel, chaud, voire sexuel. Vous avez une certaine richesse à la fois multiculturelle et multilingue. Vous appréciez également le folklore et le délire.

MUSIQUE DU MONDE : Vous êtes dans l'ouverture, l'échange, la paix, la tolérance. Vous prônez le partage et l'universalité culturelle, le rapprochement des peuples. Votre curiosité augmente constamment votre ouverture d'esprit.

MUSIQUE ÉLECTRONIQUE : Voir l'article **TECHNO**.

POP : Votre douceur et votre grande ouverture vous confèrent un côté sympathique, voire populaire. Vous trouvez souvent le côté positif et repérez les choses que tout le monde aime. Vous appréciez la diversité, vous avez une grande richesse de styles différents, ce qui vous rend fédérateur. Vous êtes à la fois émouvant, sentimental, mélodieux et très « électrique ».

RAP : Vous habitez souvent dans des banlieues, des quartiers modestes, vous êtes rebelle et peut-être provocateur, confrontant, redresseur de torts, justicier. Vous êtes un peu comme un Don Quichotte des temps modernes, un novateur surprenant, décalé. Vous êtes un crieur, un proclamateur de vérités et de non-dits.

REGGAE : Vous avez un côté baba cool, planant et parfois en transe. Vous aimez l'exotisme, les îles, le rêve, tout ce qui est enivrant. Vous êtes à la fois inattendu voire déjanté, déconnecté de la réalité mais avez du mal à évoluer.

ROCK : Vous aimez le changement, la rupture. Vous êtes un peu soixante-huitard, un révolutionnaire qui sort en petit groupe. Vous êtes hors normes, vous aimez tout ce qui est dynamique, enlevé, cadencé et énergique.

TECHNO : Plus souvent de nature jeune, voire adolescente, vous affirmez votre côté anticonformiste, antisocial, vous êtes un rebelle, un marginal, un *traveller*. Vous recherchez le côté délirant, défoulant, enivrant, fusionnant. Même si vous avez un côté basique, uniforme, vous pouvez être incontrôlable, fracassant, matraquant et ceux qui se droguent sont autodestructeurs et *destroy*.

VARIÉTÉ FRANÇAISE : Pour vous, la personne, l'humain, est plus importante que les apparences, vous êtes de nature mélancolique, sentimentale, attachante et dans l'amour. Votre personnalité est à la fois traditionnelle, populaire, patriotique, culturelle et très variée, intemporelle, ce qui vous rend fédérateur. Vous êtes resté accroché à une époque avec nostalgie.

Problèmes matériels

Existe-t-il un lien entre vous et les problèmes matériels que vous rencontrez ou est-ce le fruit du hasard ? Voyons dans ce chapitre ce que cachent tous ces petits ou grands événements du quotidien.

Votre réveil ne sonne pas, votre ordinateur bogue, vous avez un problème de chauffage, vous êtes cambriolé, on vous licencie, etc. : le raisonnement que nous tenons habituellement fait reposer ces tracas sur une cause mécanique ou un manque de chance.

Ici, je vous propose un autre regard, une autre approche, qui vous montre le lien possible entre vos pensées, votre déséquilibre, vos difficultés émotionnelles, votre disharmonie psychologique et ce qui vous arrive concrètement comme problèmes.

Il est intéressant de trouver le sens que cache chaque tracas matériel à notre sujet. On peut, là aussi, considérer que chacun d'eux se fait l'écho de notre propre dysfonctionnement intérieur. Percevoir les choses de cette manière, se familiariser avec ce type de décodage, nous permet de résoudre plus facilement les problèmes quotidiens de cette nature.

Par exemple, une personne dure avec elle-même, voire cassante dans des périodes excessives, cassait du matériel, un verre, son moteur de tondeuse à gazon ou de voiture. Autre exemple, quelqu'un qui ne souhaitait plus, depuis un certain temps, communiquer avec l'extérieur, me disait : « C'est bizarre M. Guyon, mon téléphone est tombé en panne cette semaine, il ne fonctionne plus. »

Lisez les propositions de changements que j'ai écrites au bas de chaque problème. Elles peuvent vous aider à changer plus vite votre situation, à voir la vie sous un autre angle et à la vivre plus facilement.

Pour aller plus loin

Je vous suggère de faire l'inventaire des petits ou grands tracas que vous avez rencontrés par le passé, lisez les définitions correspondantes et tirez-en des enseignements. Apprenez à décoder les messages de la vie en sachant analyser les conditions (les éléments) qui les déclenchent.

Que s'est-il passé juste avant que le problème se soit matérialisé ? À quel moment est-ce arrivé ? Où cela s'est-il produit ? Qu'est-ce qui venait d'être dit ? Dans quel état émotionnel ou psychique étiez-vous ?

Utilisez au mieux, dans votre quotidien, toutes ces informations.

ACCIDENT DE VOITURE : Voir l'article **VOITURE**.

AMENDE : Voir l'article **AUTORITÉS**.

AMPOULE : Voir l'article **ÉLECTRICITÉ**.

ANIMAL DOMESTIQUE : Vous avez peut-être remarqué, lorsque vous avez mal à un endroit de votre corps, que votre animal de compagnie, vient s'asseoir juste à cet endroit. Si vous êtes une personne plutôt anxieuse et nerveuse, vous constaterez que parfois le chat adopte le même comportement et le manifeste, par exemple, en s'arrachant les poils sur certaines parties de son corps. Tous les animaux que nous aimons et qui partagent notre vie nous représentent un peu (allez voir le chapitre **ANIMAUX FAMILIERS**). Ils sont nos miroirs et nous ressemblent. Lorsque vous vivez des difficultés, les animaux ayant énormément de ressenti, sont capables de capter votre mal-être.

Si votre animal domestique a un problème, prenez un temps pour faire le parallèle avec vous, pour conscientiser les informations et les traiter. Sachez qu'il existe des thérapeutes pour animaux qui résolvent les problèmes de ces derniers, en rétablissant l'échange avec leurs maîtres.

ARGENT : Il vous manque de l'argent, ou vous vous êtes fait cambrioler, voler votre portefeuille, votre voiture, vous êtes à découvert, etc. Vous avez un problème avec vos valeurs, votre propre reconnaissance, votre respect ou vous ne laissez pas assez circuler votre argent, vos capacités. Vous vous sous-estimez, restez coincé dans vos habitudes, vous ne prenez pas votre place ou la bonne direction, vous êtes trop prudent et dans la sécurité. Vous accumulez peut-être un peu trop, ou êtes pingre.

Lâchez prise, changez votre état d'esprit, utilisez davantage vos talents, profitez de l'existence, revenez dans le mouvement de la vie, du plaisir.

Si vous êtes à découvert, vous êtes peut-être un peu trop cool, vous dépassez les limites, vous avancez à découvert.

Il vous manque de l'organisation, de la structure, votre côté cartésien est un peu léger.

AUTORITÉS : Quand nous rencontrons des problèmes avec l'autorité, que cela soit avec la police, l'État, avec notre supérieur hiérarchique, à travers un procès, un jugement..., c'est le signe que nous avons des difficultés avec la responsabilité individuelle et/ou collective, par manque de modèle équilibré, au niveau de l'affirmation de soi, de sa force et de la structure. Il est également possible que vous soyez dans l'expression d'un excès de masculin en étant par exemple agressif, insolent, brutal, rebelle... ou dans un manque de véritables « re-pères » en devenant timide, mou, soumis, désordonné... Dans votre enfance, votre père ne vous a pas transmis le bon modèle, il vous a, par exemple, manqué par son absence ou n'assumait pas son rôle. Dans ce cas, nous avons tendance à rechercher des bases plus solides en nous engageant dans la police, l'armée ou à l'inverse, en nous opposant à toute forme d'autorité. Le fait d'être un peu naïf ou trop gentil, crée un déséquilibre, un manque qui va alors attirer la force inverse ou similaire. C'est comme pour les couples, les inverses s'attirent pour mieux s'équilibrer, s'harmoniser.

Soyez plus conscient de votre besoin et offrez-vous directement ce qui vous a manqué : plus de douceur ou de structure selon votre cas.

BAGAGE PERDU : On vous a volé vos valises ou elles se sont égarées lors d'un transfert d'avion..., dans tous les cas vous n'avez plus rien. Vous manquez peut-être en ce moment d'assurance, de confiance en vous ou vous laissez les autres empiéter sur votre territoire. Attention ! vous n'allez peut-être pas dans la bonne direction.

Il vous faut peut-être couper avec certaines de vos habitudes, votre passé, vos souvenirs et faire peau neuve, repartir de zéro. Profitez-en pour faire le point, posez-vous, revoyez certaines choses, situations, personnes qui vous « pèsent » et prenez des décisions pour « alléger » votre vie.

BUG INFORMATIQUE : Voir l'article **INFORMATIQUE**.

CAMBRIOLAGE : Voir l'article **ARGENT**.

CASSER : Vous cassez un verre, une assiette, une tasse, un objet..., cet acte est le miroir de ce qui se passe à l'intérieur de vous, il représente votre énergie dans le moment présent. Donc vous êtes éventuellement cassé en deux, éparpillé, embrouillé, voire fâché. Vous êtes peut-être un peu trop éloigné et séparé de votre source, vos envies et vous vous cassez, vous vous détruisez. C'est un signal qui montre que vous hésitez à prendre une décision et qu'il vous faut faire un choix, une rupture. Si vous vous coupez avec du verre, vous vous faites en plus du mal, il est donc grand temps de vous respecter, de vous écouter, de choisir et de trancher.

Prenez un temps pour faire le point et rompez avec votre réflexion ou une situation actuelle, décidez de nouvelles choses pour briser les non-dits avec vous-même et/ou les autres…

CESSATION D'ACTIVITÉ : Voir l'article **CHÔMAGE**.

CHAUFFAGE/CLIMATISATION : S'il y a trop de chaleur ou une panne de chauffage dans votre habitation, c'est peut-être que vous régulez mal votre vie et, de ce fait, elle est plus dure, moins facile, moins agréable. Ceci vous arrive car vous ne vous respectez pas, vous ne vous écoutez pas vraiment, vous êtes sûrement froid avec vous-même. Il vous manque de la chaleur humaine, de la vie, du positif, de la joie, de l'amour pour vous. Vous avez peut-être un vide personnel ou une baisse d'énergie.

Faites le point de manière à agir davantage dans ce qui vous convient, vous dynamise, vous fait plaisir afin d'exploiter pleinement votre énergie vitale et votre flamme intérieure.

CHÔMAGE : Vous avez perdu votre emploi et vous retrouvez au chômage. Peut-être ce travail ne vous satisfaisait plus au niveau financier, carrière, ou relationnel… ? Vous étiez accroché à des habitudes, de l'émotionnel, une sécurité mais qui ne correspondaient plus à votre besoin du moment. Ressentiez-vous de la fatigue, un certain ennui, une stagnation, une démotivation dont vous ne vous êtes pas rendu compte ? Vous aviez en fait besoin de changer, plus ou moins consciemment. Dans tous les cas, vous étiez en décalage avec vos souhaits intérieurs les plus profonds. Maintenant que vous êtes au chômage, quel est votre comportement ? Râlez-vous, critiquez-vous votre ancienne entreprise, votre situation, n'y a-t-il dans votre existence que des problèmes ?

Vous devez comprendre les raisons profondes de cette mise au chômage, en conscience et en profiter pour réécouter votre envie du moment. Utilisez cette période pour réactualiser d'anciens projets, désirs ou rêves qui peuvent réellement avoir leur place maintenant, avec toute votre expérience !

CHUTE : En marchant, en courant, en faisant du vélo…, vous venez de chuter. Plusieurs situations sont envisageables. Vous êtes peut-être un peu trop rigide, trop fier, imbu de votre personne, pas assez souple, simple et naturel ? Ou alors vous êtes trop étourdi, vous flottez et vous rêvez ? Êtes-vous actuellement à votre place, ou pensez-vous à autre chose de moins important que le moment présent ? Vous êtes trop concentré sur le monde extérieur, sur les autres et oubliez votre réalité. Vous allez trop vite, regardez trop loin et n'arrivez plus à suivre votre véritable rythme.

Plus la chute sera grave, plus il vous faut prendre du temps pour vous poser et faire le point afin de changer, remettre en question ce que vous faites, votre angle de vue et la direction prise. Peut-être en avez-vous trop sur les épaules ? Recentrez-vous sur vos souhaits, vos atouts, vos valeurs, votre puissance et avec la réalité du moment.

CLÉ : On vous a volé vos clés ou vous les avez perdues.

Peut-être avez-vous à vous interroger et à revoir votre existence actuelle ? Ce fait en lui-même vous oblige à vous poser, car vous allez trop vite ou vous n'allez peut-être pas dans la bonne direction. Peut-être aussi que vous ne vous respectez pas assez, ou écoutez trop les autres, ou ne prenez pas le bon chemin… Il est possible que vous soyez un peu trop dispersé et qu'il vous faille vous recentrer et/ou plus vous structurer et vous organiser. Vous souhaitez éventuellement faire autre chose, réécouter vos envies, ce qui vous motive, vous fait plaisir, etc.

COURT-CIRCUIT : Voir l'article **ÉLECTRICITÉ**.

DÉCOUVERT BANCAIRE : Voir l'article **ARGENT**.

DÉPÔT DE BILAN : Voir l'article **CHÔMAGE**.

DIVORCE : Voir l'article **SÉPARATION**.

EAU : Votre évier, votre lavabo, la baignoire ou les toilettes sont bouchés, les canalisations sont engorgées. Imaginez que les tuyaux de la plomberie de votre maison représentent les vaisseaux qui sont en vous. S'ils sont bouchés, il est probable que vous le soyez aussi. Peut-être que, sur le plan émotionnel, vous avez un peu trop accumulé et refoulé une problématique depuis bien longtemps. Toutes vos pensées, vos sentiments, vos émotions, sont coincés dans votre estomac ou dans votre propre « tuyauterie », créant un blocage.

Avec quelle problématique négative êtes-vous resté ? Occupez-vous de ce « bouchon », parlez-en afin de faire circuler à nouveau l'énergie en vous. Lâchez prise, laissez couler, remettez-vous en contact avec votre « source » et prenez une attitude et une direction différentes qui vont mieux vous correspondre.

Si par contre c'est une fuite d'eau, une inondation et que l'eau arrive chez vous par l'intérieur ou l'extérieur, l'eau étant le symbole de votre vie émotionnelle, la présence de fuite indique qu'un débordement émotionnel, plus ou moins conscient, vous touche ou l'une des personnes qui habitent chez vous. Certaines choses sont bloquées, vous restez avec vos habitudes du passé et cela refoule. Vous êtes submergé par vos émotions.

Il vous faut nettoyer cela afin de vous purifier. Cette lame de fond fait remonter à la surface le signe qu'une autre organisation ou une nouvelle vie est à créer, un peu comme une renaissance… Cela peut annoncer qu'il est nécessaire d'effectuer un changement important : votre lieu d'habitation, votre mobilier, la décoration, ou encore professionnel ou familial… Si c'est une fuite venant de l'extérieur, par exemple d'un appartement au-dessus, vous vous laissez peut-être envahir par une personne, cherchez de qui il s'agit.

ÉLECTRICITÉ : Si vous avez un problème électrique sur votre lieu d'habitation, un court-circuit, un fusible qui saute, une ampoule qui claque, une surtension…, il est possible qu'en ce moment vous soyez un peu à plat, démotivé, fatigué, sans « jus » ou, à l'inverse, surexcité, nerveux, agacé, énervé et « survolté ». Dans tous les cas, vous avez trop ou pas assez d'énergie, tout cela est mal équilibré, mal réparti, mal canalisé en vous, et cela « disjoncte ». En fait, il est possible de faire un parallèle entre tout ce qui se passe dans votre circuit électrique et la gestion de votre énergie interne. Cela peut s'apparenter à un baromètre interne.

Lorsqu'un tel désagrément se produit, profitez-en pour faire le point afin de mieux respecter votre rythme, votre temps de travail et de repos pour ne plus « interrompre » le courant en vous et le laisser circuler en « continu ». En fait, c'est cela avoir une bonne « alimentation »…

FAILLITE : Voir l'article **CHÔMAGE**.

FUSIBLE : Voir l'article **ÉLECTRICITÉ**.

HABITATION TROP FROIDE/CHAUDE : Votre habitation est plutôt froide (pas assez chauffée) car vous êtes dur avec vous, dans la logique, le devoir, le calcul, pas assez attentionné avec vous-même, ni dans la douceur. Si vous n'avez pas les moyens de vous chauffer, vous n'êtes pas assez en cohérence avec vos valeurs. Si vous êtes près de vos sous, vous vous refusez peut-être le confort et manquez de bien-être, de convivialité. À l'inverse, si votre habitation est surchauffée, vous êtes peut-être en manque d'affection, de chaleur humaine et vous avez besoin de confort, de réconfort, de cocooning, d'un univers douillet et de prendre soin de vous. Vous avez peut-être peur d'avoir froid, de souffrir à nouveau comme cela a pu vous arriver autrefois.

Prenez soin de vous, respectez-vous un peu plus et aimez-vous davantage.

IMPRIMANTE : Il est possible qu'en ce moment, vous soyez un peu dans le flou, comme dans un flottement, et de ce fait vous « imprimez » mal les choses en vous.

Remettez-vous en contact avec votre masculin, votre assurance, votre détermination afin qu'à nouveau, vous soyez bien en lien avec votre pouvoir, votre force intérieure, et là vous poserez les choses, vous ancrerez bien vos idées dans le concret... sur du papier.

INFORMATIQUE : Un ordinateur stocke tout votre travail, toute votre organisation, votre réflexion, il représente aussi le fruit de votre fonctionnement mental. Lorsque votre micro-ordinateur bloque (qu'il soit à changer et que vous ayez perdu certaines données ou toutes), cela démontre que vous avez une coupure entre ce que vous faisiez et votre envie profonde. Vous avez un problème avec ce qui, symboliquement, représente votre réflexion, car vous mémorisez trop de souvenirs ou de fonctionnements qui ne sont plus d'actualité. Ce décalage entre ce que vous faites et ce que vous dit votre mental rationnel et logique est devenu un problème.

Cela va vous obliger à vous libérer, à lâcher prise, à revoir votre fonctionnement. Il vous faudra changer de « disquette », passer à autre chose plus en accord avec vous-même, refaire de nouvelles connections... avec un « ordinateur » plus puissant et différent.

Il arrive aussi parfois que le blocage de son ordinateur soit dû à une attitude critique envers le modernisme, la logique, l'informatique.

Pensez à adopter un comportement plus sympathique et vous verrez la différence...

INONDATION : Voir l'article **EAU**.

INSECTES : Vous avez chez vous des mites ou des fourmis, des puces, des guêpes, des rats, des rongeurs... Vous êtes peut-être une personne un peu trop gentille ou c'est en ce moment, que certaines choses vous « rongent ». Cela peut montrer que vous ne vous respectez pas assez et que vous vous laissez « envahir » par l'extérieur, par une situation ou par une personne.

Faites le point, procédez à un grand nettoyage dans la pièce où ces nuisibles sévissent (allez voir dans le chapitre **PIÈCES DE LA MAISON** *ce que signifie la pièce concernée). Ce nettoyage est aussi à faire en vous. Vous avez besoin de vous réaffirmer, de reprendre contact avec votre masculin, votre force, et de prendre des décisions afin de passer à l'action. Si des termites séjournent dans votre charpente, le problème est davantage préoccupant car vous laissez l'extérieur vous déstructurer, vous détruire, et votre habitation peut s'écrouler.*

LICENCIEMENT : Voir l'article **CHÔMAGE**.

ORDINATEUR : Voir l'article **INFORMATIQUE**.

PROBLÈMES : Si vous rencontrez beaucoup de problèmes, cela signifie peut-être que vous n'allez pas tout à fait vers le bon objectif, aussi c'est le chemin que vous avez déterminé qui est à changer. Ou alors vous êtes un peu trop négatif, vous demeurez dans vos peurs, votre émotionnel, les problèmes intérieurs au quotidien, et cela vous revient. Sachez que la vie matérialise, incarne le fruit de vos pensées journalières, c'est votre création. Donc attention si vous flottez, doutez et n'avez pas confiance en vous, vous allez recevoir le résultat de votre attitude. Sachez que chaque problème est une réponse à l'une de vos croyances négatives.

La nature et l'importance de l'obstacle que vous rencontrez vous donnent des renseignements sur votre qualité de centrage, de respect de vous-même, d'écoute de vos envies et/ou sur le bon choix, la direction que vous avez choisi d'emprunter.

RÉVEIL : Si vous avez du mal à vous réveiller ou si votre réveil ne fonctionne pas, il y a de fortes chances que vous manquiez de motivation. Vous ne faites pas tout à fait ce que dont vous avez envie au fond de vous.

Accordez-vous du temps pour réécouter ce qui vous ferait plaisir, puis prenez les décisions nécessaires (petites ou grandes) et allez-y, profitez-en, réalisez vos souhaits, ce qui vous porte, vous éveille. Vous avez peut-être besoin de mieux prendre soin de vous, de vous reposer, vous détendre, vous écouter et de vous respecter davantage. Si vous êtes furieux à cause d'un réveil qui n'a pas marché, cela vous montre le degré de désaccord dans votre vie avec « vous-m'aime ». Alors écoutez-le, écoutez-vous et prenez des décisions afin de rectifier le tir.

RETRAIT DE PERMIS : Voir l'article **AUTORITÉS**.

RONGEURS : Voir l'article **INSECTES**.

SÉPARATION : Si vous venez, ou êtes en train de vous séparer de votre conjoint, cela signifie que vous étiez sûrement en décalage avec vos envies, ce qui vous fait plaisir, vos convictions, vous ne vous respectiez plus. Vous êtes resté accroché à vos habitudes, à de l'émotionnel, du passé et/ou vous pensiez plus aux autres qu'à vous-même. Il est également possible que vous soyez dans vos peurs, votre fragilité, dans les problèmes, et que vous ne preniez pas vos responsabilités. Vos parties féminine et masculine à l'intérieur de vous ont dû changer, évoluer mais pas votre couple extérieur et réel. Sachez que ce qui nous horripile chez l'autre, c'est ce que nous n'avons pas encore réglé, équilibré en nous…

Conscientisez maintenant votre propre déséquilibre masculin/féminin qui peut être différent sur le plan personnel et professionnel, puis réconciliez-le afin de créer un prochain couple harmonieux.

SURTENSION : Voir l'article **ÉLECTRICITÉ**.

TÉLÉPHONE : Votre téléphone fonctionne mal, vous l'avez perdu ou on vous l'a volé. Vous avez peut-être en ce moment, du mal à vous écouter, à respecter vos besoins profonds, à communiquer avec vous-même. Il est possible que vous ayez des conflits à l'intérieur de vous qui, notamment, s'incarnent à l'extérieur avec une personne ou une situation que vous refusez de voir et d'entendre.

Peut-être n'arrivez-vous pas à être clair, à dire la vérité, à échanger, à partager avec un ami ou votre conjoint? Vous devez moins vous disperser, moins voir l'extérieur, les autres, pour faire le point, vous poser et entendre en vous une nouvelle idée bien plus personnelle.

TÉLÉVISION : Votre télévision est en panne.

Il vous faut peut-être moins subir les choses, plus communiquer avec vous-même et moins avec l'extérieur ou moins vous disperser, vous divertir davantage et remplir vos obligations. Vous avez tendance à rester dans vos sécurités, à vous protéger de la vie réelle, à n'être qu'observateur, dans le mental, dans les peurs, l'émotionnel. Vous ne croyez pas assez en vous, en votre puissance, votre créativité. Si vous regardez trop la télévision, vous êtes un peu mou, dépendant, vous vous laissez porter, enfermer.

Si vous n'avez pas de télévision, vous souhaitez vous respecter à 100 %, avoir de l'espace, des relations saines, positives, vous avez une bonne force de caractère et savez décider de la vie qui vous convient. Cet état est renforcé si vous aimez lire, échanger, écouter de la musique, écrire, créer, avoir des activités artistiques ou autres.

TRAVAUX : Le fait que vous réalisiez des travaux chez vous, petits ou grands, indique que des changements se font en vous ou sont en préparation. Si, par exemple, vous agrandissez la maison, peut-être que vous vous mettez plus en lien avec votre puissance, votre responsabilité, vos valeurs ; si vous coulez du béton pour réaliser une chape, vous solidifiez, consolidez vos bases. Si vous rencontrez des problèmes pour réaliser vos travaux (entreprise hors délais, travaux plus chers que prévu...), c'est que vous avez du mal à opérer, à réaliser votre changement, des résistances inconscientes viennent à la surface.

*Faites face, en conscience, pour terminer votre transformation personnelle, intérieure puis extérieure. Vous pouvez également lire le chapitre **TYPES D'HABITATION** afin de bien comprendre le parallèle entre celle-ci et vous-même.*

VIRUS INFORMATIQUE : Voir l'article **INFORMATIQUE**.

VOL : Voir l'article **ARGENT**.

Sports

Le sport est un phénomène quasi universel dans le temps. Ses multiples formes et pratiques, le plus souvent physiques, effectuées de manière individuelle ou collective, démontrent déjà les personnalités différentes de chacun de nous.

Que votre sport soit pour vous une compétition, un loisir, un divertissement, un moyen pour une meilleure santé physique et/ou mentale, un plaisir corporel ou de l'esprit, il vous révèle d'autres facettes de vous. Pour certains, la culture physique est rituelle, culturelle, d'inspiration religieuse, pour d'autres le corps est une « machine » de rendement incluant une notion de record, de performance. Ces différentes conceptions du sport reflètent aussi une partie de votre monde intérieur. Le sport, pierre d'angle de l'éducation humaniste, développe, suivant la discipline, une éducation plus physique et/ou intellectuelle. Êtes-vous un sportif professionnel touchant un salaire, sous contrat avec un club ? Ou préférez-vous rester un amateur, un spectateur ou un supporter ?

Chaque discipline fait appel à des compétences sportives particulières qui correspondent encore à des traits de votre caractère, et ici aussi, rien n'est le fruit du hasard ! Est-ce l'équilibre, la force, la motricité, la vitesse, l'endurance, la concentration, le réflexe, la dextérité, la souplesse, l'agilité, la coordination que vous recherchez ?

Certains sports demandent un temps de préparation nécessaire avant d'exécuter le geste (exemple : tir à l'arc), d'autres reposent davantage sur la spontanéité, le réflexe (exemple : le karaté).

D'autres sports comportent des risques spécifiques qui dévoilent d'autres parties de vous. Risquez-vous une entorse, une fracture, un traumatisme, un accident cardio-vasculaire, une chute mortelle ? Comment pratiquez-vous un sport : dans les règles de l'art, dans le cadre d'un apprentissage, seul ou avec un entraîneur, en respectant un échauffement préalable ou non, avec les protections recommandées ou pas, en adoptant une alimentation adaptée, avant et après l'effort, en vous accordant un temps de récupération, en tenant compte de la météo… ?

Les critères du choix d'un sport sont très nombreux et très variés. Tout cela a été pris en compte pour vous décrire les vraies motivations qui poussent à pratiquer et/ou regarder tel sport et vous révéler certains traits de votre personnalité. Ainsi, vous saisirez à quel point le choix d'un sport n'est pas un hasard !

Pour chaque description, soit vous êtes en partie ou en totalité cela, soit vous cherchez à l'être.

Pour aller plus loin

Apprenez à décoder les messages et les informations donnés par vos goûts sportifs.

Qu'avez-vous besoin d'exprimer à travers votre pratique ? Qu'est-ce qui est important pour vous ? Que cherchez-vous à développer : une qualité, un sens, une valeur, etc. ?

Utilisez au mieux, dans votre quotidien, toutes ces informations.

ALPINISME : Vous êtes une personne atypique, un peu exceptionnelle avec de grandes capacités de dépassement, d'adaptation et d'action. Vous êtes tenace, solide, stable, performant, équilibré, organisé dans la préparation, et très peu d'obstacles vous arrêtent. Vous êtes volontaire, courageux, motivé, positif, toujours en forme, un gagnant, un meneur, un expert, vous faites preuve de beaucoup de sang-froid. À la fois prévoyant, réfléchi, patient, tenace et bien en lien avec votre instinct, vous avez la hargne de vivre, de vaincre, de vous élever, de vous oxygéner. Vous avez peut-être un côté dur avec vous-même, un peu sauvage et indépendant.

ATHLÉTISME : Vous voulez franchir, dépasser une part de vous-même, aller plus haut, plus loin. Vous avez de la souplesse, du rythme, de l'équilibre, de la coordination et aussi de la vélocité. Votre côté centré, concentré, volontaire et courageux vous permet d'utiliser votre puissance en étant bref et précis. Votre conscience des limites, votre perspicacité, persévérance et endurance vous offrent la possibilité de vous dépasser, de vous surprendre. Vous aimez découvrir de nouvelles choses et sensations, toutefois vous pouvez parfois être un peu dur avec vous-même. Comme vous savez contrôler et doser, vous vivez l'intensité du moment présent.

AVIRON : Vous êtes à la fois attentionné, serviable, précis, organisé, homogène, technique, concentré et fort, puissant et endurant, assez complet en fait. Vous avez de nombreuses qualités, vous appréciez la beauté, vous êtes équilibré, épanoui, coordonné, dans l'harmonie, intelligent et distingué. Vous aimez travailler, échanger en groupe, au sein d'une équipe et appréciez le grand air, la nature, la fluidité et vous êtes de nature émotionnelle plutôt calme.

BADMINTON : Vous savez être précis, rapide, mobile, instinctif, souple, efficace. Vous aimez le jeu, la tactique, l'analyse et l'anticipation. Vous êtes tolérant, endurant, vous possédez de grandes qualités techniques, morales, humaines. Vous avez une réelle capacité de concentration, une dissociation visuelle et une attention accrue. Vos attitudes déductives et coordinatrices vous confèrent un bon état d'esprit et de la sociabilité.

BASKET-BALL : De nature plutôt calme, cool, simple, humble, vous savez anticiper, éviter les problèmes, esquiver les attaques avec beaucoup de débrouillardise, en fait saisir les occasions. Vous êtes souple, agile, habile, rapide, précis, efficace, endurant et coordonné, presque acrobate. Assez sûr de vous, vous êtes capable, tout en restant centré, d'avancer ou de reculer grâce à votre vue d'ensemble, tout cela vous rend souvent performant dans un domaine, voire un peu surdoué. Plutôt humaniste, vous aimez le groupe, l'échange, l'interaction et respecter les règles.

BOXE : Vous avez une force, une puissance démentielle, une endurance hors du commun, une volonté de fer. Vous êtes têtu, teigneux parfois, un peu fou, inconscient. Vous avez de la rancœur en vous, un combat intérieur, une grande souffrance, un manque d'amour certain. Comme vous vous en voulez, vous reportez ce ressentiment sur les autres et le monde. Vous avez besoin de vous défouler, de décharger l'agressivité enfouie en vous, car cela vous procure un équilibre. Allez voir également les articles **KARATÉ** et **JUDO**.

CANOË : Voir l'article **KAYAK**.

CHI-CONG : Voir l'article **TAI-CHI**.

COURSE AUTOMOBILE : Vous avez de l'instinct, des réflexes, vous êtes rapide, efficace, visuel, concentré et débrouillard, masculin, puissant, impulsif, réfléchi et avez du sang-froid. Vous êtes à l'aise dans beaucoup de domaines, intelligent, manager, à la fois capable de travailler en équipe et seul. Vous savez gérer le stress, être calme intérieurement, vous aimez le risque, le dépassement, la vitesse, l'action, avancer, être devant, mener. Vous vous adaptez, anticipez, calculez, et vous êtes technique, bricoleur, coordinateur, spécialiste, en fait sûrement passionné par plusieurs domaines.

COURSE À MOTO : Voir l'article **COURSE AUTOMOBILE**. Vous avez en plus un côté équilibriste, vous aimez l'adrénaline et vous prouver à vous-même que vous êtes capable d'aller vite.

COURSE À PIED : Vous savez vous adapter et êtes de nature plutôt solide, perspicace, endurante. Vous aimez les loisirs, vous changer les idées, vider votre stress, vous défouler, vous équilibrer, prendre soin de vous pour retrouver votre nature profonde. Vous connaissez vos propres limites que vous décidez de respecter ou de dépasser. Vous savez agir, vous avez du tonus, la vie est pour vous assez facile, chaque jour vous devenez de plus en plus tolérant, capable et constant.

CYCLISME : Vous aimez bouger, découvrir au contact de la nature, rester libre, choisir votre rythme, lent, classique ou rapide si vous êtes un fonceur. Vous avez une certaine stabilité, un équilibre, vous êtes quelqu'un de plutôt facile, accessible, de nature assez simple, humble. Vous êtes perspicace, endurant, et plus ou moins courageux, selon le temps que vous passez sur votre vélo. Si vous pratiquez le vélo sur piste, vous êtes perspicace, tenace, fonceur, un peu enfermé aussi, et avez une certaine habitude, une zone de sécurité. Si vous faites du VTT, vous êtes un peu casse-cou, vous savez dépasser les limites, prendre des risques calculés, sortir des sentiers battus, vous êtes créateur, malin, débrouillard, costaud, agile. Si vous aimez sortir, vous appréciez alors l'échange, le partage, le soutien.

DANSE : La danse classique correspond à une personne qui possède à la fois de la souplesse et de la rigueur. Vous avez de la tenue, de la classe, de la solidité, de la ténacité et un grand sens de l'équilibre. Vous appréciez tout ce qui est beau, harmonieux, vous aimez charmer, séduire, plaire. Vous pouvez être sentimental. Vous avez de la patience, de la créativité, vous savez agir et êtes discret. Les danses traditionnelles traduiront chez vous un bon équilibre masculin/féminin. Vous êtes souple, attentionné, adaptable, sensuel et aimez le mouvement, l'action, le divertissement, vous amuser sainement, simplement et en groupe. Vous êtes sensible, vous aimez montrer vos émotions et avez du caractère.

ÉQUITATION : Vous êtes sentimental, intuitif, vous savez ressentir les éléments, les gens ou souhaitez développer cette qualité. Vous êtes patient, attentif, attentionné, observateur, présent, compréhensif, respectueux voire admiratif. Vous pouvez également être surprenant, apprécier la nouveauté, la folie, l'indépendance. Vous possédez une personnalité bien trempée. Cultivant une forme de liberté, vous êtes aussi solitaire, hautain, distingué, discipliné, bien éduqué. Vous êtes intérieurement puissant, tenace et appréciez les promenades, les loisirs, une certaine forme de découverte. Vous aimez « chevaucher » la vie et progresser au « grand galop ». Parmi vous, certains éprouvent des difficultés à communiquer car ils ont été déçus et se sentent davantage en confiance avec les chevaux. Vous considérez le cheval comme un animal noble, intelligent, fidèle qui ne peut vous faire de mal. Si vous pratiquez surtout la randonnée en pleine nature, vous aimez être libre. Si vous pratiquez la haute équitation, vous êtes un peu plus dans le contrôle, la perfection, la maîtrise et la communication.

ESCRIME : Vous êtes plutôt « pointu », précis, vous aimez la finesse. Vous êtes déterminé, concentré, à la fois posé, calme et rapide. Vous pouvez surprendre votre entourage, vous êtes très malin et calculateur. Vous présentez une forme de noblesse, un côté chevaleresque. Vous enfermez en vous une certaine bataille, de la combativité et de la bravoure, vous êtes un vrai gentleman ! Vous êtes toujours centré, sur vos gardes et savez agir avec franchise, et en même temps vous êtes astucieux. Vous possédez de multiples combinaisons et facultés. Vous êtes un stratège !

FITNESS : Voir les articles **MUSCULATION**, **YOGA** et **DANSE**.

FOOTBALL : Vous êtes à la fois résistant, endurant et tactique, plus ou moins technique, adroit, agile, rapide, adaptable. Même si vous êtes un peu dépendant des autres, vous savez agir et vous défendre, vous devenez ainsi, chaque jour, de plus en plus équilibré et précis. Vous apprenez à vivre en communauté et à suivre des règles. Vous avez une bonne capacité d'action et de réaction, dans le moment présent et dans le temps, et vous aimez vous amuser. Vous appréciez l'esprit et la cohésion d'une équipe, la camaraderie.

FOOTBALL AMÉRICAIN : Voir l'article **RUGBY**.

GOLF : Vous êtes calme, posé, patient, doué d'une grande maîtrise de vous et de votre énergie. Vous êtes stable, assez précis, efficace, technique, perspicace et endurant. Naturel, courtois, distingué, vous savez respecter les règles et les traditions. Vous aimez vous évader, prendre du recul, voir de loin, ce qui vous procure de la sagesse. À la fois tenace, puissant et indépendant, vous savez prendre soin de vous, vous octroyer du plaisir et des loisirs. Vous cherchez à exprimer le meilleur de vous, la perfection, l'exceptionnel, la beauté, être renommé, vous êtes sûrement expert dans un domaine.

GUIDE DE MONTAGNE : Vous êtes altruiste, dans le partage, la passion. Vous êtes une personne atypique, un peu exceptionnelle, avec de grandes capacités de dépassement, d'adaptation et d'action. Vous êtes tenace, solide, stable, performant, équilibré, organisé pour vous préparer, très peu de choses vous arrêtent. Vous êtes volontaire, courageux, avec du sang-froid, motivé, positif, toujours en forme, un gagnant, un meneur, un expert. À la fois prévoyant, réfléchi, patient, tenace et bien en lien avec votre instinct, votre hargne de vivre, de vaincre, de vous élever, vous oxygéner. Vous avez peut-être un côté dur avec vous-même, un peu sauvage, indépendant.

GYMNASTIQUE : Vous avez de la souplesse, du rythme, de l'équilibre, de la coordination et aussi de la vitesse. Votre côté centré, concentré, volontaire et courageux vous permet d'utiliser votre puissance en étant bref et précis. Votre conscience des limites, votre perspicacité, persévérance et endurance vous offrent la possibilité de vous dépasser, de vous surprendre. Vous aimez découvrir de nouvelles choses, sensations, toutefois vous pouvez parfois être un peu dur avec vous-même. Comme vous savez contrôler et doser, vous vivez l'intensité du moment présent. Si vous êtes spécialisé en gymnastique artistique, vous avez un côté créatif, harmonieux. Si vous pratiquez plutôt la gymnastique rythmique, vous aimez les choses encadrées, définies, claires. Si vous êtes davantage intéressé par le trampoline, vous avez, en plus, besoin de sortir du lot, de vous élever, de vous dépasser, de rebondir dans la vie avec efficacité.

HALTÉROPHILIE : Vous avez peut-être besoin de vous « décharger », de reprendre contact avec la force qui est en vous, de canaliser votre puissance ou plutôt votre colère, votre souffrance intérieure. Vous avez envie de changer votre image, d'être reconnu, que l'on vous remarque, vous regarde. Il est possible que vous ayez une grande capacité de concentration et d'efficacité. Vous pouvez également être protecteur, sensible, voire fragile en amour, avec les enfants, la famille ou des amis. Il est utile pour vous de développer de nouvelles capacités, de vous endurcir et/ou d'enlever des choses en vous, des habitudes, d'anciens fonctionnements, etc. Vous cherchez à repousser vos limites et à augmenter toujours plus votre puissance.

HANDBALL : Vous êtes à la fois vif, rapide, efficace, réactif, agile, précis, presque acrobate, fort et endurant. Votre spontanéité, votre instinct vous permettent d'avoir une bonne capacité à décider, à agir et à saisir les occasions de la vie. Vous savez également vous adapter, rester centré, vous affirmer, vous positionner, vous opposer, répondre, vous défendre, car vous ne craignez pas le contact. Votre attention aux autres et votre souci du respect des règles vous rendent apte à travailler en équipe.

HOCKEY : Vous êtes tenace, perspicace, résistant et vous aimez la rapidité, le dépassement, la prise de risques. Vous êtes à la fois équilibré, centré, souple, précis, créatif, agile, masculin et puissant. Vous recherchez le contact. Vous avez confiance en vous, vous êtes efficace, malin, intelligent, voire surdoué, débrouillard, plein de ressources et souvent en pleine forme. Vous êtes technique, pointu, organisé, coordonné. Vous avez un esprit déductif et à la fois indépendant. Vous appréciez aussi la fête, les amis et être en groupe.

HYDROSPEED : Voir les articles **RAFTING** et **NATATION**.

JUDO : Vous êtes à la fois indépendant tout en aimant le contact et vous savez vous détendre. Vous avez peut-être besoin d'effacer certains complexes, de vous confirmer intérieurement que vous êtes fort, capable et puissant. Pour les introvertis, vous cherchez à libérer votre personnalité et à prendre confiance en vous. Vous êtes plutôt malin, débrouillard, tenace, concentré, technique, avec un potentiel caché à faire ressortir, afin d'atteindre une bonne connaissance de soi, voire de la sagesse. Si vous aimez le combat, c'est que vous avez besoin de vous assouplir, d'anticiper, de vous détendre, de vous calmer, de contrôler et de maîtriser votre énergie. Vous voulez vous dépasser, devenir plus fort, surprendre, développer de nouvelles ressources, de la créativité et de la réactivité.

KARATÉ : Centré, volontaire, dans la maîtrise, vous agissez avec sang-froid, vous savez avancer, mais aussi vous protéger. Vous avez de la souplesse, de l'agilité, de la précision, de la rapidité, de l'efficacité, de l'endurance et vous êtes combatif. Voir également les articles **BOXE** et **JUDO**.

KAYAK : Vous appréciez à la fois le calme, la détente, le naturel, vous êtes discret, observateur, à l'écoute, prévoyant et technique, rapide, vif, fort, puissant, solide, déterminé, fonceur, brave, endurant et aventurier. Vous avez des capacités, des ressources, vous savez vous adapter très rapidement, bien en lien avec votre intérieur, votre instinct. Vous avez un côté indépendant, voire un peu sauvage. Vous aimez les défis, l'imprévu, la surprise, vous savez assurer, maîtriser, vous débrouiller quoi qu'il arrive, notamment grâce à votre spontanéité.

LUTTE : Voir l'article **KARATÉ**. En plus, vous aimez le corps à corps, le contact physique.

MARCHE : En pratiquant la marche de manière classique, vous aimez l'action et/ou garder la condition physique. Vous savez prendre soin de vous, rester en lien avec votre naturel et la nature. Vous profitez de la vie, vous vous dépassez, vous ressourcez, vous changez les idées. Vous avez un certain équilibre masculin/féminin, une certaine pureté, une attirance pour ce qui est vrai, naturel, bio. Vous êtes plutôt solide, tenace, perspicace, en forme. Si vous pratiquez la marche d'une manière sportive, vous pouvez lire les articles **COURSE À PIED** et **TRIATHLON**.

MUSCULATION : Voir l'article **HALTÉROPHILIE**.

NATATION : Vous appréciez vous sentir léger, en apesanteur, vous détendre, voire vous relaxer. Vous êtes assez calme, équilibré, complet, vous savez moduler votre vie, vos efforts avec douceur et efficacité. À l'inverse, vous êtes peut-être nerveux, anxieux et avez besoin de vous détendre. Vous aimez vous mouvoir, bouger, agir, vous exprimer en toute liberté. Vous avez un côté joueur. Vous êtes assez débrouillard, possédez pas mal de capacités, et le défi vous intéresse. Vous avez besoin de vous changer l'esprit, de vous évader. Vous possédez au fond de vous une certaine ténacité, de la force, de la puissance qu'il vous faut contenir ou vider continuellement. Vous pouvez également voir l'article **PLONGÉE**.

PARACHUTISME : Voir l'article **PARAPENTE**.

PARAPENTE : Vous avez une certaine présence, un caractère bien typé. Vous aimez l'adrénaline, le fun, le dépassement, le surprenant, la rapidité, l'efficacité, la technique. Vous savez vous concentrer, être centré, équilibré, vous êtes solide, voire puissant et vous pouvez réunir tout votre potentiel pour un court instant. Vous aimez l'intensité, l'amusement, la fête.

PATINAGE SUR GLACE : Vous êtes un créatif, un artiste, un chorégraphe, plein de souplesse, de vitesse, raffiné et élégant. Vous êtes tenace, perspicace, résistant et aimez la rapidité, le dépassement et prendre des risques. Vous êtes à la fois équilibré, centré, souple, précis, créatif, agile et masculin. Vous avez confiance en vous, vous êtes efficace, plein de ressources et souvent en pleine forme. Vous êtes technique, pointu, organisé, coordonné. Vous avez un esprit déductif et indépendant. Vous appréciez aussi la fête, les amis, être en groupe.

PENTATHLON : Vous êtes une personne assez exceptionnelle, naturelle avec une grande capacité de dépassement, d'adaptation et d'action. Vous savez gérer les événements de la vie avec beaucoup d'efficacité. Vous êtes tenace, solide, endurant, performant, organisé dans votre préparation, rien ne vous arrête. Incontestablement, vous disposez de qualités hors du commun. Motivé, positif, toujours en forme, vous êtes vivace, naturellement bon dans plusieurs domaines, tout en étant précis et spécialiste. Sûr de vous, vous êtes un gagnant, un fonceur, un meneur, vous aimez relever les défis. Allez également voir les articles **COURSE À PIED**, **ÉQUITATION**, **NATATION**, **ESCRIME** et **TIR**.

PÉTANQUE : Vous aimez être en groupe, échanger, parler, blaguer, vous détendre. Vous êtes plutôt adroit, précis, régulier, organisé, tactique. Vous savez agir, décider et, en même temps, attendre et observer. Vous êtes de nature sympathique, amicale, voire serviable. Vous prenez soin de vous, vous vous dépassez, vous avez une certaine philosophie de vie. Vous aimez la convivialité et cultivez un grand sens de l'amitié et du partage.

PLANCHE À VOILE : Vous êtes technique, recherchez le fun, la vitesse et vous avez un sens de l'équilibre et du défi. Vous êtes souple, coordonné, volontaire, également créatif avec un bon sens de l'initiative, sachant décider rapidement. Vous avez pas mal de capacités, vous pouvez même être surdoué, vous recherchez l'évasion, la liberté, l'aventure. Prévoyant, responsable, vous possédez une bonne évaluation des choses, vous adorez vous dépasser, vous agissez généralement en toute quiétude. Vous pouvez également consulter l'article **VOILE**.

PLONGÉE : Vous êtes attiré par le dépassement, l'aventure, la découverte d'un autre monde, un espace protégé où le « bon et le méchant » se côtoient en toute harmonie. Vous savez apprécier le beau, le calme, la tranquillité, la quiétude, l'indépendance. En pratiquant la plongée, vous pouvez renaître à votre pureté, à votre vérité, à votre être et à votre naturel. Vous avez plutôt un bon ressenti, vous aimez changer psychologiquement d'état, entrer en contact avec de nouveaux éléments qui apaisent, vous avez une personnalité marquée, un peu atypique. Vous appréciez également l'organisation, la technique, le respect des règles.

POLO : Vous êtes distingué, riche, puissant, intuitif et endurant. Vous êtes tenace, perspicace, résistant, et aimez la rapidité, le dépassement, la prise de risques, ainsi que la liberté. Vous êtes à la fois équilibré, centré, souple, précis, créatif, agile et masculin, puissant. Vous avez confiance en vous, vous êtes efficace, malin, intelligent, voire surdoué, plein de ressources et souvent en pleine forme. Vous êtes technique, pointu, organisé, coordonné. Vous êtes à la fois indépendant et appréciez être en groupe. Vous êtes intuitif, savez ressentir les éléments, les gens, ce qui vous rend observateur et attentif. Vous avez une forte personnalité avec un côté académique, discipliné, bien éduqué.

QI-GONG : Voir l'article **TAI-CHI**.

RAFTING : Vous aimez vous mesurer à la puissance des éléments, ressentir des émotions fortes, vous avez confiance en vous et en l'autre. Vous appréciez à la fois le calme, la détente, le naturel, vous êtes observateur, à l'écoute, prévoyant, technique, rapide, vif, fort, puissant, solide, déterminé, fonceur, brave et aventurier. Vous avez plein de capacités, vous savez vous adapter très rapidement, bien en lien avec votre intérieur et votre instinct. Vous avez un côté indépendant, voire un peu sauvage. Vous aimez les défis, l'imprévu, la surprise, vous savez assurer, maîtriser, vous débrouiller quoi qu'il arrive, notamment grâce à votre spontanéité.

RANDONNÉE : Voir l'article **MARCHE**.

ROLLER : De nature plutôt jeune, fougueuse, créative, artiste, acrobate, novatrice, vous appréciez certains modes d'expression. Vous avez de l'aplomb, de l'équilibre, vous êtes à la fois souple, cool, rapide et réactif, vous possédez des réflexes affûtés, ce qui vous permet de vous dépasser, de prendre des risques calculés. Vous aimez la convivialité, être vu, fanfaronner auprès de vos amis, Vous êtes fun, moderne et savez être concentré, votre côté technique vous rend efficace et rapide.

RUGBY : Vous aimez avancer en équipe, soutenir, aider. Vous avez de vrais amis, le sens de la solidarité et vous êtes un bon vivant. Vous possédez à la fois de la tactique, de l'adresse, de la technique, de la rapidité et aussi de la stabilité, de la solidité, de la force, de la puissance, de la ténacité comme de l'endurance. Vous êtes un fonceur, voire un « défonceur ». Vous savez rester calme, tranquille quand les autres paniquent, vous acceptez la contrariété et avez une grande ouverture d'esprit.

SKATE : Voir l'article **ROLLER**.

SKI DE FOND : Vous êtes plutôt naturel, calme et patient. Vous aimez la beauté, la grandeur, prévoir, porter le regard au loin, l'indépendance et vous êtes un brin aventurier. Vous êtes également adroit, équilibré, souple, coordonné, endurant, doué d'une puissance efficace. Bien ancré, connecté à votre ressenti, vous savez respecter votre rythme, prendre soin de vous et vous entretenir.

SKI DE PISTE : Vous êtes rapide, fonceur, vous avez le goût du risque. Les notions de naturel, de liberté sont importantes chez vous. Vous aimez être actif, vous êtes parfois un peu dur avec vous-même et appréciez l'aventure. Vous êtes également adroit, équilibré, souple, coordonné, endurant, doué d'une puissance efficace.

SKI NAUTIQUE : Vous avez un certain niveau de vie, de la présence, un caractère bien typé. Vous aimez l'adrénaline, le fun, le dépassement, le surprenant, la rapidité, l'efficacité, la technique. Vous savez vous concentrer, être centré, équilibré, vous êtes solide, voire puissant et vous réunissez tout votre potentiel sur un court instant. Vous aimez l'intensité, l'amusement et faire la fête.

SNOWBOARD : Vous êtes technique, recherchez le fun, la vitesse et avez le sens de l'équilibre et du défi. Vous êtes souple, coordonné, volontaire, également créatif, vous prenez des initiatives et vous êtes rapide. Vous aimez l'évasion, la liberté, l'aventure, vous dépasser, vous avez assez confiance vous. Vous pouvez également lire l'article **SKI DE PISTE**.

SQUASH : Vous êtes malin, adroit, précis, réactif, assez intelligent et toujours jeune d'esprit, sûrement spécialisé dans un domaine. N'ayant donc pas peur du contact et étant assez créatif, vous possédez souvent de nombreuses capacités. Vous êtes également souple, adaptable, agile et rapide, pouvez gérer plusieurs choses à la fois. Vous êtes endurant, parfois un peu speed, car il y a en vous des éléments qui vous activent.

SURF : Vous êtes technique, recherchez le fun, l'adrénaline, la vitesse et avez le sens de l'équilibre et du défi. Vous êtes souple, coordonné, volontaire, également créatif, avec un bon sens de l'initiative, savez décider rapidement. Vous possédez de nombreuses capacités, vous pouvez même être surdoué. Vous recherchez l'évasion, la liberté, l'aventure. Prévoyant, responsable, vous avez une bonne évaluation des choses, vous adorez vous dépasser, vous agissez généralement en toute quiétude. Vous pouvez également voir l'article **VOILE**.

TAEKWONDO : Voir l'article **KARATÉ**.

TAI-CHI : Vous avez besoin de dénouer des nœuds intérieurs, de vous équilibrer, de vous harmoniser d'une manière calme et douce, en prenant soin de vous. Vous avez peut-être déjà atteint une certaine sagesse et effectué une recherche intérieure. Vous vous intéressez aux ressources humaines, au développement personnel, au bio, au naturel, au développement durable. Vous cherchez à augmenter vos capacités de concentration, votre équilibre féminin/masculin, votre souplesse, votre efficacité, votre précision, votre dextérité, votre force intérieure, votre maîtrise et votre énergie.

TENNIS : Vous avez besoin de développer de nouvelles qualités et capacités. Vous avez de la force, de l'endurance, de la vitesse, de la réactivité, de la combativité, de la hargne. Vous cherchez peut-être à contacter votre masculin et/ou la souplesse, l'adresse, la précision, la rapidité, la coordination, l'harmonie, un équilibre supérieur, le contrôle. Votre côté féminin peut s'exprimer au travers de l'action et parfois dans l'épreuve. Après chaque match, vous êtes psychologiquement plus solide, compétent, plus équilibré, vous dépassez votre combat intérieur, votre propre adversité. Vous courrez inconsciemment vers votre objectif de vie.

TENNIS DE TABLE : Vous avez en vous à la fois le calme, la patience, la maîtrise et la rapidité, la dextérité et l'action. Vous êtes parfois nerveux. Vous avez développé de grandes qualités techniques et morales. Vous êtes vigilant, à l'affût, efficient et savez coordonner les choses. Votre sociabilité et votre bel esprit vous permettent d'être concentré, tactique, analytique, autocritique et vous possédez une bonne capacité d'analyse et d'anticipation.

TIR À L'ARC : Vous aimez le naturel, les grands espaces, la simplicité, vous avez de la finesse et du respect. Voir l'article **TIR SPORTIF**.

TIR SPORTIF : Vous êtes patient, calme, doué de self-control et vous maîtrisez votre énergie. Vous êtes stable, équilibré, concentré, assez précis, efficace, technique, voire spécialisé dans un domaine. Vous êtes à l'écoute, réceptif. Vous savez également trancher, agir, choisir, décider, peut-être même attaquer avec force. Vous possédez une puissance plus ou moins cachée. De nature douée d'une bonne harmonie, avec des qualités féminines et masculines, vous avez une réelle capacité de réflexion. Vous recherchez peut-être la paix et la sagesse intérieures, la maîtrise du « bien et du mal », en vous armant pour vous défendre.

TREKKING : Voir l'article **MARCHE**.

TRIATHLON : Vous êtes une personne assez exceptionnelle, naturelle avec une grande capacité de dépassement, d'adaptation et d'action. Vous savez gérer les événements de la vie avec beaucoup d'efficacité. Vous êtes tenace, solide, endurant, performant, organisé dans votre préparation, rien ne vous arrête ! Incontestablement, vous possédez de nombreuses qualités, vous êtes motivé, positif, toujours en forme, vous êtes vivace, naturellement bon dans plusieurs domaines, tout en étant précis et spécialiste. Sûr de vous, vous êtes un gagnant, un fonceur, un meneur, vous aimez relever les défis. Voire également les articles **NATATION**, **CYCLISME** et **COURSE À PIED**.

VOILE : Vous aimez le changement, les loisirs, l'aventure et le dépassement. Vous avez besoin d'évasion, d'espace de liberté, d'action, d'un cadre naturel. Vous êtes calme, adaptable, débrouillard, rapide, précis, volontaire et courageux. Vous avez le goût du risque, le sens du défi, de la confrontation avec vous-même. Vous assurez et êtes à l'aise en toutes circonstances. Le déplacement et la vitesse vous grisent, vous savez vous relâcher, être autonome, responsable, grâce à votre côté technique, équilibré, vous êtes dans la maîtrise. Vous faites preuve d'esprit d'initiative, de rapidité dans la décision.

VOL À VOILE : Vous êtes technique, précis, organisé et aussi patient, observateur et calme. Vous avez de grandes capacités et de la solidité. Vous êtes réfléchi, doué d'une certaine maturité, efficacité, donc confiant. Vous aimez passer à l'action, prendre des risques calculés, vous dépasser, planer, aller vite, être libre tout en contrôlant et en dominant les événements et vous-même. Vous êtes à la fois prudent et téméraire, vous avez un bon équilibre de vie et d'esprit, vous savez prendre du recul, de la hauteur, être indépendant, vous ne vous laissez pas coincer par vos limites.

VOLLEY-BALL : Vous êtes rapide, vif, souple, précis, concentré, réfléchi, efficace, technique. Vous aimez être en communion, en fusion, en groupe, dans l'échange, bien en lien avec votre profondeur et les autres. Vous êtes à la fois malin, débrouillard, dans l'instant présent, la spontanéité, vous aimez vous dépasser et êtes à l'aise car vos trois canaux sont ouverts : visuel, auditif et kinesthésique. Habituellement dans l'équilibre féminin/masculin, vous savez agir à tous les niveaux et être patient, vous êtes observateur, ce qui vous confère une bonne stabilité.

WATER-POLO : Vous êtes un peu surdoué, débrouillard, puissant et savez assurément vous mouvoir dans la vie, faire face à n'importe quelle épreuve. Vous avez beaucoup de ressources, énormément d'endurance, un bon équilibre féminin/masculin. Vous pouvez également lire l'article **NATATION**, certains éléments pourront vous correspondre.

YOGA : Voir l'article **TAI CHI**.

TRANSPORTS

Le moyen de transport que vous utilisez n'est pas un hasard, il correspond à votre niveau de communication, d'ouverture avec le monde extérieur, et par conséquent avec vous-même. Il est également proportionnel à votre capacité de réflexion, d'intelligence, votre rapidité d'esprit, votre richesse, vos goûts, vos valeurs et capacités, votre force, vos possibilités d'actions et votre manière d'utiliser votre côté masculin.

Voyez donc, ci-dessous, la liste de tous les moyens de transports possibles afin que vous puissiez mieux vous comprendre, en fonction de celui que vous employez le plus souvent. La description de chacun d'eux vous révèle la véritable motivation qui vous pousse à utiliser certains moyens pour vous déplacer plutôt que d'autres. Chaque déplacement, chaque voyage que vous faites, correspond symboliquement, et en parallèle, à un mouvement intérieur que vous opérez. Cela peut être une remise en question, un changement (vous pouvez voir tous les détails à ce sujet au chapitre VOYAGES ET VACANCES).

Pour chaque description, soit vous êtes en partie ou en totalité cela, soit vous cherchez à l'être.

Pour aller plus loin

Apprenez à mieux vous connaître grâce à votre mode de transport.

Que révèle-t-il de vous? Que cherchez-vous dans la vie? Qu'est-ce qui peut vous freiner?

Utilisez au mieux, dans votre quotidien, toutes ces informations.

AVION : Vous aimez voyager, découvrir de nouveaux horizons, évoluer, vous remettre en question. Vous savez dépasser vos peurs, être débrouillard et efficace. Vous avez un certain niveau financier ou économisez pour atteindre vos objectifs. Vous êtes peut-être un manager, une personne d'affaires et/ou osez dépasser vos propres frontières. Vous savez prendre du recul, voir plus loin, plus haut et contacter votre puissance intérieure. Vous appréciez d'aller vite, vous avez de l'ambition, du talent.

BATEAU : Vous appréciez la tranquillité, le calme, la nature et en bateau vous êtes dans votre élément. Vous avez besoin de vous retrouver seul, ce qui vous permet de vous équilibrer, de vous comprendre, de découvrir progressivement ce que vous avez au fond de vous sur le plan émotionnel. Vous ne craignez pas de vous remettre en question, de vous dépasser, vous en avez même besoin. Vous aimez l'insolite, l'espace, l'aventure.

BUS : Vous n'avez peut-être pas trop de moyens financiers. Vous appréciez la famille, le groupe, les amis, la proximité ne vous dérange pas. Vous savez prendre votre temps tout en étant efficace, pratique pour beaucoup de choses et habile pour vous rendre d'un point à l'autre. Vous savez vous adapter, vous êtes humble, simple, souple et aimez le contact et l'échange.

CAMPING-CAR : Surtout si vous êtes le propriétaire, vous êtes plutôt organisé, prévoyant, prudent et économe. Vous aimez une forme d'aventure « calculée », vous êtes de nature autonome, indépendante, dotée d'une certaine maturité. Vous aimez aussi vivre simplement, vous appréciez la tranquillité, être libre, découvrir et rester bien en lien avec la nature. Vous savez sûrement bricoler et êtes débrouillard.

CAR : Voir l'article **BUS**.

CRÉDIT : Vous possédez un véhicule, que vous avez acheté à crédit. Vous n'avez pas encore pris complètement votre plein pouvoir, vous dépendez d'une aide, symboliquement d'un supérieur, d'un père extérieur. Chaque mois, année qui passent vous évoluez, vous augmentez votre masculin, votre force, votre détermination, vos décisions, vous tranchez, choisissez, réfléchissez plus, mûrissez, etc. Lorsque votre crédit sera remboursé, vous serez en pleine possession de toutes vos propriétés intérieures. Le transport correspond à votre degré d'autonomie, il vous éclaire donc sur votre capacité d'ouverture, de communication avec l'extérieur, de remise en question, d'évolution, d'expérience, etc.

HÉLICOPTÈRE : Vous êtes riche, complètement autonome, spécialisé dans un domaine précis et vous avez des relations. Vous savez manager votre vie, vous respecter, vous êtes bien en lien avec vos valeurs, vos passions. Vous prenez du recul, de la hauteur et vous confiez à d'autres ce que vous ne savez pas ou ne voulez pas faire. Vous avez un certain standing, vous êtes érudit et aimez tout ce qui est beau, l'art, etc.

LOCATION : Si vous avez loué votre véhicule, vous n'êtes pas encore complètement autonome, sauf si vous avez décidé de louer à vie... Vous cherchez, vous construisez votre évolution et vous ne voulez pas vraiment vous engager.

MÉTRO : Voir l'article **BUS**.

MOBYLETTE : Vous n'avez pas trop de moyens financiers ou vous êtes économe, nostalgique. Vous appréciez les traditions, vous avez vos habitudes. Voir l'article **MOTO**.

MOTO : Vous êtes indépendant, débrouillard et vous tenez à votre liberté. Vous aimez la vitesse, vous êtes rapide, efficace et allez là où vous avez envie d'être. Vous aimez la technique, la logique et, en même temps, avez une forte personnalité, voire un côté rebelle. Vous aimez prendre des risques et appréciez la découverte, l'aventure, ainsi que les innovations techniques. Vous êtes resté jeune et êtes bien en contact avec votre force, votre masculin.

PIED (à) : Vous êtes naturel, simple, humble, débrouillard, peut-être manquez-vous d'argent. Vous savez faire des efforts, prendre sur vous. Vous êtes un peu écolo, promoteur du développement durable, sain.

ROLLER : De nature plutôt jeune, vous êtes créatif et vous aimez vous habiller de manière cool et/ou différemment des autres. Vous pouvez avoir un côté décalé, novateur et rebelle. Vous êtes adaptable, souple, à l'aise un peu partout mais choisissez vos lieux. Vous aimez surprendre, être vu et parader. Vous êtes également rapide, efficace dans la réalisation de vos désirs et assez débrouillard.

SCOOTER : Vous êtes de nature plutôt jeune, fougueuse ou plus select, dans ce cas vous êtes davantage mélancolique, sensible, féminin. Voir également l'article **MOTO**.

SKATE : Voir l'article **ROLLER**.

TAXI : Si vous avez l'habitude de prendre le taxi, vous avez un certain niveau social, vous ne manquez pas de moyens. Vous êtes compétent dans un domaine précis, vous savez décoder, agir, vous êtes efficace, voire entreprenant. Vous aimez vous décharger, déléguer, vous êtes soit organisé, directif, soit à l'inverse, créatif, un peu perdu, car vous n'avez pas trop le sens de l'orientation. Vous avez un côté distingué et aimez le beau.

TRAIN : Vous aimez votre confort, vos habitudes et appréciez les ambiances familiales. Vous êtes plutôt traditionnel et avancez à votre vitesse, vous pouvez faire preuve de prudence.

VÉLO : Vous avez besoin de liberté, vous êtes naturel, vous savez ce que vous voulez, vous vous respectez, vous vous écoutez, vous agissez à votre rythme et savez vous arrêter lorsque vous le souhaitez. Vous avez une bonne condition physique, vous connaissez bien le mouvement, l'action. Vous avez de la force, du masculin, de la persévérance. Il est possible que vous ayez peu de moyens financiers. Vous êtes sûrement perspicace, endurant, et votre personnalité est à la fois calme et bien trempée.

VOITURE : Vous avez atteint un certain niveau de liberté, d'autonomie, vous savez vous respecter et agir en ce sens. Le type de votre voiture vous montre d'autres parties de vous. Est-ce une sportive ? Vous allez vite avec précision, vous managez plutôt bien votre vie. Est-ce un break ? Pour vous, les autres, la famille sont importants. Est-elle ancienne ? Vous avez des peurs, des freins, vous êtes un peu dans votre passé. Est-ce un 4 x 4 ? Vous êtes un aventurier, vous savez vous débrouiller, rien ne vous arrête, etc. Pour en savoir plus, allez voir le chapitre **VOITURES**, ainsi que dans le chapitre **TYPES D'HABITATION** les articles **NEUF**, **ANCIEN** et **À RÉNOVER**.

VOITURES

Votre voiture, elle aussi, a de grandes chances de vous représenter et d'être le reflet de votre personnalité ou de votre état du moment. Non seulement votre voiture vous personnifie, mais tout ce qui lui arrive a peut-être un lien avec vous.

Par exemple, votre véhicule était correctement stationné et pourtant il a été accidenté, peut-être que dans votre vie, vous avez du mal à vous faire respecter ? Vous avez un problème avec votre colonne de direction, peut-être restez-vous dans l'indécision quant au choix d'une direction ? Notre état psychologique, psychique se retrouve dans tout ce qui nous entoure, dans ce que nous avons choisi, acheté et jusque dans nos actions. Au lieu de pester contre ce qui vous arrive, préférez tirer parti des choses en leur donnant tout leur sens.

Si vous n'avez pas encore fait ce lien, la prochaine fois que votre voiture aura un problème, ou devra subir une réparation, je vous invite à ressentir ou analyser le lien, le parallèle qu'il peut y avoir avec vous !

Comme pour toute nouvelle information et interprétation, j'incite chacun à faire sa propre expérience. Il n'est pas nécessaire de voir des signes partout ou de les interpréter en arrangeant la réalité à votre convenance, il s'agit plutôt de garder la voie du milieu et d'être le plus objectif possible. Grâce à cet état d'esprit ouvert, nous pouvons vraiment tirer parti de ce qui nous arrive.

Vous trouverez donc ci-dessous, pour chaque problème et panne, une explication qui peut vous aider à mieux vous comprendre. Bien sûr, il est important de les personnaliser, c'est-à-dire de bien repérer quand cela vous est arrivé, à quoi vous pensiez à ce moment-là et à établir d'éventuels parallèles avec votre vie familiale, professionnelle, sociale, personnelle. Ensuite déchiffrez ce qui vous parle le plus et vous fait écho. Ainsi vous aurez l'interprétation la plus juste.

Selon ce que vous aurez compris, vous pourrez agir afin de rectifier ce qui ne va pas dans votre vie. Vous effectuerez ainsi votre propre réparation et, à nouveau, dans l'harmonie avec vous-même et les autres, votre existence repartira, avancera… roulera.

Prenez conscience de votre problème éventuel, agissez en conséquence afin de vous remettre bien en « route ».

Pour aller plus loin

Apprenez à décoder les messages et à analyser les conditions (éléments) qui déclenchent ces tracas.

Arrêtez-vous sur le moment, le lieu, ce qui venait d'être dit, pensé, votre état émotionnel, votre destination. Qu'en déduisez-vous ?

Utilisez au mieux, dans votre quotidien, toutes ces informations.

ACCIDENT : Voir l'article **CARROSSERIE**.

ACHAT : Le fait de changer de voiture signifie que vous allez ou que vous avez effectué des changements en vous. L'évolution que vous avez réalisée correspond à la nouvelle « personnalité » de la voiture que vous venez d'acheter. Alors, avez-vous pris une voiture plus grande, plus puissante, plus rapide, plus cool, plus ouverte, plus économique... ou l'inverse. Si c'est une voiture de collection, vous vivez peut-être beaucoup dans votre passé.

ALLUMAGE : Vous n'arrivez pas à démarrer et vous avez un problème de démarreur, d'allumage ou de bougie. Vous menez des actions mais, au fond de vous-même, vous ne souhaitez plus les faire. Vous êtes démotivé, vous n'avez pas ou plus d'envie. Vous avez sans doute besoin de faire le point ou de vous reposer. Vous éprouvez des difficultés à passer à l'action ou à emprunter la direction que vous voulez. Il vous manque de l'énergie pour avancer.

AMORTISSEUR : Vos amortisseurs sont à changer : vous avez probablement une vie un peu trop chaotique. Il serait judicieux de ralentir vos mouvements, de choisir un axe. Vos suspensions ne font plus leur travail car vous perdez un peu le contrôle de vous-même ou d'une situation. Vous n'êtes pas assez maintenu, structuré, vous n'arrivez plus à encaisser les chocs.

ANTENNE : Votre antenne est cassée ou votre poste de radio ne fonctionne plus. Vous ne parvenez plus à voir les choses d'en haut et à prendre du recul. Vous avez besoin d'élargir votre horizon. Vous refusez votre ressenti, votre intuition ou n'y êtes pas assez relié. Vous cherchez trop à vous divertir et il vous faut vous concentrer. Vous êtes trop dans l'imaginaire... revenez dans la réalité. Vous manquez d'ouverture d'esprit, de connexion, de spiritualité.

ARBRE DE TRANSMISSION : Votre arbre de transmission est grippé ou cassé. Vous n'arrivez plus à transmettre, à bien communiquer avec vous-même ou avec les autres, à avancer étape par étape. Mentalement, vous voulez une chose mais votre intérieur, vos « pieds » refusent d'y aller, il y a donc une discordance entre vos pensées et vos actes. Vous refusez, inconsciemment bien sûr, d'avancer, ce qui signifie que vous n'avez pas ou plus envie d'aller dans une certaine direction ou de vivre un type de situation. Votre poste de commandement, de décision est à revoir en ce moment.

BATTERIE : Votre batterie est faible ou morte. Vous avez utilisé tout votre potentiel d'énergie sans avoir pris soin de vous recharger au fur et à mesure. Aussi vous êtes « à plat » et votre batterie montre cet état de fait, tel un miroir. Il est probable que vous en ayez trop fait, que les contraintes et les devoirs vous aient épuisé. Peut-être avez-vous dû assumer des choses qui ne vous convenaient pas, et ce, sur une période trop longue pour vous. Vous n'êtes pas ou plus en lien avec votre source, avec ce qui vous correspond, vous motive, vous plaît.

BOUGIE : Voir l'article **ALLUMAGE**.

BOULE DE REMORQUE : Vous avez des capacités supérieures à la moyenne, vous pouvez aider, soutenir les autres. Vous aimez l'entraide et tout ce qui est collectif, ou à l'inverse vous êtes très indépendant.

CARDAN : L'un de vos cardans (le gauche = le féminin, le droit = le masculin) fait du bruit ou est cassé. Vous n'arrivez pas à changer de direction. Vous ne pouvez plus vous déplacer dans toutes les trajectoires et votre mobilité est réduite. Soit il y a des actions que vous hésitez à entreprendre, que vous n'avez pas envie d'effectuer, soit à l'inverse, vous vous éparpillez trop et il est temps de vous axer, de vous recentrer. Il est possible que certains choix ne vous correspondent pas, qu'ils ne soient pas en accord avec le fond de vous-même et c'est le blocage.

CARROSSERIE : Plus la carrosserie est abîmée et plus votre problème est important. Vous vivez peut-être en ce moment un conflit intérieur, un choc affectif. Une situation personnelle familiale ou professionnelle, vous frappe et vous bouscule, il est maintenant nécessaire de regarder les choses en face, d'en parler et de résoudre le problème en adulte. Si c'est vous qui provoquez l'accident, vous avez peut-être trop de pouvoir, d'ego et de paraître. À l'inverse, si on vous rentre dedans, vous êtes trop gentil, vous avez du mal à dire non, à vous positionner et l'on profite de vous. La carrosserie correspond symboliquement à votre peau, à votre enveloppe corporelle, alors pensez à prendre davantage soin de vous, à vous écouter. Si c'est un choc à l'avant, vous allez peut-être trop vite dans la vie, vous brûlez des étapes ou vous n'allez pas dans la bonne direction. L'avant de votre voiture représente également votre mental, votre conscience, le présent, votre manière d'avancer, d'agir et le futur aussi. Si c'est un choc à l'arrière, on vous pousse, vous avez à vous remuer, à vous activer, à avancer. L'arrière représente également votre inconscient, votre passé, vos peurs. Si c'est en reculant que vous avez eu un choc, il faut cesser de vous focaliser sur votre passé. Si c'est le bas de votre voiture, ce sont vos bases qui sont touchées, le milieu, l'émotionnel, et si c'est le haut, le toit, c'est à votre comportement mental et/ou spirituel auquel il faut faire attention. Le côté droit de votre véhicule représente votre masculin, vous avez des difficultés à passer à l'action ou, à l'inverse, êtes trop actif, ou avez un problème d'ouverture et/ou de fermeture. Le côté gauche de votre automobile correspond à votre féminin, vous avez trop de ressenti ou, à l'inverse, n'écoutez pas assez votre intuition. Si c'est une rayure sur votre carrosserie, c'est un petit signe, peut-être avez-vous à davantage lâcher prise, à moins contrôler, à écouter votre intérieur et moins l'extérieur, le matériel. Pour plus de renseignements au niveau des portières, des pare-chocs, des pare-brise, des roues..., allez voir les articles correspondants.

CATALYSEUR : Voir l'article **POT D'ÉCHAPPEMENT**.

CEINTURE DE SÉCURITÉ : Si votre ceinture est bloquée ou que vous n'arrivez pas à l'enclencher, vous vivez peut-être trop dans la peur et cherchez la sécurité ou bien vous allez trop vite. À l'inverse, si elle reste fermée sur vous et que vous n'arrivez plus à l'ouvrir, il vous faut vous poser, vous reposer, prendre un temps pour réfléchir à ce que vous faites en ce moment. Il serait utile de vous accorder plus de soin, de vous protéger, de vous sécuriser. Si vous refusez de mettre votre ceinture de sécurité, vous avez alors un grand besoin de liberté qui peut-être vous a été refusée dans votre enfance, vous êtes un peu rebelle, probablement avez-vous été en conflit avec votre père, avec l'autorité.

CHAUFFAGE : Vous avez un problème de chauffage dans votre voiture. S'il est trop chaud, vous êtes trop dans le masculin. S'il ne fonctionne pas ou pas assez fort, votre vie est de même, vous êtes de marbre, renfermé, réservé, glacé, vous avez un manque affectif, « un défaut » de chaleur humaine. Vous êtes peut-être trop dur avec vous-même, ou vous voulez trop économiser, vous n'avez pas l'habitude de prendre soin de vous. Vous avez besoin de réguler, rééquilibrer votre mode de fonctionnement, votre énergie, débloquez-vous, faites circuler l'amour dans votre corps, réchauffez l'ambiance.

CIRCUIT ÉLECTRIQUE ou/et **ÉLECTRONIQUE** : Vous êtes en panne d'électricité, vous avez des courts-circuits, des surtensions, les fusibles sautent, des ampoules claquent, etc. Cela signifie que vous n'êtes pas bien relié, ni assez en contact avec votre source, avec ce que vous souhaitez faire au fond de vous-même. Vous subissez peut-être un manque d'énergie, vous êtes très fatigué et n'avez plus de « jus » ! Cela peut également indiquer un trop-plein d'énergie mal réparti, vous êtes « survolté » et vous disjonctez. Des peurs, des personnes, des situations vous court-circuitent. Faites le point, rééquilibrez-vous, recentrez-vous et agissez désormais avec justesse en vous respectant. Tout ce qui se passe dans votre circuit électrique est un excellent baromètre de la gestion de vos liens avec vous-même et les autres. Si votre problème électrique empêche le démarrage de votre voiture, vous pouvez également lire l'article **ALLUMAGE**.

CLÉ : Votre portière ne s'ouvre pas, vous avez perdu vos clés ou elles sont dans votre véhicule et toutes les portes sont fermées. Vous allez peut-être trop vite ou vous ne voulez-vous pas vous rendre à un endroit, dans tous les cas vous avez négligé quelque chose et vous avez maintenant le temps d'y réfléchir. Vous vous éparpillez ou planez trop et vous n'allez pas assez à l'essentiel, revenez donc à la réalité, recentrez-vous ! Probablement êtes-vous trop dans le futur et pas assez dans le moment présent, dans ce que vous faites. Cet incident vous montre que le temps est nécessaire pour agir en conscience et bien verrouiller et déverrouiller les situations de la vie. Ainsi, vous pourrez accéder complètement à ce que vous faites, être ici et maintenant sinon vous devrez revenir en arrière pour « chercher vos clés ».

CLIMATISATION : Vous avez du mal à réguler votre comportement et donc votre énergie. Vous êtes peut-être un peu trop dans la suractivité et vous commencez à surchauffer. Posez-vous, prenez davantage soin de vous.

COFFRE : Le coffre arrière de votre voiture représente tout ce que vous rangez dans votre inconscient. S'il se coince ou ne s'ouvre plus, c'est peut-être qu'il y a certaines choses que vous refusez de voir, de rouvrir, en lien avec des personnes ou des situations présentes ou passées. Si, à l'inverse, vous n'arrivez pas à le fermer, c'est peut-être que des choses en vous sont mal rangées ou que vous vous laissez envahir par quelque chose ou quelqu'un. Le coffre, c'est aussi là où l'on cache des angoisses, des peurs qu'il est temps de ressortir pour les traiter. Sachez que la quantité de bagages que vous y mettez correspond au poids de ces peurs inexprimées.

COLLISION : Voir l'article **CARROSSERIE**.

COLONNE DE DIRECTION : Voir l'article **VOLANT**.

CONDUITE : Votre style de conduite correspond à votre caractère, à votre façon de vivre : Est-elle rapide, lente, agressive, respectez-vous le code de la route, avez-vous peur, etc. ? Si vous passez le volant à quelqu'un, cela signifie que vous avez peut-être besoin de repos, que vous ne prenez pas assez votre vie en main ou que vous vous laissez conduire par l'autre, par les autres.

COULEUR : Voir le chapitre **COULEURS** pour comprendre ce que signifie le choix de la couleur de votre voiture et de son intérieur.

DÉMARREUR : Voir l'article **ALLUMAGE**.

EMBRAYAGE : Votre embrayage patine, ne fonctionne plus et vous êtes arrêté. Vous éprouvez des difficultés à faire le lien entre ce que vous désirez intérieurement et ce que vous faites réellement. Il y a une dichotomie entre vos désirs, vos souhaits et vos actes, parce que vous écoutez peut-être trop les autres ou vos peurs, et cela vous fait patiner et glisser !

ÉQUILIBRAGE DE ROUE : Voir l'article **PNEU**.

ESSENCE : Vous êtes en panne d'essence car vous ne prenez pas assez soin de vous, vous êtes fatigué, surchargé et vidé. Il est essentiel de vous régénérer, de bien vous nourrir, de vous remplir d'énergie pour avancer sinon vous ne pourrez pas bien fonctionner. Peut-être donnez-vous trop aux autres au risque de vous oublier ? Vous pouvez aussi être trop volage, créatif, intuitif, excessivement féminin et pas assez organisé, prévoyant, masculin. Inconsciemment, il se peut que vous ayez peur de la direction que vous avez prise ou/et que vous ne désiriez pas l'emprunter, etc. Voir également l'article **RÉSERVOIR**.

ESSUIE-GLACES : Vos essuie-glaces nettoient mal, ils sont en panne ou se décrochent. Vous avez sûrement des difficultés à voir où vous allez, sur le plan personnel, familial, ou professionnel. Vous êtes un peu dans le brouillard, vous n'arrivez pas à visualiser clairement certaines choses. Il est également possible que vous refusiez la réalité. Si votre pare-brise est toujours clair, vous dirigez bien votre vie, si c'est à l'excès, vous êtes perfectionniste. À l'inverse, si vous roulez avec un pare-brise souvent sale, vous êtes un peu trop dans le lâcher-prise.

FILTRE À AIR : Votre filtre à air est à changer, il est peut-être bouché. Des choses autour de vous vous dérangent, vous influencent, vous prennent votre espace et cela vous empêche de respirer librement. Vous n'osez pas prendre complètement votre vie en main, vous ne respirez pas à pleins poumons, vous laissez des peurs, des habitudes, des personnes, des situations vous « pomper l'air ». Attention ! si vous laissez dans votre espace vital des « saletés en suspension », votre « moteur » fonctionnera moins bien. Vous avez sûrement besoin de changer d'air, d'une pose, de vacances, d'un voyage...

FILTRE À HUILE : Voir l'article **HUILE**.

FREINAGE : Vos freins sont usés, ils coincent, font du bruit ou lâchent, ils ne fonctionnent plus. Les plaquettes de freins collent et vous empêchent d'avancer, elles vous indiquent la nécessité de ralentir le mouvement, de faire des pauses ou de vous arrêter sur certaines actions que vous menez. Des bruits au niveau de vos plaquettes de frein peuvent vous signifier de faire plus attention, d'être moins dans les excès, d'aller plus doucement dans votre vie, ou que quelque chose en vous fonctionne mal. Apprenez à vous arrêter, à vous maîtriser, à contrôler un peu plus ce que vous faites. S'il s'agit des freins avant, votre problème est plus en relation avec votre avenir, vos objectifs et si ce sont les roues arrière qui sont concernées, cela se rapporte davantage à votre passé.

HUILE : Votre moteur a des fuites d'huile, il en manque. Vous avez alors besoin de vous assouplir, d'être plus cool, davantage dans le féminin, la douceur, l'amour, l'entente. Si vous n'harmonisez pas les choses en vous et/ou à l'extérieur de vous, au travers de certaines situations ou de relations avec les autres, cela risque de chauffer en vous puis de vous « casser », d'abîmer votre « moteur ». Attention, le « moteur », c'est ce qui vous fait avancer chaque jour, c'est votre centre névralgique. L'huile représente aussi symboliquement votre émotionnel. Vous êtes touché, préoccupé, parlez-en, c'est déjà le début d'une solution.

INTÉRIEUR : L'état intérieur de votre voiture correspond symboliquement à votre mode de fonctionnement, votre personnalité, votre intériorité. Est-il en désordre, avez-vous souvent des « dérangements », des problèmes intérieurs, ou est-il propre, bien rangé ? Êtes-vous en forme, organisé, sans souci de santé ? S'il est habillé de couleurs chaudes, vous êtes chaleureux, ouvert, accueillant. Si les couleurs sont froides, vous êtes fermé, austère.

KLAXON : Le klaxon représente votre façon de communiquer, de vous exprimer. Si votre klaxon ne fonctionne pas, c'est qu'il vous faut arrêter de reprocher à l'extérieur ce qui relève de votre propre responsabilité et porter votre regard à l'intérieur de vous. Si à l'inverse, vous avez tendance à trop vous en servir, c'est que vous êtes de nature impatiente, irrespectueuse, critique, dans le jugement à la fois envers vous-même et les autres. Vous pouvez également être très imprudent, inconscient et, dans ce cas, l'on va vous klaxonner.

LAVE-GLACE : Voir l'article **ESSUIE-GLACES**.

MOTEUR : Votre moteur fonctionne mal, il tombe en panne ou est fichu. Il est possible que, consciemment ou pas, vous viviez un problème important qui vous touche au plus profond de vous. Ce peut être une séparation, un deuil, un licenciement... ou même un petit fait extérieur mais, au fond de vous, votre centre vital ou votre cœur, votre équilibre, votre base sont affectés et votre physique est fortement touché. Alors, prenez soin de vous, agissez immédiatement en conséquence, prenez des décisions, demandez de l'aide à un ami ou un professionnel. Il se peut aussi que vous changiez de fonctionnement, que vous évoluiez et qu'il vous faille acheter une autre voiture plus adaptée.

PARE-BRISE : Votre pare-brise avant à un petit impact, à quoi pensiez-vous quand cela est arrivé ou de quoi parliez-vous, ou encore que regardiez-vous... ? Si la fissure s'agrandit dans le temps, c'est que vous avez à effectuer un changement. S'il est complètement cassé, demandez-vous ce que vous ne voulez pas voir, ce que vous percevez mal ou qui vous rentre dedans en ce moment dans votre vie. Si c'est le pare-brise arrière, c'est plus en lien avec votre passé ou votre inconscient. Si c'est pour vous voler qu'il a été est cassé, c'est que vous êtes un peu trop gentil, vous ne vous respectez pas assez ou vous utilisez mal votre argent.

PARE-CHOCS : Vous avez cassé votre pare-chocs avant en percutant un obstacle, vous allez probablement trop vite dans votre vie, il vous faut ralentir, stopper ou être moins rêveur et plus dans la réalité. À l'inverse, si on abîme votre pare-chocs avant, vous ne savez pas très bien vous respecter, vous protéger. Lorsque vous cassez votre pare-chocs arrière en reculant, c'est qu'il faut arrêter vos anciens fonctionnements, cessez de regarder ou de retourner dans votre passé et avancer. Si l'on vous détériore le pare-chocs arrière en vous poussant, c'est que vous ne protégez pas assez vos arrières et sournoisement, inconsciemment, des personnes en profitent, ou il est possible que vous n'avanciez pas assez vite dans votre vie.

PARALLÉLISME : Voir l'article **PNEU**.

PHARE : Si vos phares tombent en panne, c'est qu'il vous faut faire une pause, un break, regardez moins loin mais plus à l'intérieur de vous, vos besoins, vos envies et focalisez-vous moins sur l'extérieur ou les autres. Vous avez peut-être des difficultés à regarder là où vous en êtes, à voir clairement les choses du présent ou de votre futur. Il est possible que vous ressentiez une forme d'insécurité. Le phare droit représente plus le masculin, l'action, le faire et le gauche le féminin, la douceur, l'affection, l'écoute aussi, regardez celui qui ne fonctionne plus.

PNEU : Si vous avez un pneu crevé, c'est peut-être que vous ne pouvez plus ou ne voulez plus de quelque chose, mais vous refusez de le voir, ou cet incident vous indique que vous n'allez pas dans la bonne direction. Faites le point, et changez ce qui ne vous convient plus. Vous avez un pneu dégonflé ? Vous êtes un peu surmené, fatigué ou manquez de soutien, reposez-vous afin de vous regonfler à bloc. Si vous avez un problème de parallélisme, vous manquez alors d'équilibre, peut-être allez-vous dans plusieurs directions à la fois et vous vous dispersez. Les pneus représentent votre niveau de solidité, votre lien avec le sol, votre ancrage. Si vous avez de gros pneus, vous êtes sûrement solide. Un problème au pneu avant représente plus l'action, l'avenir, si cela touche le pneu arrière, le passé, l'inconscient sont concernés ; le côté droit, le masculin, le faire et le côté gauche, le féminin, le cœur, le ressenti, le lâcher-prise.

PORTIÈRE : Si votre portière coince ou ne s'ouvre plus, c'est que vous éprouvez des difficultés à vous ouvrir à une personne ou une situation. Si c'est votre portière de droite, vous avez du mal à agir, si c'est celle de gauche, cela concerne votre capacité à ressentir. Voir également **CARROSSERIE**.

POT D'ÉCHAPPEMENT : Votre pot d'échappement ou votre silencieux est troué ou cassé et votre voiture fait du bruit. Vous avez envie et besoin que l'on vous entende. Vous ne pouvez plus passer certaines choses sous silence, alors ne vous échappez plus, parlez et prenez davantage votre place. Il est aussi possible que vous embêtiez, gêniez ou polluiez des personnes et que vous ne vous en soyez pas encore rendu compte.

RADIATEUR : Votre radiateur fuit et votre moteur chauffe. L'importance du problème est proportionnelle à votre déséquilibre émotionnel. Des personnes ou des situations troublent, dérangent, gênent votre fonctionnement de base et votre « moteur chauffe », vous bouillez intérieurement, vous ne pouvez plus contenir ce qui se passe. Faites le point rapidement pour voir à qui ou quoi cela correspond, et prenez les décisions qui vous permettront de trouver votre harmonie et votre calme. Si vous ne faites pas cela, vous pouvez casser votre moteur, en clair vous déséquilibrer complètement.

RADIO : Voir l'article **ANTENNE**.

REMORQUE : Voir l'article **BOULE DE REMORQUE**.

RÉSERVOIR À ESSENCE : Si votre réservoir à essence fuit, c'est que quelqu'un ou une situation vous pompe de l'énergie et vous prenez sur vous, sans vous en rendre compte. Si vous roulez le réservoir toujours plein, c'est que vous êtes sûrement en pleine forme, bien dans l'action et votre masculin. À l'inverse, si votre réservoir est souvent au trois quarts vide, vous êtes sûrement fatigué, vous en faites trop et/ou ce que vous faites ne vous correspond pas et ne vous nourrit plus.

RÉTROVISEUR : Votre rétroviseur est cassé, vous regardez peut-être trop dans votre passé, vous avez à porter plus votre attention dans le moment présent et/ou vers votre avenir.

ROUE : Voir l'article **PNEU**.

SILENCIEUX : Voir l'article **POT D'ÉCHAPPEMENT**.

SUSPENSION : Voir l'article **AMORTISSEUR**.

TOIT : Vous avez un toit ouvrant ou votre voiture est décapotable, vous savez donc prendre du recul, voir plus haut, plus loin. Vous avez dépassé un certain nombre de peurs. Vous avez un esprit ouvert, vous êtes relié, connecté à votre ressenti, votre créativité, votre intuition et à la spiritualité. Vous êtes assez libre de vos mouvements. Si votre toit est cassé ou tombe en panne, prêtez attention à cette dimension (l'esprit, la connexion…) ou au contraire ouvrez-vous davantage.

TRANSMISSION : Voir l'article **ARBRE DE TRANSMISSION**.

VENTILATEUR : Votre ventilateur est en panne, vous êtes sûrement dans l'excès sur le plan émotionnel, vous avez du mal à réguler votre vie, votre énergie, à être dans l'équilibre. Vous n'arrivez pas à vous refroidir ou à vous réchauffer, en fait à prendre soin de vous. Vous vous empêchez de respirer un nouvel air, de faire ce qui vous convient, vous motive et vous nourrit.

VOL : On vous vole votre voiture : vous n'utilisez pas assez vos atouts ou refoulez votre valeur, vous laissez les autres vous exploiter, vous êtes un peu trop dans le féminin et pas assez dans le masculin. À l'inverse, il se peut que vous profitiez des autres, consciemment ou non, et cela vous revient. Vous ne respectez pas l'argent ou le thésaurisez trop. Vous avez des choses à régler.

VOLANT : Votre volant tremble, grippe, ou votre colonne de direction coince, se casse. Vous ne savez plus où aller, vous êtes un peu perdu ou vous hésitez entre plusieurs directions à prendre sur le plan personnel, familial, professionnel ou autres. Vous êtes de moins en moins maître de votre vie, soit vous vous laissez entraîner par l'extérieur, soit vous n'avez jamais dirigé votre vie. Reprenez contact avec vos valeurs, vos envies, votre spontanéité, vos projets, passez à l'action, en étant bien en lien avec votre côté masculin. Arrêtez de fuir vos responsabilités, dépassez ce qui vous arrive, récupérez le contrôle et la direction de votre vie.

Voyages et vacances

En rêve ou dans la pensée imaginaire, le voyage est symboliquement un désir de changer d'activités, d'existence ou de compagnon... Il signifie un changement plus intérieur, qu'extérieur. Alors, partirez-vous réellement en voyage, en vacances ? Annulerez-vous ou reporterez-vous votre projet ? Lorsque vous partez, à quel niveau voulez-vous changer ? Écoutez-vous, vos envies, vos attentes, que décidez-vous ? Quel sera le type de séjour, d'hébergement, sa durée, sa destination, son prix ? Privilégierez-vous la détente, la solitude, le couple, le groupe, le voyage organisé ou libre, le confort, la précarité, l'aventure ? Votre séjour sera-t-il sportif, touristique, dans le cadre d'une expédition ? Prendra-t-il la forme d'une visite, d'une balade, d'un petit tour, d'une randonnée, d'un pèlerinage, d'un périple ? Sera-t-il d'agrément, dans un cadre professionnel, pour effectuer des recherches, pour faire des affaires, pour une rencontre ? Tous ces points ont une importance capitale, ils décrivent en détail à la fois votre personnalité, vos atouts, vos limites et ce que vous souhaitez faire évoluer en vous, changer dans votre vie !

Chaque voyage correspond à un déplacement physique, donc à un changement d'espace, d'axe par rapport à votre maison, votre base, vos habitudes. Un voyage est une évolution de votre monde intérieur, quelque chose que vous n'avez pas encore atteint et que vous allez réaliser réellement en vous déplaçant dans le monde.

Est-ce vous qui combinez tous les éléments de votre voyage ou est-ce votre conjoint ? Peut-être est-ce lui qui désire changer ? Peu importe vous y allez aussi ! Toutes les composantes de votre voyage représentent une alchimie, qui correspondra à votre besoin et modifiera votre destinée.

Dès que vous partez en voyage, vous allez chercher à l'extérieur ce que vous ne trouvez pas à l'intérieur de vous, car vous ne savez pas faire autrement pour changer. Sachez que les réels changements s'opèrent aussi suite à une problématique, car c'est essentiellement dans la crise que l'on prend des décisions essentielles.

Le voyage a un impact sur notre personnalité ! Il exprime un besoin d'expériences nouvelles, plus encore qu'un déplacement local. Selon Jung, il témoigne d'une insatisfaction, qui pousse à la recherche et à la découverte de nouveaux horizons, comme une recherche d'ordre physique ou mystique. Cette recherche n'est au fond qu'une quête et, le plus souvent, même une fuite de soi. Baudelaire a écrit à propos des voyageurs : « Toujours insatisfaits, ils rêvent d'inconnu plus ou moins inaccessible mais ils ne trouvent jamais que ce qu'ils ont voulu fuir : eux-mêmes ». En ce sens, le voyage devient le signe d'un perpétuel refus de soi, d'une diversion et il faudrait conclure que le seul voyage valable est celui que fait l'humain à l'intérieur de lui-même !

Vous trouverez ci-dessous :

- Les **différents thèmes** qui influent sur notre voyage et ceux qui sont significatifs comme par exemple : l'argent, les bagages, la distance, le type de transport, les lieux d'hébergement, le temps, la culture, la langue, etc.
- Les **destinations** qui ont chacune une signification.

Pour aller plus loin

Apprenez à décoder les messages liés à ce secteur et sachez analyser le choix de vos voyages.

Qu'en déduisez-vous à votre sujet ? Qu'aimeriez-vous changer ?

Utilisez au mieux, dans votre quotidien, toutes ces informations.

Thèmes

ARGENT : Partez-vous habituellement avec un petit budget, êtes-vous économe, calculateur, ou peut-être n'avez-vous pas beaucoup de moyens financiers et préférez-vous consacrer votre argent à d'autres dépenses ? Si à l'inverse, vous aimez jouir de la vie, évoluer, changer, découvrir d'autres parties de vous, de nouveaux horizons, interrogez-vous sur la valeur que vous accordez à vos loisirs, votre repos, donc au lâcher-prise, à l'ouverture, à l'aventure et à la nouveauté. Savez-vous prendre soin de vous ? La somme d'argent dont vous disposez pour vos voyages représente votre niveau énergétique sur le plan du masculin, de la confiance en vous, de l'organisation, de la détermination et de l'engagement. Elle montre le degré de reconnaissance et de valeur que vous vous accordez.

BAGAGE : Quand vous êtes en déplacement ou que vous voyagez, avec quels bagages partez-vous ? Sont-ils légers et pratiques ou plutôt lourds et encombrants ? Plus vos valises sont imposantes, lourdes, et plus cela montre des peurs, des doutes, un besoin de sécurité. Il vous faut tout prévoir, être à l'abri de n'importe quel imprévu. Vous avez besoin de maintenir votre niveau de confort habituel, de garder certaines de vos habitudes. Peut-être avez-vous un peu de mal à vous adapter à de nouvelles situations et à vous faire confiance ? Il est possible aussi que vous cherchiez à plaire, voire à séduire une personne. La prochaine fois que vous partez, réduisez au minimum vos bagages, n'emportez que l'essentiel, vous serez moins asservi et pourrez ainsi expérimenter la légèreté, voire le lâcher-prise.

BIEN-ÊTRE : Lorsque vous partez en vacances, est-ce un voyage de bien-être une thalasso... thérapie, un séjour relaxation, massage, etc. ? Il est possible que vous soyez un peu trop actif ou réactif ou trop porté sur les autres. Il est important de vous écouter, vous respecter davantage, de prendre soin de vous. Vous avez sûrement besoin de changer de rythme, d'habitudes, de voir le monde autrement. L'idéal serait de profiter de ce temps, pour prendre des décisions. Vous avez besoin de vous poser, de vous détendre, vous êtes encore un peu trop nerveux, offrez-vous plus de plaisir et de réconfort. Si vous cherchez à vous apaiser, à obtenir davantage de paix, d'harmonie, c'est que votre vie est actuellement à l'opposé de l'état recherché. Vous êtes sûrement en demande de changement, vous souhaitez renouer avec votre naturel, votre être, votre côté sain, pur, présent. Faire une coupure avec l'extérieur nous permet de revenir à l'esprit, à notre partie humaine, à la créativité, la création…

CLUB : Vous appréciez ne rien faire, avoir tout à disposition, vous éviter des efforts, vous reposer, lâcher prise, la facilité, la simplicité. Vous aimez prendre votre temps, flâner, vous délasser, être servi avec un certain raffinement, confort, voire vivre dans le luxe. Vous réalisez vos rêves avec une certaine aisance. Vous aimez la protection, la proximité, la convivialité et avez le sens de l'esthétique. Vous aimez découvrir de nouveaux horizons en entretenant votre forme physique et en échangeant avec des personnes qui vous ressemblent ou de votre niveau social. Vous savez rester seul et appréciez de temps à autre l'animation.

COUTUME : Voir l'article **CULTURE**.

CROISIÈRE : Si vous partez en croisière sur un paquebot, vous aimez vous laisser porter, vous détendre, vous amuser, vous êtes dans un passage de votre vie où vous voulez avancer, bouger, voir, découvrir des choses différentes en vous. Vous avez envie d'avoir tout à portée de main, un certain confort, une sécurité et de préserver des habitudes auxquelles vous tenez. Vous voulez être servi, ne voir que de la beauté, vivre l'aventure, changer certes, mais à votre façon, en toute sécurité, en « ville ambulante ». Vous êtes plutôt introverti, vous faites preuve de ressenti, de sensibilité, d'écoute, de lâcher-prise, vous exprimez votre côté féminin. Votre conjoint est sûrement l'inverse de vous, dans le contrôle, le masculin. Vous avez des peurs mais souhaitez en dépasser certaines. Même si des parties de vous sont faibles, vous savez, quand il le faut, être têtu, et aussi vous énerver. Si vous partez en voilier comme passager, vous avez besoin de calme, de rêver, d'imaginer, de découvrir des choses, de vous libérer ; si vous êtes le skipper, vous avez de la force et peut-être une grande fragilité, une souffrance cachées au fond de vous.

CULTURE : Allez-vous dans un pays dont la culture est différente de la vôtre ? Lorsque vous visitez une nation ayant des usages, des coutumes, des manifestations artistiques, religieuses et intellectuelles très différentes des vôtres, vous vous remettez en cause. En effet, vous allez inconsciemment choisir une culture suivant le niveau de développement personnel, intellectuel et artistique que vous souhaitez opérer en vous. Écouter, voir, comprendre d'autres traditions, c'est en fait s'ouvrir en profondeur à d'autres univers que le sien. Vous élargissez vos propres frontières, vos limites intérieures pour plus d'échange, d'ouverture et de vie. Lisez dans ce même chapitre la signification de la destination que vous avez culturellement choisie.

DISTANCE : Plus vous vous éloignez de votre lieu d'habitation, plus vous déplacez votre axe, vos habitudes, votre zone de protection, et plus vous désirez changer votre monde intérieur. Cela aura pour conséquence de transformer votre monde extérieur, votre réalité personnelle, familiale, professionnelle, amicale, culturelle... Partez-vous généralement loin, très loin, souvent, de temps en temps, ou jamais ? Plus vous vous éloignez physiquement et plus vous avez besoin d'effectuer des changements à l'intérieur de vous, de comprendre d'autres aspects de votre être, de vous ouvrir. Vous êtes en quête de métamorphose. Vous souhaitez voir plus loin et ce, en proportion de la distance parcourue. Si votre profession vous fait voyager quotidiennement, vous possédez sûrement une grande ouverture. Vous êtes adaptable, rapide, efficace et tolérant.

DURÉE : Plus vous partez longtemps, plus vous avez besoin de vous changer les idées, sortir de vos habitudes et vous désirez modifier votre fonctionnement intérieur. Plus vous restez longtemps loin de chez vous, de votre habitation, de votre base habituelle, et plus vous avez besoin de comprendre des choses à l'intérieur de vous, de vous ouvrir à d'autres horizons, de fonctionner différemment, de vous remettre en question, de changer votre vie. Cela peut aussi signifier un besoin d'alchimiser une souffrance : une séparation, la mort d'un proche, un mal-être, etc.

ÉTRANGER : Vous avez l'habitude de partir hors de votre pays, cela signifie que vous avez un certain niveau d'ouverture, une bonne capacité d'adaptation au changement, voire à la création. Évoluer vous est nécessaire, utile, agréable. Vous êtes capable de vous remettre en question.

GASTRONOMIE : Vous êtes sûrement un bon vivant qui appréciez les autres, l'échange, mais également le plaisir, la beauté, la détente. Vous avez une certaine sensibilité, finesse, vous avez du goût. Il vous a peut-être manqué dans votre enfance et encore maintenant d'un peu d'amour, d'attention, une certaine nourriture...

HÉBERGEMENT : Lorsque vous partez en vacances, où logez-vous ? Est-ce en camping, à la belle étoile, sous une tente, dans une caravane, en camping-car, dans un chalet, une maison simple, de luxe ou encore un appartement étriqué, plutôt spacieux? Choisissez-vous plutôt un hôtel, une location ou une propriété neuve, ancienne, à rénover? Certes vous allez me dire : « Je fais suivant mes moyens financiers » mais cela n'est pas un hasard! Afin de mieux comprendre ce que ce choix signifie, reportez-vous au chapitre **TYPES D'HABITATION** et vous saisirez des traits de votre personnalité, celle des autres et le fonctionnement de « Madame la vie ».

HÔTEL : Vous aimez le confort, le luxe, vous reposer, avoir tout à disposition et être servi. Vous savez vous détendre, vous respecter, vous faciliter la vie, n'avoir rien à faire et comme, par ailleurs, vous êtes très occupé, ce mode d'hébergement répond à vos souhaits. Vous avez besoin d'une certaine intimité tout en appréciant la convivialité, vous êtes assez pratique, mobile, rapide d'esprit, vous possédez un bon niveau intellectuel et vous êtes bien établi dans la société. Vous avez une certaine zone de confort, de protection, de sécurité, d'habitudes et, en même temps, vous savez en sortir, vous adapter quand il le faut.

IMPRÉVU : Vous partez en voyage sur le pouce, à la dernière minute, n'importe où, car vous aimez être surpris. Vous avez une bonne capacité d'adaptabilité, de débrouillardise, vous savez être cool, prendre du temps pour vous, apprécier l'instant présent. Vous cherchez l'imprévu par besoin de sortir de votre routine. Vous pouvez très bien demeurer seul ou être en groupe, vous possédez un grand calme intérieur et une réelle assurance.

LANGUE : Partez-vous dans un pays de langue étrangère à la vôtre? Si tel est le cas, vous souhaitez alors davantage vous ouvrir, communiquer différemment, développer votre imaginaire, la créativité, appréhender la subtilité des choses. Parler une autre langue génère un double mouvement, vous changez de structure mentale, sociale et vous agrandissez votre mode d'expression, de compréhension. Dans le même temps, cela vous oblige à vous intérioriser, à écouter plus et à ressentir différemment. Si vous restez dans un pays francophone, c'est l'amorce d'une remise en question et, en même temps, vous montrez certaines de vos limites qui vous empêchent d'accueillir la nouveauté.

Quelle langue étrangère avez-vous choisi d'apprendre et de pratiquer? Là aussi ce n'est pas un hasard. Est-ce l'allemand, qui peut représenter plus de droiture, d'organisation, de masculin? Est-ce l'italien, pour plus de créativité, d'expression, d'amour, de féminin?

La langue d'un pays est aussi l'âme de sa culture, l'apprendre et la parler montre notre désir de nous approprier les qualités (et peut-être un miroir pour mieux voir nos défauts), l'origine, l'héritage de cette nation ou de ce peuple !

LOGEMENT : Voir l'article **HÉBERGEMENT**.

ORGANISÉ : Vous partez parfois ou souvent en voyage organisé, car vous avez besoin de sécurité, d'être rassuré. Vous appréciez l'échange, le groupe et ne sortez pas trop de votre zone de confort et donc de certaines habitudes. Vous savez vous amuser, échanger, vous instruire, respecter les autres et écouter. Vous pouvez également lire les articles **CLUB** et **CROISIÈRE**.

PÈLERINAGE : Vous avez besoin de comprendre l'essence de votre vie et d'évoluer. Une recherche intérieure, un développement personnel, une nouvelle compréhension de votre être, vous sont utiles et même nécessaires. Vous êtes prêt à changer certaines habitudes, à sortir de votre zone de confort soit parce que vous souffrez, soit parce que votre âme le demande ou par désir d'ouverture. Vous êtes peut-être resté durant un certain temps dans un même fonctionnement que ce soit sur le plan personnel, familial, professionnel, etc., et vous vous êtes décalé, décentré de ce qui est primordial pour vous. Rappelez-vous que le monde, la terre, le soleil, eux bougent continuellement, et que c'est grâce au mouvement que vous pouvez vous rééquilibrer et vous retrouver vraiment.

POINTS CARDINAUX : Dans quelle direction partez-vous, vers le nord, le sud, l'est ou l'ouest ? Regardez si vous voyagez plutôt en suivant un axe vertical ou horizontal. Partez-vous prochainement vers le nord, vers le froid, la terre qui symboliquement peut signifier la solitude, l'étude, l'introspection ou vers le sud vers le chaud, le feu, la détente, la satisfaction, les bases ? Allez-vous vers l'est, symbolisant le matin, la naissance ? Vous souhaitez alors plus de féminin, vous alléger, développer votre esprit. Partez-vous vers l'ouest, représentant le soir, le déclin ? Vous voulez peut-être vous diriger vers plus de masculin, de matérialisme, d'activité.

4 X 4 : Vous partez en vacances en véhicule tout terrain, cela montre une certaine originalité, une recherche d'aventure, de découverte, de nature et d'insolite. Vous avez besoin de voir plus grand, plus haut, de vous évader. Vous avez un côté masculin solide bien prononcé, protecteur pour les autres ou, à l'inverse, vous avez besoin de vous protéger, d'être en sécurité, de prendre soin de vous. Vous aimez ou avez besoin d'un peu d'imprévu, de dépassement, de conquête, de vivre intensément, de sortir des sentiers battus. Vous souhaitez retrouver votre vraie nature, la vérité en vous, votre être, peut-être même votre côté sauvage.

RELIGION : Vous rendre dans un pays qui a une religion différente de la vôtre montre déjà une ouverture d'esprit. Cela signifie que vous acceptez de changer ou de faire évoluer vos bases. Vous désirez vous ouvrir plus, remettre en question vos croyances, les dogmes que vous avez reçus lors de votre enfance (et même plus tard). Vous intéresser à une autre religion veut dire que vous souhaitez aller vers plus d'harmonie, de justesse, vers le sacré, une lumière, une spiritualité plus vaste. Vous cherchez peut-être plus de pardon et de tolérance, moins de jugement et voulez exprimer une plus grande compassion, une communion avec les différentes parties de vous, et c'est cela que vous pourrez alors offrir aux autres.

THALASSOTHÉRAPIE : Voir l'article **BIEN-ÊTRE**.

TRADITION : Voir l'article **CULTURE**.

TRANSPORT : Avec quel moyen de transport partez-vous et sur place lesquels utilisez-vous ? Est-ce à pied, en vélo, en voiture, en taxi, en train, en hélicoptère, en moto, en bateau, en car, en camping-car ? Tous ces modes de déplacement sont complètement différents et chacun d'eux a un sens bien précis. Pour mieux les comprendre, reportez-vous au chapitre **TRANSPORTS**.

VÊTEMENT : Quand vous êtes en vacances, portez-vous toujours vos vêtements de travail ou plutôt des tenues décontractées, relax ? Êtes-vous capable de vous détendre, de vous relâcher ? Êtes-vous couvert de la tête au pied ou savez-vous vous promener en tee-shirt, en short, en jupe courte, voire torse nu ou en maillot de bain, afin de vous reconnaître et/ou de montrer aux autres votre féminité ou votre masculinité ? Mettez-vous des couleurs classiques ou innovez-vous ? Changez-vous de personnalité, d'humeur ? Êtes-vous plus créatif en portant de nouvelles couleurs, en représentant une autre partie de vous, une autre manière de vivre et d'exister ? Les vêtements que nous portons nous représentent : sont-ils rigides, souples, ouverts, fermés, grands, petits ? Vous pouvez également voir ce que signifie la couleur des vêtements que vous choisissez habituellement dans le chapitre **COULEURS**.

Destinations

AFRIQUE : Vous avez besoin de renouer avec la terre, votre instinct, votre naturel, la spontanéité, la joie. Vous êtes peut-être trop dans le faire, l'action, la réflexion, la logique, la matérialité. Il vous faut renouer avec la patience, le calme, l'inactivité, être plus cool, dans l'acceptation, le pardon, l'amour, le féminin, voire le spirituel. Rétablissez le lien avec la simplicité et votre espace vital, votre source, l'ouverture, la liberté, l'insolite, le sauvage qui est en vous.

ÉGYPTE : Vous effectuez, en ce moment ou depuis longtemps, une recherche sur la connaissance et, plus particulièrement, vous cherchez en vous des éléments profondément enfouis, voire mystérieux. Vous êtes dans une quête intérieure à travers le monde des mythes et des légendes, mais en passant à l'acte, vous souhaitez mûrir ou/et sortir au grand jour, des trésors, des capacités cachées, des dons peut-être, développer votre spiritualité, ouvrir votre esprit. Vous avez décidé, plus ou moins consciemment, de vous ouvrir à l'omniscience, aux lois universelles, à votre côté divin, créateur. Vous avez un côté conquérant, aventurier des temps modernes et appréciez la beauté, vous instruire, vous ouvrir, développer vos sens.

AMÉRIQUE DU SUD : Vous avez besoin de découvrir des parties encore inconnues de vous, d'ouvrir vos limites, vos frontières, votre espace vital habituel. Vous êtes prêt, pour cela, à faire le saut, à prendre des risques, vous êtes un peu un aventurier qui veut découvrir autre chose, frissonner et sortir sa nature sauvage. Vous acceptez en vous la partie la plus florissante comme vos ombres les plus profondes. De nature ouverte, dans le partage, vous possédez une grande dimension humaine et êtes assez débrouillard. Vous êtes atypique, aimez la chaleur, faire la fête. Si vous allez au Brésil, vous recherchez en plus la sensualité, la différence, la sincérité, le danger, le métissage, le mélange. Ceux qui vont au Mexique pour visiter le peuple maya, doivent se reporter à l'article **ÉGYPTE**.

AUSTRALIE : Vous avez un certain niveau d'organisation, des capacités financières ou savez économiser. Vous avez besoin d'un grand changement, vous êtes capable de réaliser vos rêves. Vous aimez et avez faim de nouveauté, de différence, de grandeur, de variété, de surprise. Vous êtes plutôt débrouillard, vous savez vous dépasser, vous avez beaucoup de capacités, vous êtes un peu conquérant et novateur.

CHINE : Vous êtes très malin, débrouillard voire un peu roublard. Vous avez besoin de recontacter, de reconnaître, d'élargir vos connaissances, d'accéder à de nouvelles richesses, à une autre culture. Vous aimez voir, apprendre le fonctionnement humain et toute son inventivité, sa créativité. Vous appréciez le raffinement, la beauté, le détail, la recherche, l'intelligence. Vous avez besoin d'effectuer une grande ouverture, en profondeur et même de développer votre esprit. Vous pouvez être un peu enfermé, voire soumis. Vous êtes plutôt discret, poli et courtois.

ÉTATS-UNIS : Vous avez envie de tout réussir, de voir tout ce qu'il y a en vous. Vous êtes un conquérant, vous voulez ou rêvez d'atteindre la fortune, devenir riche, voir plus loin, vous avez en fait envie d'exploiter tout votre potentiel, toutes vos valeurs, votre richesse. Vous aspirez à devenir encore plus fort, puissant, vivre, sortir de vos limites, être dans le « tout est possible », la grandeur, l'extraordinaire. Vous voulez vous ouvrir, manager, diriger votre vie, monter socialement, augmenter votre capacité d'action, votre niveau de matérialité, votre masculin, et pour cela vous acceptez de cohabiter avec différentes cultures.

EUROPE : Vous recherchez vos racines dans le monde moderne et vous voulez trouver d'autres repères et de la créativité. Vous allez recontacter, reconnaître votre patrimoine, votre héritage. Vous avez besoin de retrouver dans votre histoire votre richesse, une culture plus profonde, plus solide, plus ancrée. Vous souhaitez renouer avec toutes les différentes parties et facettes de votre identité. Vous avez envie de créer, d'inventer votre vie sur une base saine et sûre. Vous voulez ouvrir votre cœur, vous libérer, croire en vous et en l'humain, vous harmoniser, aider, développer votre charme et votre romantisme. Vous êtes prêt à vous diversifier, à changer vos habitudes, pour repartir avec d'autres valeurs.

GRÈCE : Voir l'article **ÉGYPTE**.

ÎLES : Vous partez sur une île car vous avez besoin d'évasion, de rêve, de tranquillité, de paradis. Vous recherchez en vous un autre monde, une autre manière de voir les choses et la vie. Un changement important est nécessaire en vous, un éloignement, comme faire une coupure avec un ancien fonctionnement, certaines habitudes, situations ou des personnes que vous ne supportez plus. Vous avez besoin de vous ressourcer, d'être plus doux, de vous accueillir, de vous aimer, de renouer avec votre brillance naturelle, votre harmonie. Vous avez décidé de vous replier sur vous-même, de vous isoler, pour être sûr de gagner, pour retrouver votre pureté, votre équilibre féminin/masculin, matière/esprit, c'est votre beauté, un spectacle intérieur.

INDE : Vous êtes prêt et vous avez besoin de réaliser un grand changement. Vous êtes à un virage de votre vie. Il est également possible que vous soyez un peu perdu avec vous-même, à la suite d'un choc émotionnel ou par rapport à la matérialité, ou un peu trop décalé dans la spiritualité. Vous avez besoin de développer la patience, le calme, d'apprendre ce qu'est l'acceptation, le pardon, savoir prendre soin de vous et vous aimer plus. Vous souhaitez renouer avec la simplicité, la dimension humaine, avec votre espace vital, votre source. Vous voulez libérer d'anciens fonctionnements pour passer à une autre vie.

JAPON : Le travail, la discipline, la rigueur, les codes, l'efficacité sont très importants pour vous, sans tenir compte de vos émotions, votre ressenti, vos sentiments. Vous êtes intelligent, efficace, rapide, prenez en compte ce qui existe déjà et savez très bien travailler en groupe. Vous êtes également discret, malin, fin, précis, attentionné. Toutes ces capacités vous amènent à réaliser des choses de qualité et à être ou à devenir bon, voire génial. Vous êtes un conquérant, vous êtes prêt à tout pour cela, vous dépasser, vous battre, vous êtes une vraie machine pour réussir.

OCÉANIE : Vous savez prendre du temps pour vivre, vous faire plaisir et en même temps être efficace, malin, judicieux et profiter de la différence. Vous êtes cool, simples et savez vous dépasser, agir, être inventif, créatif. Vous avez envie de changer et même peut-être sur plusieurs plans : personnel, familial, ou/et professionnel... Vous allez chercher d'autres qualités en vous, d'autres valeurs, richesses à la fois matérielles et humaines. Vous êtes de nature calme, zen et souhaitez développer plus de spiritualité.

SON PAYS : Si habituellement, vous partez en vacances dans votre pays, cela signifie que vous avez besoin d'un certain niveau de sécurité, vous aimez plutôt rester dans votre zone de confort, de certitudes, bien en lien avec votre culture d'origine, votre langue et vos croyances. Changer tout cela peut vous déranger, générer des perturbations ou des frustrations. Vous appréciez les traditions et êtes plutôt conservateur.

PAYS NORDIQUES OU FROIDS : Vous avez besoin de vous retrouver, de calme, de tranquillité, de naturel, de pureté, d'équilibre. Il vous faut, pour cela, vous ressourcer. L'ouverture, les grands espaces vierges vous sont nécessaires afin de voir jusqu'au bout, à l'infini. Ces immenses forêts, lacs, étendues enneigées vous apportent un grand bol d'air, de l'oxygène, une aventure, la découverte d'une autre partie de vous. Vous avez envie de chasser l'inutile, le futile, pour revenir au cœur de votre vraie nature, de votre côté sauvage, de votre beauté. Il y a sûrement en vous une partie qui souhaite se battre, survivre, dépasser les limites.

RUSSIE : Vous avez peut-être été chahuté, tourmenté, vécu différentes histoires problématiques, mais votre foi et votre curiosité dépassent les frontières et vous permettent de vous ouvrir encore plus loin. Une autre partie de vous est occupée, enfermée, contrainte, sous surveillance, elle manque de liberté, a peur, toutefois rien ne vous arrête car vous êtes également intrépide, volontaire, solide et vous désirez changer. Vous possédez en vous une forme de puissance, de grandeur, de la débrouillardise, de la diversité. Vous êtes un peu idéaliste, plus ou moins introverti. Peut-être avez-vous un lien fort avec votre passé, la famille, certaines règles, croyances ? Vous pouvez également lire l'article **PAYS NORDIQUES OU FROIDS**.

Bibliographie

Alimentation

Beerlandt Christiane, *La symbolique des aliments*, 5e édition revue et augmentée, Éditions Altina, 2005.

Picard Marie-Amélie, *Les Aliments du désir*, Éditions Trajectoire, 2003.

Animaux

Lahy Georges, *Abécédaire du langage des animaux : symboles, messages et influences*, Éditions Lahy, 2004.

Coïncidences, synchronicité

Balance Catherine et Bourdin Dominique, *Ces étranges coïncidences : le jeu des synchronicités*, Éditions Recto Verseau, 2004.

Bonnet Jacques, *De la coïncidence des opposés et autres variations sur les contraires*, Le Cherche-Midi, 2005.

Boucher Paule, *Les signes de jour et les lois spirituelles : intégrer les lois de la vie par la synchronicité des événements*, Éditions Le Dauphin Blanc, 2005.

Brêthes Alain, *Synchronicités : les signes magiques de la vie*, Éditions Oriane, 2000.

Chopra Deepack, *Le livre des coïncidences*, J'ai lu, 2009.

Debailleul Jean-Pascal et Fourgeau Catherine, *Se réaliser par la magie des coïncidences : pratique de la synchronicité par les contes*, Éditions Jouvence, 2000.

Gesbert Alain, *Synchronicité*, Éditions Pardès, 2002.

Jung C. G., *Synchronicité et Paracelsica*, Albin Michel, 1988.

Moisset Jean, *ABC des coïncidences mystérieuses*, Éditions Grancher, 1996.

Moisset Jean, *Énigmatiques coïncidences et unité du monde : loi des séries, synchronicité*, Éditions Présence, 1993.

Peat F. David, *Synchronicité : le pont entre l'esprit et la matière*, Éditions du Rocher-Le Mail, 1999.

Racine Guillemette, *Enquête sur les coïncidences ou Les joies du hasard*, J.-C. Lattès, 1996.

REEVES Hubert, CAZENAVE Michel, SOLIÉ Pierre... [et al.], *La synchronicité, l'âme et la science*, Albin Michel, 1994.

VÉZINA Jean-François, *Les hasards nécessaires : la synchronicité dans les rencontres qui nous transforment*, Éditions de l'Homme, 2002.

Conscience

JACOB Christophe, *La conscience qui guérit*, Éditions Quintessence, 2004.

ONNIS Antoine, *L'autosuggestion consciente selon Émile Coué*, Éditions Quintessence, 2001.

SHINN Florence Scovel, *Le jeu de la vie et comment le jouer*, Éditions Octave, 2011.

Corps

BOURBEAU Lise, *Écoute ton corps*, Éditions ETC, 2001-2002.

BOURBEAU Lise, *Les 5 blessures qui empêchent d'être soi-même : rejet, abandon, humiliation, trahison, injustice*, 5e édition, Éditions ETC, 2000.

MESSINGER Joseph, *Le sens caché de vos gestes*, nouvelle édition, Éditions First, 2007.

Couleurs

BERTON William, *Couleur énergie* (avec son jeu de cartes), Clair de Terre/Presses du Châtelet, 2000.

BERTON William, *La vie énergie : santé et lecture du corps par la couleur*, Coloroscope, 1997.

BOURDIN Dominique, *Le langage secret des couleurs*, Éditions Grancher, 2006.

MASINI-FRYDIG Réjane, *La bible des couleurs : chromothérapie, psychologie, communication, habitat, décoration, art, textile, tradition, symboles, spiritualité*, Éditions Jouvence, 2009.

Hasard

SCHMIDT Karl Otto, *Le hasard n'existe pas*, Astra, 1956.

Intuition

MIELCZARECK Vanessa, *Coachez votre intuition*, Marabout, 2012.

MIELCZARECK Vanessa, *L'intelligence intuitive*, Éditions Quintessence, 2003.

Maladie

BEERLANDT Christiane, *La clef vers l'autolibération : origines psychologiques de 900 maladies*, 5e édition, Beerlandt, 2006.

BOURBEAU Lise, *Ton corps dit aime-toi*, 8e édition, Éditions ETC, 2001.

CRÈVECOEUR Jean-Jacques, *Le langage de la guérison : retrouvez la maîtrise de votre équilibre et de votre santé*, Éditions Trois fontaines-Jouvence, 2000.

DAB Doriane, *Du big bang à la guérison*, Éditions Quintessence, 2003.

FLÈCHE Christian, *Décodage biologique des maladies : manuel pratique des correspondances émotions-organes*, Le Souffle d'or, 2001.

FLÈCHE Christian, *Mon corps pour me guérir : décodage psychobiologique des maladies*, Le Souffle d'or, 2000.

GOETTMAN Alphonse, *La guérison des maladies de l'âme*, nouvelle édition revue et augmentée, Presses de la Renaissance, 2010.

MARTEL Jacques, *Le grand dictionnaire des malaises et des maladies*, nouvelle édition revue et augmentée, Éditions Quintessence, 2007.

MICHALSKI Serge, *Ces mots qui provoquent des maux : clé de résolution de problèmes*, L. Courteau, 1992.

OBISSIER Patrick, *Décodage biologique et destin familial : changer de regard sur la maladie*, Le Souffle d'or, 2003.

PLANTE Colombe et DOUCET François, *Pensez santé*, Éditions AdA, 1999.

RENARD Léon, *Le cancer apprivoisé*, Éditions Quintessence, 2006.

ROBITAILLE MANOUVRIER Johanne, *Notre pouvoir de guérison : le message du cancer et des autres maladies*, Libre Expression, 2005.

SELLAM Salomon, *Origines et prévention des maladies*, Éditions Quintessence, 2000.

ZÉTAH Orén, *Abécédaire du langage des maux : le message des maladies*, Éditions Lahy, 2004.

Mot

BIGÉ Luc, *Petit dictionnaire en langue des oiseaux : prénoms, pathologies et quelques autres*, Les Éditions de Janus, 2006.

Signes matériels

BEERLANDT Christiane, *Le livre des signaux*, tomes 1, 2 et 3, éditions Altina, 1999-2007-2010.

Symbolique, rêve

CHEVALIER Jean et GHEERBRANT Alain, *Dictionnaire des symboles*, édition revue et augmentée, Robert Laffont/Jupiter, 1996.

COUPAL Marie, *Le guide du rêve et de ses symboles*, J'ai lu, 2004.

ROMEY Georges, *Encyclopédie de la symbolique des rêves*, Éditions Quintessence, 2005.

Divers

COELHO Paulo, *L'Alchimiste*, Flammarion, 2010.

CRÈVECOEUR Jean-Jacques et THIRAN Ananou, *Le couple en éveil : construisez l'harmonie conjugale et évitez les pièges de la relation homme/femme*, nouvelle édition entièrement remaniée, Éditions Jouvence, 2000.

DOLTO Françoise, *Tout est langage*, édition revue et présentée, coll. « Folio Essais », Gallimard, 2002.

HAY Louise, *Transformez votre vie*, Guy Trédaniel, 2010.

MICHALSKI Serge et PARADIS Louise, *L'effet de choc des mots : la face cachée de la communication*, L. Courteau, 1994.

MILLMAN David, *Le Journal de « Chaque jour l'illumination »*, Éditions du Roseau, 1999.

REDFIELD James, *La Prophétie des Andes*, J'ai lu, 1996.

Table des matières

Le coaching pour tous

Du coaching de travail
au coaching de vie

Gilles Guyon

Découvrir le coaching de vie et le métier de coach avec les approches : traditionnelle, philosophique, intuitive et universelle pour réussir tous les changements dans votre vie.

Ce livre unique en France révèle toute la profondeur du "life coaching" et du métier de coach. Il permet de le démocratiser en le faisant passer du coaching de première génération, réservé aux managers et aux sportifs (le "Business Coaching"), au véritable marché du coaching qui est immense. Il s'agit du "Life Coaching" dit "de sens, d'excellence ou d'être", conçu tant pour les personnes des métiers de la communication et de la relation d'aide... que pour chaque personne intéressée par son propre développement et sa réalisation sur les plans personnel, familial, professionnel, social...

Le Coaching pour tous est innovant dans son approche et a été écrit pour montrer les fondements et les applications concrètes du coaching. Il permet aux lecteurs de comprendre et d'apprécier le niveau de profondeur et de valeur de ce métier qui participe à l'évolution humaine.

288 pages - Format 15x23 - ISBN: 978-2-913281-47-9

Des actions pour changer votre vie

Méthode pratique pour oser vivre pleinement et progresser chaque jour.

Vanessa Mielczareck
Gilles Guyon

Voici un guide extraordinaire offrant à l'utilisateur la possibilité de réaliser de réels changements dans sa vie quotidienne. Les prises de conscience ne suffisent pas, il est nécessaire d'agir également dans la réalité. Ainsi, ce livre permet d'apprendre les règles de l'action afin de concrétiser ses désirs. Une passerelle pour que chacun retrouve son pouvoir créateur.

160 pages - Format 14x21 - ISBN: 978-2-913281-36-3

Les 9 secrets de l'intuition

Comment prendre les bonnes décisions au quotidien

Vanessa Mielczareck

Trouver les bonnes idées, prendre les décisions qui font avancer, comprendre une situation complexe en un instant, se fier à sa première impression lors d'une rencontre... C'est possible si l'on adopte les bons réflexes !

Car pour attirer la réussite et rendre sa vie plus facile, les solutions ne doivent rien au hasard et sont plutôt à chercher du côté de notre dynamique personnelle.

C'est ce que propose Vanessa Mielczareck dans ce nouvel ouvrage : apprendre en 9 étapes ludiques à mobiliser son intelligence intuitive.

Avec de l'entraînement, vous saurez facilement repérer votre intuition, vous fier à ses messages et la suivre en toute confiance. Conçu comme un véritable enseignement avec des exercices simples et concrets, ce guide pratique vous aidera à contacter votre intuition à volonté pour faire de chaque situation du quotidien une expérience positive et mettre la chance dans votre poche !

128 pages - Format 14x21 - ISBN: 978-2-35805-051-7

L'intelligence intuitive

Passer du rêve à la réalité

Vanessa Mielczareck

Comment changer votre vie, réaliser vos rêves, accomplir votre mission véritable... grâce à la Conscience et à l'Intuition.

Avec l'*Intelligence Intuitive*, Vanessa Mielczareck vous propose un parcours initiatique à travers une série d'analyses, d'exemples, d'exercices pratiques et de questionnaires. Elle vous accompagne, pas à pas, vers la réunification de votre esprit logique, structuré par votre esprit intuitif, grâce à un travail constant. Une question est au cœur de son travail : comment trouver ses propres réponses ? Elle vous conduit à découvrir le rôle fondamental de votre intuition et vous montre comment l'intensifier pour vous en servir au quotidien. Ainsi, vous apprenez à la repérer et à créer les changements nécessaires dans votre vie.

Ce livre riche et passionnant est indispensable à toutes personnes désireuses de vivre la puissance de l'intuition, et à celles qui choisissent de prendre en main leur destinée !

288 pages - Format 15x23 - ISBN: 978-2-913281-30-1

Mesurez votre conscience

Méthode pratique pour calculer votre coefficient de conscience

Gilles Guyon
avec la collaboration de Vanessa Mielczareck

Pour la première fois, vous allez apprendre simplement et concrètement comment calculer non pas votre Q.I., mais votre coefficient de conscience.

Mesurez votre Conscience a la capacité de transformer votre niveau de conscience pour que vous découvriez un miroir grandiose où tout a un sens. Sa lecture vous permet le passage d'un monde scientifique à un espace omniscient.

Est-il possible de changer de vie, de changer son monde ? Et si nous pouvions créer les évènements, heureux et malheureux... notre réalité.

Au travers de situations qui nous touchent tous, au fil des pages, les auteurs, Gilles Guyon et Vanessa Mielczareck, nous démontrent que le hasard n'existe pas et que nous avons tous le pouvoir de concrétiser la vie qui nous correspond.

Une succession de faits matériels, de situations, de comportements... sont interprétés afin que nous prenions conscience de notre rôle fondamental dans ce qui nous arrive. Nous comprenons combien notre réalité extérieure est le miroir de notre état d'esprit intérieur.

Bon voyage vers une nouvelle conscience, un autre univers plus riche.

128 pages - Format 14x21 - ISBN: 978-2-913281-88-2

Concernant l'auteur

Pour visionner ses conférences, ses émissions TV et consulter son programme de formation :

www.coachingintuition.com

Achevé d'imprimer en France par Présence Graphique
2, rue de la Pinsonnière - 37260 Monts

N° imprimeur : 012065375

Dépôt légal : mars 2012